U0890867

西方经济学教学题库

（宏观部分）

《西方经济学教学题库》编写组 主编

江苏大学出版社
JIANGSU UNIVERSITY PRESS
镇 江

图书在版编目(CIP)数据

西方经济学教学题库. 宏观部分 /《西方经济学教学题库》编写组主编. —镇江：江苏大学出版社，2014.8(2024.8 重印)
ISBN 978-7-81130-827-3

Ⅰ.①西… Ⅱ.①西… Ⅲ.①西方经济学—习题集 Ⅳ.①F091.3-44

中国版本图书馆 CIP 数据核字(2014)第 199954 号

西方经济学教学题库(宏观部分)
XIFANG JINGJIXUE JIAOXUE TIKU(HONGGUAN BUFEN)

主　　编/《西方经济学教学题库》编写组
责任编辑/柳　艳
出版发行/江苏大学出版社
地　　址/江苏省镇江市京口区学府路 301 号(邮编：212013)
电　　话/0511-84446464(传真)
网　　址/http://press.ujs.edu.cn
排　　版/镇江文苑制版印刷有限责任公司
印　　刷/广东虎彩云印刷有限公司
开　　本/718 mm×1 000 mm　1/16
印　　张/18.5
字　　数/270 千字
版　　次/2014 年 8 月第 1 版
印　　次/2024 年 8 月第13次印刷
书　　号/ISBN 978-7-81130-827-3
定　　价/38.00 元

如有印装质量问题请与本社营销部联系(电话:0511-84440882)

目　录

第1章

导 论

一、习 题

（一）名词解释

1. 总量分析
2. 总体分析
3. 均衡分析
4. 非均衡分析
5. 存量分析
6. 流量分析
7. 短期
8. 中期
9. 长期
10. 凯恩斯革命
11. 货币主义革命
12. 供给革命
13. 理性预期革命

（二）选择题

1. 宏观经济学研究下列内容中的（　　）。

A. 失业率下降一个百分点，会使 *GDP* 增加多少

B. 为什么从事农业和渔业的人的工资要比其他工人的工资低

C. 降低工资会对单个厂商产生什么影响

D. 分析对企业征收的环境特别税对整个环境污染程度的影响

2. 在宏观经济学创立过程中起到根本作用的是(　　)。

A. 凯恩斯的具有独立思考和批判的精神

B. 1929—1933年的资本主义世界大危机

C. 罗斯福总统的“新政”的成功

D. 新古典经济学的衰落

3. 宏观经济学与微观经济学的研究对象(　　)。

A. 分别是一国的国民经济和个别的厂商或消费者

B. 都是一国的国民经济,只不过研究角度不同

C. 都是一国的国民经济,研究角度也没有什么区别

D. 最终还是一国的个别消费者和厂商的行为和利益

4. 宏观经济学(　　)。

A. 研究所有重要的社会问题

B. 研究经济学中所有与政治有关的方面

C. 寻求解释通货膨胀的原因

D. 是研究价格决定的学说

5. 宏观经济学研究的是(　　)。

A. 经济活动个体决策者的行为及后果

B. 社会总体的经济行为及后果

C. 经济活动的个量分布及其特征

D. 个人、家庭和企业行为

6. 在凯恩斯看来,造成资本主义经济危机的根源是(　　)。

A. 有效需求不足　　B. 资源短缺

C. 技术落后　　D. 微观效率低下

7. 宏观经济学的创始人是(　　)。

A. 亚当·斯密　B. 马歇尔　C. 马克思　D. 凯恩斯

8. 宏观经济学的中心理论是(　　)。

A. 价格决定理论　　B. 国民收入决定理论

C. 工资决定理论　　D. 汇率决定理论

9. 从20世纪60年代到20世纪80年代,凯恩斯主义先后受到了新古典主义经济学三波浪潮的冲击,下面哪一项不属于三波浪潮?(　　)

A. 以弗里德曼为代表的货币主义

B. 以卢卡斯为代表的理性预期革命

C. 以基德兰德和普雷思科特为代表的真实商业周期理论

D. 以斯拉法为代表的商品价值论

10. 下列哪个人物不属于宏观经济学萌芽期?(　　)

A. 弗里德曼　　B. 威廉·配第　　C. 李嘉图　　D. 马歇尔

11. 下列哪个人物对凯恩斯经济学的发展没有突出贡献?(　　)

A. 萨缪尔森　　B. 汉森

C. 罗宾逊夫人　　D. 克鲁格曼

12. 下列哪个人物不属于新凯恩斯主义?(　　)

A. 巴罗　　B. 蒙代尔　　C. 费希尔　　D. 曼昆

13. 下列哪个人物属于新凯恩斯主义?(　　)

A. 弗里德曼　　B. 罗默　　C. 蒙代尔　　D. 卢卡斯

14. 下列哪个人物不属于新古典宏观经济学?(　　)

A. 弗里德曼　　B. 罗默　　C. 蒙代尔　　D. 卢卡斯

15. 新凯恩斯主义对凯恩斯开创的宏观经济学的贡献是(　　)。

A. 作了微观经济理论的补充

B. 提出了价格刚性的假设

C. 提出了理性预期的假设

D. 试图把现代主流经济学和非凯恩斯主义宏观经济学派整合起来

16. 以1936年凯恩斯《就业、利息和货币通论》(后文简称《通论》)一书的出版为起点,到20世纪60年代,这是现代宏观经济学的(　　)。

A. 萌芽时期

B. 凯恩斯经济学的形成和发展时期

C. 非凯恩斯宏观经济学的形成和发展时期

D. 后凯恩斯主义的形成和发展时期

17. 弗里德曼是哪个流派的代表人物?( )

A. 凯恩斯学派　　B. 新凯恩斯学派

C. 后凯恩斯学派　　D. 货币主义学派

18. "萨伊定律"属于哪个学派的观点?( )

A. 凯恩斯学派　　B. 供给学派

C. 理性预期学派　　D. 货币主义学派

19. 凯恩斯宏观经济学的核心观点是( )。

A. 国家干预经济　　B. 自由放任

C. 货币政策无效　　D. 技术进步是经济增长的源泉

20. 货币主义的核心观点是( )。

A. 单一货币规则　　B. 国家干预经济

C. 自由汇率制　　D. 技术进步是经济增长的源泉

21. 下列哪一项不是供给学派的基本理论?( )

A. 恢复萨伊定律,主张由供给来调节需求

B. 降低税率刺激供给,从而刺激经济活动

C. 国家适当干预经济,发挥政府的作用

D. 放松政府的干预和限制,加强市场调节作用

22. 下列哪一项不是理性预期学派的基本观点?( )

A. 人们可做出合乎理性的预期指导自己的行为,价格具有完全伸缩性

B. 政府干预经济无论是从长期看,还是从短期看,都是无效的

C. 短期中市场机制的调节是不完善的,难以实现充分就业的均衡

D. 应该发挥预期在模型中所起的作用,加强理性预期,作为政府制定政策的依据

23. 下列哪一项是理性预期学派的基本观点?( )

A. 人们可做出合乎理性的预期指导自己的行为,价格具有完全伸缩性

B. 政府干预经济无论是从长期看,还是从短期看,都是有效的

C. 短期中市场机制的调节是不完善的,难以实现充分就业的均衡

D. 应该限制预期在模型中所起的作用

24. 现代宏观经济学中的两大流派中的"海派"是指(　　)。

A. 在哈佛大学、麻省理工学院和斯坦福大学的新凯恩斯主义经济学家

B. 在芝加哥大学和明尼苏达大学的新古典宏观经济学家

C. 在剑桥大学和伦敦经济学院的后凯恩斯主义经济学家

D. 在各国政府智囊机构和科研单位、高校任职的归国经济学家

25. 现代宏观经济学中的两大流派中"海派"和"湖派"都认为(　　)。

A. 长期中通过市场机制调节可以实现充分就业均衡

B. 长期经济增长取决于由技术进步和资本积累决定的生产率提高

C. 长期中的物价水平取决于货币数量多少

D. 以上都对

26. 下列观点中现代宏观经济学中的两大流派中"海派"和"湖派"持有异议的是(　　)。

A. 长期中通过市场机制调节可以实现充分就业均衡

B. 长期经济增长取决于由技术进步和资本积累决定的生产率提高

C. 长期中的物价水平取决于货币数量的多少

D. 短期中市场调节的不完善性引起经济周期波动与失业

27. 下列观点中现代宏观经济学中的两大流派中"海派"和"湖派"持有异议的是(　　)。

A. 长期中通过市场机制调节可以实现充分就业均衡

B. 长期经济增长取决于由技术进步和资本积累决定的生产率提高

C. 长期中的物价水平取决于货币数量的多少

D. 无论在短期还是长期中,市场机制的调节是完善而及时的

28. 下面哪一项不是宏观经济学研究的问题?(　　)

A. 总产出与总需求　　　　B. 通货膨胀与失业

C. 产品生命周期与市场开发　　D. 经济增长与政府治理

29. 与流量分析方法相对应的宏观经济学分析方法是(　　)。

A. 总量分析方法　　B. 动态分析方法

C. 存量分析方法　　D. 以上都不是

30. 存量是(　　)。

A. 某个时点现存的经济量值　　B. 某个时点上的流动价值

C. 流量的固体等价物　　D. 某个时期内发生的经济量值

31. 下列各项中哪一项属于流量?(　　)

A. *GDP*　　B. 外债总额

C. 现有住房总面积　　D. 失业人口

32. 下列各项中哪一项属于存量?(　　)

A. *GDP*　　B. 投资　　C. 失业人口　　D. 人均收入

33. 下列哪一项不属于均衡分析?(　　)

A. *IS-LM* 模型　　B. *AS-AD* 模型

C. 劳动市场供给—需求模型　　D. 产品市场的供需情况统计描述

34. 下列哪一项属于短期分析?(　　)

A. *IS-LM* 模型　　B. *AS-AD* 模型

C. 经济增长　　D. 经济周期

35. 下列哪一项属于中期分析?(　　)

A. *IS-LM* 模型　　B. *AS-AD* 模型

C. 经济增长　　D. 经济周期

36. 下列哪一项属于长期分析?(　　)

A. *IS-LM* 模型　　B. *AS-AD* 模型

C. 经济增长　　D. 经济周期

37. 自然失业率(　　)。

A. 恒为零

B. 是历史上最低限度水平的失业率

C. 恒定不变

D. 是经济处于潜在产出水平时的失业率

38. 当经济中只存在(　　)时，该经济被认为实现了充分就业。

A. 摩擦性失业和季节性失业　　B. 摩擦性失业和结构性失业

C. 结构性失业和季节性失业　　D. 需求不足型失业

39. 宏观经济学的核心理论是(　　)。

A. 经济决定理论　　B. 价格决定理论

C. 宏观决定理论　　D. 国民收入决定理论。

40. 下列哪一项不属于经济发展？(　　)

A. 人口增加　　B. 经济增长

C. 结构变迁　　D. 经济可持续发展

(三) 辨析题

1. 总量分析是对宏观经济运行总量指标及其影响因素、变动规律等进行的分析，如对国民经济的供需结构与区域或部门结构、经济增长阶段与经济周期、经济转型与制度演进等问题的分析。(　　)

2. 从哲学的观点出发，均衡是相对的，而非均衡则是绝对的，所以均衡分析是科学的。(　　)

3. 一定时期内有关的经济总量的产出、投入、货币或存款的变动及其对于其他有关经济总量的分析就是流量分析。(　　)

4. 经济周期是长期分析。(　　)

5. *IS-LM* 模型和 *AS-AD* 模型都是短期分析。(　　)

6. 生产能力不变且产出不变是短期，生产能力不变但产出可变是中期，生产能力可变是长期。(　　)

7. 凯恩斯认为，有效需求不足是失业的原因，唯一的方法只能是用国家干预的经济政策来解决。(　　)

8. 货币主义认为，凯恩斯扩张的财政政策会造成滞胀。(　　)

9. 供给学派主张由供给来调节需求，通过降低税率来刺激供给，从而刺激经济活动。(　　)

10. 理性预期学派认为，政府干预经济无论是从长期看，还是从短期

看,都是无效的。( )

11. 1936年凯恩斯出版著名的《通论》一书,标志着宏观经济学的正式产生。( )

12. 现代主流经济学包括新古典经济学和新凯恩斯经济学。( )

13. 新古典宏观经济学与新凯恩斯经济学争论的核心是"国家干预与自由放任"。( )

14. "海派"与"湖派"的观点是严格对立、相互冲突的。( )

15. 宏观经济学研究的主要对象有:总产出、通货膨胀、失业和政府治理(宏观经济政策)。( )

16. 从宏观经济运行的基本目标方面来看,宏观经济学研究的基本问题主要体现在实现充分就业、保持物价稳定及保证经济增长与发展三个方面。( )

17. 维持一国货币币值的稳定不属于宏观经济学研究的基本问题。( )

18. 经济增长比经济发展更重要。( )

19. 经济发展是经济持续增长的结果,国民生活水平的提高、经济结构和社会形态等的进步也都很大程度上依赖于经济增长。( )

20. 失业问题既是宏观问题也是微观问题。( )

(四) 简答题

1. 简述宏观经济学的产生和发展过程。

2. 简述宏观经济学的四次重大变革。

3. 简述宏观经济学的流派之争。

4. 简述宏观经济学的主要研究对象。

5. 简述宏观经济学研究的基本问题。

6. 比较经济增长与经济发展的异同。

7. 简述宏观经济学和微观经济学的区别。

8. 简单介绍宏观经济学的常用研究方法。

9. 简述宏观经济学的内容体系。

(五) 案例分析题

1. 对宏观经济学的理解

鲁比尼进行了一系列关于20世纪90年代新兴国家经济崩溃的研究，从1994年的墨西哥、1997年的泰国、印尼、韩国，1998年的俄罗斯与巴西，到2000年的阿根廷，他发现现代国家经济要崩盘有一大共同点：赤字太多，支出大于收入。在了解了症结后，他决定找出下一个会崩盘的经济体，反复研究比较许多国家后，他惊讶地发现，下一个面临风暴的国家竟然是美国。彼时正当2006年7月，多头气势正盛。此后，他又在2008年上半年预言了投资银行的倾覆。在2008年，人们共同见证了投资银行帝国的分崩离析。同样，2008年诺贝尔经济学奖获得者保罗·克鲁格曼在2006年底发表了一篇名为《经济风暴的征兆》的文章，提前预测到了2008年爆发的美国次贷危机。1996年，克鲁格曼在《流行国际主义》一书中成功预言了亚洲金融危机。

请问：

(1) 该案例反映了宏观经济学中的什么经济问题？有哪些表现？

(2) 结合所学的宏观经济学知识，谈谈你对宏观经济学的理解。

2. 经济增长与经济发展

促进国际社会的共同发展是联合国和当前世界面临的头等大事，也是联合国千年首脑会议的重要话题。在经济全球化的趋势下，发展不平衡问题变得更加突出，南北差距扩大，贫富悬殊加深，人类财富正日益集中到世界少数富国和富人手中。正如安南在报告中指出的，世界上有近一半的人口每天只依靠不到2美元度日。因此，不少成员国希望联合国在全球化进程中发挥积极的主导作用，推动各国制定法规，以便建立公正、合理的国际政治、经济新秩序。安南在报告中敦促各国积极行动起来，力争在2015年以前帮助10亿人口摆脱贫困。报告还要求发达国家对贫穷国家的产品敞开大门，减免其债务负担，并向其提供经济援助。在20世纪60年代和70年代的时候，反增长的游说主要受到一些学者的支持。然而，到了80年代和90年代,其支持的范围则从某些大学的派别扩展到国会的下议院。游说争论的中心主要与空气污染有关。污染是增长的副产品,特别是某些条件放松以及某种经济活动有多种副产品时,污染情况就更严重。工业污染主要包括空气和水的污染,也包括噪音以及对自然风景的污染。

请问:

(1) 该案例反映了宏观经济学中的什么经济问题?有哪些表现?

(2) 结合所学的宏观经济学知识,比较经济增长与经济发展的异同。

3. 宏观经济学流派

从理论上讲,新凯恩斯主义其实是一个将凯恩斯主义、现代货币主义、供给学派和理性预期学派的理论与政策主张进行了更为广泛"综合"的"新综合派"。因而,所谓克林顿经济学不过就是人们对克林顿政府所主张和实施的一系列新凯恩斯主义的经济政策的一个统称或代名词。克林顿经济学的基本要义就是既反对完全自由放任的政府,又反对过度干预的政府。用克林顿的话说就是"我们将走第三条道路"。不仅如此,克林顿经济学还在很大程度上受到日本产业政策的影响,吸收了其中许多有益的东西。克林顿政府的宏观经济政策已经不仅仅是将重点放在总量的简单平衡上,而是在考虑总量平衡的同时,更为注重结构问题。因此可以说,新凯恩斯主义或克林顿经济学对经济乃至西方经济学本身是极其讲究实用性的。克林顿经济学从经济政策的实施上主要包括以下几方面:实施了较为合理的财政政策;制定和执行了正确的货币政策;迅速开发和应用高新技术;实行以开拓国外市场为核心的贸易政策。强调供给政策是克林顿经济学中很独特的一个组成部分。它的供给政策在很大程度上是吸收了里根经济学中的供给管理政策的有益成分,同时又吸收了日本等东亚国家过去30年经济快速成长的经验。

请问:

(1) 该案例反映的是哪一个宏观经济学流派的什么观点?

(2) 结合所学的宏观经济学知识,简述凯恩斯及新凯恩斯主义的产生和发展过程。

二、参考答案

(一) 名词解释

1. 解析:

总量分析是对宏观经济运行总量指标及其影响因素、变动规律等进行的分析,如对国民生产总值、投资额、消费额、进出口额、物价总水平等问题的分析是总量分析。

2. 解析:

总体分析是对宏观经济运行主体的整体性态势、结构及其特征、运行规律等进行的分析,如对国民经济的供需结构与区域或部门结构、经济增长阶段与经济周期、经济转型与制度演进等问题的分析是总体分析。

3. 解析:

均衡分析是宏观经济学常用的方法,是分析各种经济变量之间的关系,说明均衡的实现及其变动。它包括局部均衡与一般均衡。目前占主导地位的凯恩斯宏观经济学所采用的基本是均衡分析方法。但是,从哲学的角度来看,均衡是相对的,而非均衡则是绝对的,这在宏观经济中可以得到充分的证实。

4. 解析:

一般来说,非均衡分析认为经济现象及其变化的原因是多方面的、复杂的,不能单纯用有关变量之间的均衡与不均衡来加以解释,而主张从历史的、制度的、社会的因素等角度进行分析。

5. 解析:

存量分析是指对一定时点上已存在的有关经济总量的数值及其对其他有关经济总量的影响进行分析。

6. 解析:

流量分析是指对一定时期内有关的经济总量的产出、投入(或收入、支出)的变动及其对于其他有关经济总量的影响进行分析。

7. 解析：

在短期中，一个经济体的生产能力被视为固定不变，产出确定了总供给。与中期不同的是，经济体的价格水平也被视为固定不变，因而总供给曲线是一条水平线。由此可见，在短期中经济体的产量只取决于总需求，即总需求的变动引起了产量波动。宏观经济学中的短期模型主要是 *IS-LM* 模型。

8. 解析：

在宏观经济学的中期研究层面，一个经济体的生产能力在很大程度上可视为固定不变，产出确定了总供给，价格取决于总供给与总需求。生产能力不变不等同于产出不变，实际上由于就业水平的变化，经济体的总供给水平(或称产出)也会随之变化。在“产量—价格”坐标系中，中期的总供给曲线是向右上方倾斜的，它所处的位置取决于经济体的生产能力。在中期内，经济体的均衡产出水平将通过 *AS-AD* 模型来求解。

9. 解析：

经济的长期行为是经济增长理论研究的范畴，它重点论述生产能力的增长。就宏观经济学的长期研究层面而言，主要致力于探讨促使经济体在长期中不断成长的因素是什么以及它们是如何发生作用的。因此，长期中一个经济体的产出水平基本上是由它的生产能力来决定的，总供给曲线在“产量—价格”坐标系中是一条垂直线，它所处的位置取决于经济体的生产能力。随着生产能力的提高，垂直总供给曲线将向右移动。

10. 解析：

凯恩斯革命是对古典经济学的革命。20 世纪 30 年代严重的经济危机，打破了萨伊神话，使古典经济学的理论遭到了重创。在这样的特定条件下，为了适应当时的社会和经济发展需要，凯恩斯不但放弃了传统的经济学研究方法，改从总量和宏观的视角研究经济，而且承认资本主义经济中存在失业，指出有效需求不足是失业的原因，并且明确认为市场的自发作用不能保证资源的有效利用，也不可能实现充分就业水平。因此，唯一的方法只能是用国家干预的经济政策代替古典经济学的放任经济政策，从而形成了以国民收入决定理论为中心，以国家干预为政策基调的凯恩斯主义宏观经济学，完成了对传统的微观经济学的革命。这次革命史称“凯恩斯革命”，在西方经济学史上也被看作是一次重大的变革或革命。

11. 解析：

自 20 世纪 50 年代后期开始，弗里德曼就打着对抗“凯恩斯革命”的旗帜，提出所谓的“现代货币数量论”，重新强调货币政策的重要作用，抨击凯恩斯扩张的财政政策会造成滞胀，并主张自由汇率制或浮动汇率制。但是，弗里德曼的理论在当时并没有什么大的影响。直至 20 世纪 70 年代以后，由于资本主义经济中出现“滞胀”，即失业和通货膨胀并存（对正统的凯恩斯主义经济学新古典综合学派是一次沉重的打击），并且日趋严重，货币主义理论才开始流行起来。特别是英国撒切尔夫人在当时决定采用货币主义理论在英国进行实践，使货币主义革命进入高潮，形成了宏观经济学发展中的一次重大变革，这就是货币主义革命。

12. 解析：

有“白宫学派”之称的供给学派兴起于 20 世纪 70 年代。早在 60 年代中期，该学派代表人物之一的蒙代尔所提出的不同汇率体系下的货币政策和财政政策的分析以及最佳货币区理论就已经成型了。供给学派的宏观经济理论主要有：恢复萨伊定律，主张由供给来调节需求；降低税率刺激供给，从而刺激经济活动；放松政府的干预和限制，加强市场调节作用等等。供给学派的兴起称为供给革命。

13. 解析：

20 世纪 60 年代中期以后，随着经济滞胀现象的加剧，作为主流学派的新古典综合理论开始受到其他学派的抨击与非难，理性预期理论开始应运而生。虽然该学派至今仍然没有形成一整套完善的理论，但其所倡导的革命对经济学界的影响却越来越大。以卢卡斯为代表人物的理性预期学派认为，人们可做出合乎理性的预期指导自己的行为，价格具有完全伸缩性。他们据此提出：政府干预经济无论是从长期看，还是从短期看，都是无效的。应该发挥预期在模型中所起的作用，加强理性预期，作为政府制定政策的依据。这就是理性预期革命。特别是 2002 年以来，诺贝尔经济学奖越来越多地倾向于预期和实证的行为经济学、实验经济学等,更是充分肯定了理性预期学派理论的革命性作用。

（二）选择题(略)

（三）辨析题

1. 解析:

错误。总量分析是对宏观经济运行总量指标及其影响因素、变动规律等进行的分析,如对国民生产总值、投资额、消费额、进出口额、物价总水平等问题的分析是总量分析。对国民经济的供需结构与区域或部门结构、经济增长阶段与经济周期、经济转型与制度演进等问题的分析是总体分析。

2. 解析:

错误。均衡分析是宏观经济学常用的方法,用于分析各种经济变量之间的关系,说明均衡的实现及其变动。一般来说,非均衡分析认为经济现象及其变化的原因是多方面的、复杂的,不能单纯用有关变量之间的均衡与不均衡来加以解释,而主张从历史的、制度的、社会的因素等角度进行分析。两者互为补充,从不同的角度反映事物的本质。

3. 解析:

正确。流量分析是指对一定时期内有关的经济总量的产出、投入(或收入、支出)的变动及其对于其他有关经济总量的影响进行分析。

4. 解析:

错误。经济周期根据周期的长短可分为短周期、中周期和长周期,引起的原因可能是短期波动、中期波动或长期波动。

5. 解析:

错误。在短期中,一个经济体的生产能力被视为固定不变,产出确定了总供给,所以 *IS-LM* 是短期分析。在中期研究层面,生产能力不变不等同于产出不变,实际上由于就业水平的变化,经济体的总供给水平也会随之变化,因此,*AS-AD* 是中期分析。

6. 解析：

正确。在短期中，一个经济体的生产能力被视为固定不变，产出确定了总供给。在中期研究层面，生产能力不变不等同于产出不变，实际上由于就业水平的变化，经济体的总供给水平也会随之变化。长期中随着生产能力的提高，垂直总供给曲线将向右移动。

7. 解析：

正确。凯恩斯明确认为市场的自发作用不能保证资源的有效利用，也不可能实现充分就业水平。因此，唯一的方法只能是用国家干预的经济政策代替古典经济学的放任经济政策。

8. 解析：

正确。从货币政策的角度来看，凯恩斯的扩张的财政政策会引起货币需求的增加，短期会增加产出，但长期来看，只会引起物价上涨。当经济处于非充分就业状态时，就形成滞胀。

9. 解析：

正确。供给学派的宏观经济理论主要有：恢复萨伊定律，主张由供给来调节需求；降低税率刺激供给，从而刺激经济活动；放松政府的干预和限制，加强市场调节作用等等。

10. 解析：

正确。理性预期学派认为人们可做出合乎理性的预期指导自己的行为，价格具有完全伸缩性。该学派据此提出：政府干预经济无论是从长期看，还是从短期看，都是无效的。应该发挥预期在模型中所起的作用，加强理性预期，作为政府制定政策的依据。

11. 解析：

正确。从1929—1933年大危机中国家干预经济实施各种做法，形成大量的宏观经济学实践为发端，到1936年凯恩斯发表著名的《通论》，建立和形成最初的、系统的宏观经济学理论体系，标志着宏观经济学的正式产生。

12. 解析：

正确。20世纪70年代以后，形成了一些非凯恩斯主义宏观经济学派,后来这些流派形成了新古典宏观经济学派。这一时期的凯恩斯主义宏观经济学派为了保持其曾经有过的统治地位,也在继续修改自己的理论,并吸收了其他非凯恩斯主义学派的观点。这就是一般所称的现代主流经济学。

13. 解析:

正确。整个宏观经济学的历史就是国家干预与自由放任这两个学派争论的历史,也正是这种争论推动了宏观经济学的发展。

14. 解析:

错误。这两派有对立也有一致,有争论也有互相吸收。无论他们的观点如何,都会深化我们对宏观经济的认识,改善经济政策。海水之中有湖水,湖水之中亦有海水,从分歧到融合,变排斥为包容,构成了当前宏观经济学发展的鲜明特点。

15. 解析:

正确。宏观经济学可被视为这样一门学科:研究整个国民经济的活动,分析不同经济活动总量之间的相互关系及其对总体经济表现的影响,分析国民经济中商品与劳务的总产量和资源的总利用量的决定机制,研究总量波动的原因等。宏观经济学是研究总量运行的经济理论体系。从研究的具体问题看,宏观经济学研究的主要对象有:总供给、通货膨胀、失业和政府治理(宏观经济政策)。

16. 解析:

正确。自从20世纪30年代西方资本主义发生空前严重的经济危机开始,周期性的经济波动就开始成为西方国家经济发展中的痼疾。因此,有关经济周期及其波动就成为经济学家研究的主要对象,并且成为政府进行宏观调控的主要目标。所以,宏观经济运行中的基本问题,例如总供给、总需求、通货膨胀、失业、经济增长、政府治理(宏观经济政策)等等,也就成为宏观经济学研究的重要对象。从宏观经济运行的基本目标方面来看,宏观经济学研究的基本问题主要体现在实现充分就业、保持物价稳定及保证经济增长与发展三个方面。

17. 解析：

错误。稳定物价就是要抑制住通货膨胀、避免通货紧缩、维持币值的稳定。

18. 解析：

错误。经济增长是经济发展的手段，经济发展是经济增长的目的。不能离开经济发展这个目的去一味追求经济增长速度，那样会导致经济发展中的比例失调、经济大起大落和社会不公及社会剧烈动荡。

19. 解析：

正确。经济发展不仅关心国民生产总值的增长，更关心结构的改变，以及社会制度、经济制度、价值判断、意识形态的变革。经济发展着眼长期而不是短期。

20. 解析：

正确。宏观经济学和微观经济学的区别主要不在于研究对象的范畴大小与层次高低，而在于对整体经济活动内部联系的不同划分与把握。比如说，在各种经济部门中有100万人失业，肯定是宏观经济学的问题；但是，单个个体失业的原因和机制，这是微观经济学的问题。

（四）简答题

1. 解析：

(1) 虽然从宏观层面分析经济运行的做法在经济学研究上由来已久，但宏观经济学作为理论经济学中一门独立的分支学科，是在凯恩斯的著作《通论》一书于1936年出版后才正式形成的。

(2) 萌芽时期：从17世纪中叶到20世纪30年代凯恩斯的《通论》发表之前，这一时期是宏观经济学的萌芽时期。

(3) 凯恩斯主义宏观经济学的创建和形成、完善时期：这一时期是指从1936年凯恩斯的《通论》发表到20世纪70年代之前的时期。这一时期通常又分为两个阶段。第一个阶段是凯恩斯革命与现代宏观经济学的建立，即从1929—1933年大危机国家干预经济实施各种做法，形成大量的宏观经济学实践为发端,到1936年凯恩斯发表著名的《通论》,建立和形成最初的系统的宏观经济学理论体系,标志着宏观经济学的正式产生。第二个阶段是凯恩斯主义学派宏观经济学的发展和完善时期。

(4) 非凯恩斯主义宏观经济学形成和发展时期:20世纪70年代以后,由于资本主义经济发展出现诸如滞胀等许多新问题,使得凯恩斯主义宏观经济学开始走下神坛,并且引发了一大批新的经济学家重新认识和分析宏观经济问题。在这个过程中,形成了一些非凯恩斯主义宏观经济学派,其中包括以弗里德曼为首的货币主义学派、以卢卡斯为代表的理性预期学派、以蒙代尔等人为代表的供给学派等等,后来这些流派形成了新古典的宏观经济学派。这一时期的凯恩斯主义宏观经济学派为了保持其曾经有过的统治地位,也在继续修改自己的理论,并吸收了其他非凯恩斯主义学派的观点,这就是一般所称的现代主流经济学。特别是到了20世纪80年代以后,以曼丘、罗默等为代表的一批年轻的美国经济学家,力主宏微合流,同时试图把现代主流经济学和非凯恩斯主义宏观经济学派整合起来,形成全新的新凯恩斯主义经济学,使宏观经济学的发展又到了一个重要的分化期。

2. 解析:

宏观经济学形成和产生以来,根据其研究的方法和重点问题,以及其力求达到的目标和为实现这些目标所主张采用的政策措施,大致上经历了四次比较重大的变革。这四次变革分别是:

(1) 凯恩斯革命:这是对古典经济学的革命。20世纪30年代的一场浩大的经济危机,打破了萨伊神话,使古典经济学的理论遭到了重创。在这样的特定条件下,为了适应当时的社会和经济发展需要,凯恩斯不但放弃了传统的经济学研究方法,改从总量和宏观的视角研究经济,而且承认资本主义经济中存在失业,指出有效需求不足是失业的原因,并且明确认为市场的自发作用不能保证资源的有效利用,也不可能实现充分就业水平。因此,唯一的方法只能是用国家干预的经济政策代替古典经济学的放任经济政策,从而形成了以国民收入决定理论为中心,以国家干预为政策基调的凯恩斯主义宏观经济学,完成了对传统的微观经济学的革命。这次革命史称"凯恩斯革命”，在西方经济学史上也被看作是一次重大的变革或革命。

(2) 货币主义革命：自20世纪50年代后期开始，弗里德曼就打着对抗“凯恩斯革命”的旗帜，提出所谓“现代货币数量论”，重新强调货币政策的重要作用，抨击凯恩斯扩张的财政政策会造成滞胀，并主张自由汇率制或浮动汇率制。但是，弗里德曼的理论在当时并没有什么大的影响。20世纪70年代以后，由于资本主义经济中出现“滞胀”，即失业和通货膨胀并存(这对正统的凯恩斯主义经济学新古典综合学派是一次沉重的打击)，并且日趋严重，货币主义理论才开始流行起来。特别是英国的撒切尔夫人在当时决定采用货币主义理论在英国进行实践，使货币主义革命进入高潮，形成了宏观经济学发展中的一次重大变革。

(3) 供给学派的理论：有“白宫学派”雅号的供给学派兴起于20世纪70年代。早在60年代中期，该学派代表人物之一的蒙代尔所提出的不同汇率体系下的货币政策和财政政策的分析以及最佳货币区理论就已经成熟了。供给学派的宏观经济理论主要有：恢复萨伊定律，主张由供给来调节需求；降低税率刺激供给，从而刺激经济活动；放松政府的干预和限制，加强市场调节作用等等。

(4) 理性预期学派理论：20世纪60年代中期以后，随着经济滞胀现象的加剧，作为主流学派的新古典综合理论开始受到其他学派的抨击与非难，理性预期理论开始应运而生。虽然该学派至今仍然没有形成一整套完善的理论，但其所倡导的革命对经济学界的影响却越来越大。以卢卡斯为代表人物的理性预期学派认为人们可做出合乎理性的预期指导自己的行为，价格具有完全伸缩性。他们据此提出：政府干预经济无论是从长期看，还是从短期看，都是无效的。应该发挥预期在模型中所起的作用，加强理性预期，作为政府制定政策的依据。特别是2002年以来，诺贝尔经济学奖越来越多地倾向于预期和实证的行为经济学、实验经济学等，更是充分肯定了理性预期学派理论的革命性作用。

3. 解析：

宏观经济学自产生以来，可以说是流派纷呈，并且能够“各领风骚数十年”。特别是由于美国在现代宏观经济研究中的中心地位,宏观经济学中的两大流派之争尤为突出,并且被形象地说成是海水边与湖水边的经济学家之争。海水边的经济学家主要指在哈佛大学、麻省理工学院和斯坦福大学的新凯恩斯主义经济学家,这几所学校分别位于大西洋和太平洋沿岸;湖水边的经济学家主要是指在芝加哥大学和明尼苏达大学的新古典宏观经济学家,这两所学校位于五大湖沿岸。

(1)这两派经济学家在分析长期中的宏观经济问题时并没有重大分歧,都认为在长期中通过市场机制调节可以实现充分就业均衡;长期经济增长取决于由技术进步和资本积累决定的生产率提高;长期中的物价水平取决于货币数量多少。他们的分歧主要在短期宏观经济分析和由此得出的政策主张上。

(2)新凯恩斯主义经济学家认为,短期中市场机制的调节是不完善的,难以实现充分就业的均衡。例如,当劳动需求减少时,工资不能迅速下降,这时劳动的供给大于需求,就会有失业。在物品市场上,由于价格刚性,物品的供给不一定总等于需求。例如,当物品需求减少时,价格不能迅速下降。这时物品的供给大于需求,就出现衰退。在资本市场上,由于信息不对称存在信贷配给,这时利率也无法使资本市场总保持均衡。这种短期中市场调节的不完善性引起经济周期波动与失业,因此,为了稳定经济,政府必须用经济政策调节经济。简言之,新凯恩斯主义是主张国家干预经济的。

(3)新古典宏观经济学家认为,无论在短期还是长期中,市场机制的调节是完善而及时的,因此总能实现充分就业的均衡,他们把这种状态称为市场出清。具体来说,在劳动市场上工资是有伸缩性的,随劳动供求关系的变动而迅速变动,使劳动市场处于供求均衡状态。同样,在资本市场上利率的调整使资本市场均衡。因此,保持宏观经济稳定的方法是让市场机制充分发挥作用,而不是政府的干预。简言之,新古典宏观经济学是主张自由放任的。

(4)整个宏观经济学的历史就是国家干预与自由放任这两个观点争论的历史,也正是这种争论推动了宏观经济学的发展。这两派有对立也有一致，有争论也有互相吸收。无论他们的观点如何，都会深化我们对宏观经济的认识，改善经济政策。海水之中有湖水，湖水之中亦有海水，从分歧到融合，变排斥为包容，构成了当前宏观经济学发展的鲜明特点。

4. 解析：

从研究的具体问题看，宏观经济学的研究对象主要有以下四个方面：

(1) 总产出：对总产出或国民收入水平的研究是宏观经济学的核心问题。宏观经济学就是要从总需求和总供给的角度出发，分析国民收入的决定及其变动的规律，并在此基础上进一步研究和解释整体经济中的其他各种问题。

(2) 通货膨胀：宏观经济学研究的价格水平不是单个产品或单个要素的价格，而是一国物价的总水平。探讨通货膨胀的性质、种类和原因，并提出相应的对策已成为宏观经济学的主要任务。

(3) 失业：传统的经济理论由于坚持市场经济运行是和谐的，市场可以完全出清而根本无法解释经济运行中的客观事实。凯恩斯对经济大萧条的分析及其就业理论的产生革新了经济学，失业成了宏观经济学研究的主要经济问题，失业率也就成为反映要素市场和整个经济运行状况的主要经济指标。因此，研究失业的性质、特征、分类、原因以及解决方法就成为宏观经济学的重要课题。

(4) 政府治理(宏观经济政策)：宏观经济学是为国家干预经济服务的。宏观经济理论要为这种干预提供理论依据，而宏观经济政策则是要为这种干预提供具体的措施。宏观经济政策是从全局上对经济运行施加影响的方法和手段，即政府为实现宏观经济运行目标而采取的措施的总和，具体包括财政政策、货币政策、就业政策、收入政策以及各种经济政策的协调等。

5. 解析：

从宏观经济运行的基本目标来看，宏观经济学研究的基本问题主要体现在实现充分就业、保持物价稳定及保证经济增长与发展三个方面。

(1) 充分就业：这是从凯恩斯以来西方经济学家和政府决策人员一直关注的问题。一般意义上的宏观经济学所说的充分就业，并不意味着每个居民都能够就业,或那些愿意求职的人百分之百都能就业。因此,宏观经济学往往这样定义充分就业,即把某一水平的失业确定为"正常"的失业(可接受的或意愿的失业)。目前世界各国的政府将降低失业率、实现充分就业作为其基本的政策目标。

(2) 物价稳定:稳定物价就是要抑制住通货膨胀、避免通货紧缩、维持币值的稳定,因此又常把这一目标称之为"稳定币值"。在纸币流通的条件下,随着商品比价的不断调整,通常物价水平有徐徐上升的趋势,只要物价上涨的幅度是在社会可容忍的范围内,即可视为物价稳定。从世界范围看,在纸币流通条件下,物价总水平的不断上升似乎是一个普遍现象,但是物价波动的幅度不能太大。如果物价总水平大幅度上升,必然导致货币贬值、通货膨胀,严重影响人民生活,加剧社会分配不公,扭曲市场价格,冲击企业正常的生产经营活动,助长流通领域的过度投机行为;同时,物价大幅度上涨也容易导致总供求的失衡,严重制约经济的稳定与增长。因而需要运用财政等政策,将物价总水平控制在一定时期社会可接受的范围内。消除过高或者过低的通货膨胀率,维持物价稳定,不但成为政府进行宏观经济调控的基本目标,同时也成为宏观经济学研究的基本问题。

(3) 经济增长与发展:经济增长通常是指在一个较长的时间跨度上,一个国家人均产出(或人均收入)水平的持续增加。经济增长率的高低体现了一个国家或地区在一定时期内经济总量的增长速度,也是衡量一个国家或地区总体经济实力增长速度的标志。决定经济增长的直接因素有:投资量、劳动量和生产率水平。

6. 解析:

(1) 经济增长与经济发展并不是一回事,二者既有一定的联系又有根本区别。经济增长和经济发展虽然都追求个人所得和国民生产总值的提高,但经济增长关心的重点是物质方面的进步、生活水准的提高;而经济发展不仅关心国民生产总值的增长,更关心结构的改变,以及社会制度、经济制度、价值判断、意识形态的变革。经济发展着眼长期而不是短期。可以把经济增长与经济发展的关系概括为:经济增长是经济发展的手段,经济发展是经济增长的目的。不能离开经济发展这个目的去一味追求经济增长速度,那样会导致经济发展中的比例失调、经济大起大落和社会不公及社会剧烈动荡。

(2) 经济增长是一个明确的可度量标准,它被定义为按可比价格计算的本期国内生产总值比上一个时期的国内生产总值的增长百分比。经济增长以国民生产总值来测定,但它忽视了国民生产总值所表明的价值是以什么方式在社会成员中进行分配,也不能说明就业状况、职业保障、资源利用、生态环境、升迁机会以及保健医疗、教育等情况。假如某个国家,虽然国民生产总值和个人所得增加,但生产成果绝大部分归少数人享用,其结果造成两极分化而不能愈合,富者愈富,贫者愈贫,基尼系数增大,收入愈加不平等,这样的增长就不是真正意义上的发展。如果说经济增长是一个单纯的"量"的概念,它只计算国内生产总值增长的百分比,那么经济发展就是比较复杂的"质"的概念。

(3) 经济发展不仅包括经济增长的速度、增长的平稳程度和结果,而且还包括国民的平均生活质量,如教育水平、健康卫生标准等,以及整个经济结构、社会结构等的总体进步。经济发展是经济持续增长的结果,国民生活水平的提高、经济结构和社会形态等的进步也都很大程度上依赖于经济增长。就当代经济而言,发展的含义相当丰富复杂。发展总是与发达、与工业化、与现代化、与增长相互交替使用。一般所指的经济发展包含四种含义:经济增长、结构变迁、福利的改善、环境与经济可持续发展。

7. 解析:

宏观经济学和微观经济学是经济学的两大区域,并且两者有着明显的区别。

(1) 宏观经济学涉及经济总量的活动,包括总产生和收入,总就业和失业,价格水平和通货膨胀。它是理论经济学的一个重要方面,和"微观经济学"共同构成理论经济学的基础。微观经济学注重经济活动中各经济主体如何做出各自的最优选择,以及如何协调他们的选择(通过市场或通过等级制度),强调的是个别经济主体(家庭、厂商和政府机构)的活动是如何联系起来而成为一个整体的,较为狭窄地集中于特殊商品的数量和价格上,诸如鸡蛋或饼干的数量和价格,并对某些资源的配置问题加以讨论。

(2) 宏观经济学把所有经济主体的同类活动归类为一个总量范畴(如把所有家庭的消费加总为总消费),把另一些活动归类为加一个总量范畴,研究所有经济主体的这一类活动总量与另一类活动总量之间的关系,以及它们对整体经济表现的影响。因此,宏观经济学和微观经济学的区别主要不在于研究对象的范畴大小与层次高低,而在于对整体经济活动内部联系的不同划分与把握。比如说,在各种经济部门中有100万人失业,肯定是宏观经济学的问题;鸡蛋价格提高或者下降,这是微观经济学的问题。不过,如果包括鸡蛋在内的每一种商品的平均价格都出现提高或者下降,那就是宏观经济学的问题了。

8. 解析:

宏观经济学是一门内容极其复杂的学科,除了在微观经济学中提到的规范分析与实证分析、均衡分析与过程分析、静态分析与动态分析、经济模型外,宏观经济学研究中最常用的研究方法主要有:

(1) 总量分析与总体分析:总量分析是对宏观经济运行总量指标及其影响因素、变动规律等进行的分析,如对国民生产总值、投资额、消费额、进出口额、物价总水平等问题的分析是总量分析。总体分析是对宏观经济运行主体的整体性态势、结构及其特征、运行规律等进行的分析,如对国民经济的供需结构与区域或部门结构、经济增长阶段与经济周期、经济转型与制度演进等问题的分析是总体分析。用总量或总体分析方法分析问题时,着重于大的经济趋势和动向,整体的经济反应和效果,而不必过分关注具体的、个别的问题或经济变量。宏观经济学中总量分析方法最典型的运用,是其在研究总体经济表现时所采用的总供给与总需求分析。

(2) 均衡分析与非均衡分析:均衡分析是宏观经济学常用的方法,是分析各种经济变量之间的关系,说明均衡的实现及其变动。它包括局部均衡与一般均衡。目前占主导地位的凯恩斯宏观经济学所采用的基本是均衡分析方法。但是,从哲学的观点出发,均衡是相对的,而非均衡则是绝对的,这在宏观经济中可以得到充分的证实。现实生活中更多存在的是非均衡状态，即价格偏离均衡状态。一般来说，非均衡分析认为经济现象及其变化的原因是多方面的、复杂的，不能单纯用有关变量之间的均衡与不均衡来加以解释，而主张从历史的、制度的、社会的因素等出发进行分析。即使是量的分析，非均衡分析方法也不是强调各种力量相等时的均衡状态，而是强调各种力量不相等时的非均衡状态。可以看出，非均衡分析是对均衡分析的一种深化和发展。正因为如此，非均衡分析方法在宏观经济学中也日益受到重视。

(3) 存量分析与流量分析：存量分析是指对一定时点上已存在的有关经济总量的数值及其对其他有关经济总量的影响进行分析；流量分析则是指对一定时期内有关的经济总量的产出、投入(或收入、支出)的变动及其对于其他有关经济总量的影响进行分析。在宏观经济学的研究中，存量分析和流量分析都是十分重要的研究方法，可以同时使用并相互支撑。过去的宏观经济学研究中比较侧重于流量分析，但是，当前宏观经济学越来越强调采用存量分析方法，使之与流量分析并重，并且着手用统计学来解决存量统计中的问题。

(4) 短期、中期与长期分析：在短期中，一个经济体的生产能力被视为固定不变，产出确定了总供给。与中期不同的是，经济体的价格水平也被视为不变，因而总供给曲线是一条水平线。在宏观经济学的中期研究层面，一个经济体的生产能力在很大程度上可视为固定不变，产出确定了总供给，价格取决于总供给与总需求两者。在"产量—价格"坐标系中，中期的总供给曲线是向右上方倾斜的，它所处的位置取决于经济体的生产能力。经济的长期行为是经济增长理论研究的范畴，它重点论述生产能力的增长。在长期中，一个经济体的产出水平基本上是由它的生产能力来决定的，总供给曲线在"产量—价格"坐标系中是一条垂直线，它所处的位置取决于经济体的生产能力。随着生产能力的提高，垂直总供给曲线将向右移动。

9. 解析：

(1) 宏观经济学理论部分：包括国民收入的衡量与决定；产品市场与货

币市场的均衡,经济增长理论及其供给曲线,*AS-AD* 模型及其拓展,失业、通货膨胀与经济波动。

(2) 宏观经济学政策部分:包括 *IS-LM* 模型的政策含义,*AS-AD* 模型的政策含义,宏观经济政策实践。

(3) 宏观经济学流派部分:主要介绍当前比较有影响的几种宏观经济学流派,从而了解和掌握宏观经济学的发展动态。

(五) 案例分析题

1. 解析:

(1) 经济危机与经济周期问题。经济周期是经济活动水平的一种波动(通常以国民收入来代表),它形成一种规律性模式,即先是经济活动的扩展,随后是收缩,接着是进一步扩张。萨缪尔森指出在繁荣之后,可以有恐慌与暴跌。经济扩张让位于衰退,国民收入、就业和生产下降。价格与利润跌落,工人失业。当最终到达最低点以后,复苏开始出现。复苏可以是缓慢的,也可以是快速的。新的高涨可以表现为长期持续的旺盛的需求、充足的就业机会以及增长的生活标准,也可以表现为短暂的价格膨胀和投机活动,紧接而至的是又一次灾难性的萧条。

(2) 任何学科都有其基本的概念、理论和定理,从而探讨特定领域的本质和规律,解释大量貌似杂乱的各种特定现象。经济学经过长期的发展,根据研究对象的不同可以分成两大领域:微观经济学和宏观经济学。“微观”和“宏观”这两个词都来自希腊语,前者是从小的方面看,后者则是从大的方面看。相对而言,微观经济学研究的是经济活动个体决策者的行为及后果,而宏观经济学研究的是社会总体的经济行为及后果,如国民收入、经济增长、经济波动与经济周期、失业与就业、物价与通货膨胀等问题。因此,学好宏观经济学、掌握宏观经济理论和分析方法可以使我们获得一把分析、判断整个国家和社会经济形势和走势的钥匙。

2. 解析:

(1) 经济增长带来了一系列严重的问题:经济增长拉大了各国之间的

贫富差距，加剧了世界经济的不平衡；盲目的经济增长使世界环境遭到了严重的破坏，直接影响到人们的生活质量甚至人类的生存；经济增长中对一些资源的过度开采，造成部分资源面临枯竭；许多国家盲目追求经济指标，忽略了经济的均衡发展，造成了对整个国民经济的破坏。

(2) 经济增长与经济发展并不是一回事，二者既有一定的联系又有根本区别。

① 经济增长和经济发展虽然都追求个人所得和国民生产总值的提高，但经济增长关心的重点是物质方面的进步、生活水准的提高；而经济发展不仅关心国民生产总值的增长，更关心结构的改变，以及社会制度、经济制度、价值判断、意识形态的变革。经济发展着眼于长期而不是短期。可以把经济增长与经济发展的关系概括为：经济增长是经济发展的手段，经济发展是经济增长的目的。不能离开经济发展这个目的去一味追求经济增长速度，那样会导致经济发展中的比例失调、经济大起大落和社会不公及社会剧烈动荡。经济增长是指经济生产能力和实际国民收入的增加，而经济发展的含义比经济增长广泛，经济发展除了人均产出、人均国民生产总值或人均收入的增加外，还应含有经济结构的根本变化。为了谋求经济发展，必须启动经济增长，并保持经济稳定增长的势头，但是并不是经济增长一定能带来经济发展，不能把经济增长的指标等同于经济发展战略，或者把经济发展战略简单化为经济增长指标。

② 经济增长是一个明确的可度量标准，它被定义为按可比价格计算的本期国内生产总值比上一个时期的国内生产总值的增长百分比。经济增长以国民生产总值来测定，但它忽视了国民生产总值所表明的价值是以何种方式在社会成员中进行分配，也不能说明就业状况、职业保障、资源利用、生态环境、升迁机会以及保健医疗、教育等情况。假如某个国家，虽然国民生产总值和个人所得增加，但生产成果绝大部分归少数人享用，其结果造成两极分化而不能愈合，富者愈富，贫者愈贫，基尼系数增大，收入愈加不平等，这样的增长就不是真正意义上的发展。如果说经济增长是一个单纯的“量”的概念，它只计算国内生产总值增长的百分比，那么经济发展就是比较复杂

的“质”的概念。

③ 经济发展不仅包括经济增长的速度、增长的平稳程度和结果，而且还包括国民的平均生活质量，如教育水平、健康卫生标准等，以及整个经济结构、社会结构等的总体进步。经济发展是经济持续增长的结果，国民生活水平的提高、经济结构和社会形态等的进步也都很大程度上依赖于经济增长。就当代经济而言，发展的含义相当丰富复杂。发展总是与发达、与工业化、与现代化、与增长交替使用。一般所指的经济发展包含四种含义：经济增长、结构变迁、福利的改善、环境与经济可持续发展。

3. 解析：

(1) 新凯恩斯主义。其基本要义就是既反对完全自由放任的政府，又反对过度干预的政府。用克林顿的话说就是“我们将走第三条道路”。

(2) 自从20世纪30年代凯恩斯主义产生之后，它就几乎成了国家干预主义的代名词。凯恩斯主义的具体理论和政策主张可以说大致经历了如下四个阶段的发展和变化：

① 一是以凯恩斯本人的有效需求理论为基础，以摆脱大萧条和严重失业为已任，主张实行以刺激总需求为目标、以需求管理为内容的扩张性财政和金融政策；

② 二是由汉森首倡并以菲利普斯曲线为理论基础，主张实行周期平衡的补偿性财政和金融政策；

③ 三是以托宾等人为代表、以就业空位与失业并存的结构性滞胀理论为基础，主张实行以就业培训、人力政策为中心的结构性或微观化的宏观经济政策；

④ 四是20世纪80年代中期兴起并且成为克林顿政府官方经济学的新凯恩斯主义，采用了工资和物价刚性的说法，并引入了经济人和理性预期的假设，重新解释了资本主义经济危机和严重失业的原因。

第 2 章

国民收入的衡量与决定

一、习　题

（一）名词解释

1. 国民收入
2. 国内生产总值
3. 国民生产总值
4. *GDP* 平减指数
5. 生产法
6. 国民收入恒等式
7. 收入法
8. 支出法
9. 总生产函数
10. 均衡国民收入
11. 消费函数
12. 边际消费倾向
13. 投资函数
14. 计划支出
15. 实际支出
16. 自发支出
17. 派生支出

18. 乘数效应

19. 投资乘数

20. 政府购买支出乘数

21. 政府转移支付乘数

22. 对外贸易乘数

(二) 选择题

1. 用支出法核算 *GDP* 不应包括的项目有(　　)。

A. 居民消费支出　　B. 政府救灾款支出

C. 政府购买　　D. 居民购买住房的支出

2. 以下项目中不能计入狭义国民收入的有(　　)。

A. 政府转移支付　　B. 工资

C. 资本折旧　　D. 间接税

3. 如果一国的国内生产总值大于国民生产总值,说明该国公民从外国取得的收入(　　)外国公民从国内取得的收入。

A. 大于　　B. 小于

C. 等于　　D. 可能大于也可能小于

4. 下列项目中应该计入当年 *GDP* 的有(　　)。

A. 纺纱厂购入棉花的价值

B. 购买二手房所支付的 100 万元房款

C. 家务劳动

D. 服装厂当年生产但没有卖掉的 20 万元产品

5. 在支出法国民收入核算体系中,不应计入 *GDP* 的政府支出是指(　　)。

A. 政府购买办公用品的支出

B. 维持政府正常运转所发生的劳务支出

C. 政府拨付的扶贫、救灾等款项支出

D. 政府工作人员的薪金支出

6. 在以下项目中，不属于狭义国民收入的是(　　)。

A. 租金收入　　B. 工资

C. 利息净额　　D. 折旧

7. 下列行为属于经济学上的投资的是(　　)。

A. 由于产品滞销而导致厂商库存增加

B. 为孩子购买的教育基金

C. 在股票市场购买别人转让的股票

D. 在二手房市场租用了一套住房

8. 用收入法核算 *GDP* 不应包括(　　)。

A. 工资、利息、租金和非企业主收入

B. 政府支出

C. 企业转移支付及企业间接税

D. 资本折旧

9. 已知 $C=6$ 亿元，$I=1$ 亿元，间接税为 1 亿元，$G=1.5$ 亿元，$X=2$ 亿元，$M=1.8$ 亿元，则该年的 *GDP* 为(　　)亿元。

A. 6.7　　B. 7.7　　C. 8.7　　D. 9.7

10. 用支出法计算 *GDP* 的公式为(　　)。

A. $GDP=C+I+G+(X-M)$　　B. $GDP=C+S+G+(X-M)$

C. $GDP=C+I+T+(X-M)$　　D. $GDP=C+S+T+(M-X)$

11. 在以下项目中，应该计入 *GDP* 的有(　　)。

A. 购买一辆二手卡车　　B. 农民生产的口粮

C. 政府转移支付　　D. 政府购买办公用品

12. 用收入法核算 *GDP* 时，不应包括(　　)。

A. 折旧　　B. 间接税

C. 银行存款利息　　D. 政府公债利息

13. 用支出法核算 *GDP* 时，不应包括(　　)。

A. 政府转移支付　　B. 消费者购买消费品的支出

C. 企业投资　　D. 政府购买

14. 狭义国民收入不应包括的项目有(　　)。

A. 利润　　B. 间接税　　C. 工资收入　　D. 企业转移支出

15. 本国公民在国外生产的最终产品其价值应计入本国的(　　)。

A. 国民生产总值　　B. 国内生产总值

C. 总收入　　D. 国内生产净值

16. 在三部门经济中,国民收入恒等关系可以表示为(　　)。

A. $I+S=G+T$　　B. $C+I+G=C+S+T$

C. $I+G+X=S+T+M$　　D. $C+I+G+X=C+S+T+M$

17. 在国民收入核算体系中,从 *GDP* 形成角度来核算的方法是(　　)。

A. 收入法　　B. 部门法

C. 支出法　　D. 边际效用分析法

18. 名义 *GDP* 和实际 *GDP* 的比值可以反映(　　)水平。

A. 经济增长　　B. 经济波动　　C. 通货膨胀　　D. 失业

19. 某国 2005 年和 2010 年的名义 *GDP* 分别为 1 200 亿元和 2 000 亿元,*GDP* 折算指数分别为 120%和 150%,则 2010 年比 2005 年(　　)。

A. 物价水平下降　　B. 实际 *GDP* 下降

C. 实际 *GDP* 不变　　D. 实际 *GDP* 上升

20. 如果个人收入为 57 美元,个人所得税为 9 美元,消费为 43 美元,个人储蓄为 5 美元,则个人可支配收入为(　　)美元。

A. 43　　B. 57　　C. 48　　D. 52

21. 在国民收入决定模型中,政府支出是指(　　)。

A. 政府购买各种产品的支出

B. 政府购买各种产品和劳务的支出

C. 政府购买各种劳务的支出

D. 政府购买各种产品的支出再加上转移支付

22. 均衡国民收入(均衡产出)是指(　　)。

A. 一国生产的最终产品的市场价值

B. 计划支出大于实际支出时的国民收入

C. 计划支出小于实际支出时的国民收入

D. 与总需求相等时的国民收入

23. 根据两部门经济国民收入决定模型，引起均衡收入减少的原因是（　　）。

A. 消费减少　B. 储蓄减少　C. 消费增加　D. 政府支出减少

24. 边际消费倾向与边际储蓄倾向之和（　　）。

A. 大于 1　B. 等于 2　C. 等于 1　D. 小于 1

25. 平均消费倾向与平均储蓄倾向之和（　　）。

A. 大于 1　B. 等于 2　C. 等于 1　D. 小于 1

26. 在自发消费为正的线性消费函数中，平均消费倾向（　　）。

A. 大于边际消费倾向　B. 小于边际消费倾向

C. 等于边际消费倾向　D. 以上说法都有可能

27. 引致消费取决于（　　）。

A. 自发消费　B. 平均消费倾向

C. 收入　D. 收入和边际消费倾向

28. 根据凯恩斯消费函数，引起消费增加的原因是（　　）。

A. 收入水平增加　B. 价格水平提高

C. 储蓄增加　D. 利率增加

29. 根据凯恩斯理论中的储蓄函数，引起储蓄增加的因素是（　　）。

A. 收入增加　B. 利率增加

C. 预期未来的价格上升　D. 政府支出增加

30. 当边际消费倾向为以下几种情况时，乘数最大的是（　　）。

A. 0.6　B. 0.4　C. 0.75　D. 0.2

31. 若自主支出增加 10 万元使均衡国民收入增加 100 万元，则边际消费倾向至少为（　　）。

A. 1　B. 0.1　C. 0.9　D. 0.5

32. 乘数发生作用的条件是（　　）。

A. 社会上的各种资源已经得到充分利用

B. 社会上的各种资源没有得到充分利用

C. 边际消费倾向大于0

D. 边际消费倾向小于1

33. 从乘数公式中不能反映出的是(　　)。

A. 边际消费倾向越高,乘数就越小

B. 边际消费倾向越低,乘数就越小

C. 边际消费倾向越低,乘数就越大

D. 边际消费倾向为0,没有乘数效应

34. 凯恩斯理论认为,有效需求不足是由三大基本心理规律引起的。以下哪一个不是这三大基本心理规律?(　　)

A. 边际消费倾向递减规律　　B. 边际收益递减规律

C. 流动偏好规律　　D. 资本边际效率递减规律

35. 消费者储蓄增加而消费支出减少,则(　　)。

A. 储蓄和*GDP*都将下降　　B. 储蓄保持不变,*GDP*下降

C. 储蓄下降,*GDP*不变　　D. 储蓄上升,*GDP*下降

36. 边际消费倾向小于1,意味着当前可支配收入的增加将使意愿消费支出(　　)。

A. 增加,但幅度小于可支配收入的增加幅度

B. 有所下降,这是由于收入的增加储蓄也会随之增加

C. 增加,但幅度等于可支配收入的增加幅度

D. 保持不变,这是由于边际储蓄倾向同样小于1

37. 当一个家庭的收入为零时,消费支出为3 000元,收入为8 000元时,消费支出为6 000元。如果消费和收入之间呈线性关系,则边际消费倾向为(　　)。

A. 1　　B. 2/3　　C. 3/4　　D. 3/8

38. 如果消费函数为$C=100+0.8(Y-T)$,并且税收和政府支出同时增加1美元,则均衡的收入水平将(　　)。

A. 保持不变　　B. 增加2美元

C. 增加 1 美元　　D. 下降 4 美元

39. 如果消费函数为 $C=100+0.8(Y-T)$，那么政府支出乘数为（　　）。

A. 0.8　　B. 1.25

C. 4　　D. 5

40. 根据凯恩斯消费理论，随着收入的增加，（　　）。

A. 消费增加、储蓄减少　　B. 消费下降、储蓄增加

C. 消费增加、储蓄增加　　D. 消费下降、储蓄下降

（三）辨析题

1. *GDP* 被定义为经济社会在一定时期内运用生产要素所生产的全部产品的市场价值。（　　）

2. *GDP* 折算指数是实际 *GDP* 与名义 *GDP* 的比率。（　　）

3. 由于实际 *GDP* 等于名义 *GDP* 除以 *GDP* 平减指数，所以实际 *GDP* 一定小于名义 *GDP*。（　　）

4. 一个在日本工作的美国公民其收入是日本 *GDP* 的一部分，也是美国 *GNP* 的一部分。（　　）

5. 在国民收入循环流动过程中，总是产品和要素收入流向居民，而销售收入和生产要素流向厂商。（　　）

6. 个人收入也称个人可支配收入，是人们可以随意支配的收入。（　　）

7. 在支出法核算体系中，政府转移支付应计入 *GDP*。（　　）

8. 某企业生产 50 万元的产品，只销售掉 40 万元，则计入当年 *GDP* 的只能是 40 万元。（　　）

9. 2013 年某出租车司机购买了一辆产于 2010 年的小轿车，该司机为此付出的 10 万元购车费应计入 2013 年的 *GDP*。（　　）

10. 用支出法核算 *GDP* 时，政府公债利息不应计入。（　　）。

11. 根据消费函数，引起储蓄增加的主要原因是利率的上升。（　　）

12. 边际消费倾向与边际储蓄倾向之和一定等于 1。（　　）

13. 根据乘数理论，边际消费倾向越大，乘数效应就越明显。（　　）

14. 如果其他因素不变而边际消费倾向变小,则国民收入将会增加。( )

15. 均衡国民收入应该等于没有通货膨胀时的总需求。( )

16. 在任何情况下,个人储蓄的增加都将导致均衡国民收入的减少。( )

17. 考虑一个封闭经济,边际消费倾向为0.8,所得税率为50%,假设投资I为外生变量。如果政府支出G增加100,那么均衡产出Y的变化幅度为50。( )

18. 乘数反映的是国民收入变动所引起的实际支出的增加。( )

19. 四部门(开放)经济中的乘数值一般要大于三部门经济中的乘数值。( )

20. 边际储蓄倾向越低,政府购买支出对GDP的贡献就会越大。( )

(四) 简答题

1. 如何正确理解国内生产总值?

2. 举例说明最终产品和中间产品。

3. 国民收入有哪几种核算方法?

4. 用GDP衡量国民收入有哪些缺陷?

5. 为什么间接税应计入GDP?

6. 为什么投资等于储蓄是简单国民收入决定的基本均衡条件? 国民收入的变动机制是什么?

7. 简述产品市场的均衡条件并加以简要评论。

8. 简述凯恩斯的乘数理论,并指出其发挥作用的条件。

9. 简述国民收入核算与国民收入决定之间的关系。

10. 税收、政府购买和转移支付对总支出的影响方式有何区别?

(五) 计算题

1. 假设某国全年发生的经济活动如下:(a) 棉花加工厂支付工人工资

9万元，共生产了50吨棉花卖给纺织厂织布，售价15万元；(b) 纺织厂支付工人工资8万元，生产布匹售价60万元；(c) 服装厂支付工人工资10万元，贷款利息5万元，出售服装收入150万元。试求：

(1) 用最终产品法计算出的 *GDP* 是多少？

(2) 各生产阶段的增加值是多少？并用生产法计算 *GDP*。

(3) 在生产活动中获得的工资和利润各为多少？并用收入法计算 *GDP*。

2. 根据下列数据计算国内生产总值、国内生产净值和国民收入。(单位：亿元人民币)

政府购买	210
资本折旧	50
政府对企业转移支付	20
个人消费支出	450
净投资	150
净出口	20
企业间接税	70
政府补助金	40

3. 某国国民收入统计数据如下：(单位：亿元人民币)

国内生产总值	5 700
总投资	960
净投资	380
消费	5 300
政府购买	1 080
政府预算盈余	80

求：(1) 国内生产净值；(2) 净出口；(3) 政府税收减去转移支付后的税收净额；(4) 个人可支配收入(Disposable Personal Income，DPI)；(5) 个人储蓄。

4. 假设国内生产总值是5 000，个人可支配收入是4 100，政府预算赤字是200,消费是3 800,贸易赤字是100,单位均为亿元。试计算:(1) 储蓄;(2) 投资;(3) 政府支出。

5. 某国2010年、2011年的名义*GDP*分别为52 010亿美元和54 650亿美元,而2010年、2011年的*GDP*折算指数分别为126.3%和131.5%(以2000年为基期),试求:

(1) 2010年、2011年按2000年不变价格计算的*GDP*;

(2) 与上年相比,2011年的名义*GDP*和实际*GDP*的增长率及通货膨胀率。

6. 一个经济社会生产三种产品:CD及音像制品、食物和服装。它们在2010年和2011年的产量和价格如表1-1所示。

表 1-1

	2010年		2011年	
	数量	价格(万元)	数量	价格(万元)
CD及音像制品	100	10	110	10
食物	200	1	200	1.5
服装	500	0.5	450	1

求:

(1) 2010年的名义*GDP*是多少?

(2) 2011年的名义*GDP*是多少?

(3) 以2010年为基期,2010年和2011年的实际*GDP*是多少?增长率是多少?

(4) 以2011年为基期,2010年和2011年的实际*GDP*是多少?增长率是多少?

(5) 以2010年为基期,计算2010年和2011年的*GDP*折算指数。

7. 已知消费函数为$C=200+0.8Y$,投资为自主投资,$I=50$。试求:

(1) 均衡的国民收入Y是多少?

(2) 均衡的储蓄量S是多少?

(3) 如果充分就业的国民收入水平为 $Y_f=2\ 000$，那么，如果要达到充分就业的均衡状态，投资量应如何变化？

(4) 本题中投资乘数 k_I 为多少？

8. 假如某人的消费函数为 $C=\alpha+\beta Y_D$，其边际消费倾向恒等于 1/2，他的收支平衡点是 8 000 美元，若他的收入为 1 万美元，试计算他的消费和储蓄各为多少？

9. 某国政府投资增加 50 亿美元，如果该国的边际消费倾向为 0.75，经济起初位于均衡点 4 700 亿美元。请回答下列问题：

(1) 政府投资增加会对均衡国民收入产生什么影响，变化幅度多少？

(2) 假如出现相反的情况，投资支出减少 50 亿美元，均衡的国民收入如何变化？

(3) 投资要增加多少才能使国民收入增加 30 亿美元？

10. 假设经济模型为 $C=180+0.8(Y-T)$，$I=190$，$G=250$，$T=150$。其中 C 表示消费，I 表示投资，G 表示政府支出，T 表示税收，Y 表示国民收入。

(1) 计算消费函数的斜率和纵轴截距；

(2) 计算均衡的国民收入水平；

(3) 计算当 $Y=3\ 000$ 时的非计划的存货增加额。

11. 假设经济模型为 $C=20+0.75(Y-T)$，$I=380$，$G=400$，$T=0.2Y$。

(1) 计算边际消费倾向；

(2) 给出消费函数，标明其斜率及纵轴截距；

(3) 计算均衡国民收入水平；

(4) 在均衡的收入水平下，政府预算盈余为多少？

(5) 计算政府支出乘数，并解释它不等于 $\dfrac{1}{1-\beta}$ 的原因（β 为边际消费倾向）。

12. 假设某国的消费函数为 $C=80+0.75Y$，$I=100+0.15Y$，$G=50$ 亿元，试求：

(1) 均衡的国民收入为多少?此时的消费为多少?投资为多少?

(2) 政府支出乘数为多少?如果政府支出增加50亿元,国民收入增加多少?

(六) 案例分析题

1. 来自肯尼迪的演讲

1968年参议员罗伯特·肯尼迪竞选总统时,他在一次演讲中就*GDP*讲了以下一段话:"(*GDP*)并没有考虑到孩子们的健康、他们的教育质量或者他们游戏的快乐。它没有包括我们的诗歌之美好或者婚姻之稳固,没有包括我们关于公共问题争论的智慧或者我们公务员的正直。它既没有衡量出我们的勇气与智慧,也没有衡量出我们对祖国的热爱。简言之,它衡量一切,但并不包括使我们的生活有意义的东西,它可以告诉我们有关美国的一切,但没有告诉我们,为什么我们以作为美国人而骄傲。"

罗伯特·肯尼迪的话正确么?如果正确,我们为什么要关注*GDP*?

2. 蜜蜂的寓言

18世纪初,一个名叫孟迪维尔的英国医生写了一首题为《蜜蜂的寓言》的讽喻诗。这首诗讲述了一个蜂群的兴衰史。最初,蜜蜂们追求奢侈的生活,大肆挥霍浪费,整个蜂群兴旺发达。后来它们改变了原有的习惯,崇尚节俭,结果蜂群凋敝,终于被敌手打败而逃散。

这个寓言所宣扬的"浪费有功"思想在当时受到指责。英国埃塞克斯郡大陪审团的委员们就曾宣判它为"有碍公众视听的败类作品"。但在200多年之后,这部曾经声名狼藉的作品却启发凯恩斯发动了一场经济学上的"凯恩斯革命",建立了现代宏观经济学和总需求决定理论。

在20世纪30年代之前,经济学家信奉的是萨伊定律。萨伊是18世纪的法国经济学家,他认为供给决定需求,有供给就必然创造出需求,所以,不会存在生产过剩性经济危机。这种观点被称为萨伊定律。但20世纪20年代英国经济停滞和30年代全世界普遍的生产过剩和严重失业的现实打破了萨伊定律的神话。凯恩斯在批判萨伊定理中建立了以总需求分析为中心的宏观经济学。他认为,在短期中决定经济状况的是总需求而不是总供给。这就是说,由劳动、资本和技术所决定的总供给,在短期中是既定的,这样,决定经济的就是总需求。总需求决定了短期中国民收入的水平。总需求增加,国民收入就随之增加;总需求减少,国民收入就随之减少。

总需求理论的提出在经济学中被称为一场"革命",即凯恩斯革命。它改变了人们的传统观念,例如如何看待节俭。在传统观念中,节俭是一种美德。但根据总需求理论,节俭就是减少消费。消费是总需求的一个重要组成部分,消费减少就意味着总需求减少。总需求减少则使国民收入减少,经济便随之衰退。由此看来,节俭对个人是美德,对社会却是恶行。这就是经济学家经常说的"节约的悖论"。"蜜蜂的寓言"所讲的也正是这个道理。

试比较节约主义和消费主义两种主要观点对社会经济运行的影响。

3. 乘数:一把"双刃剑"

乘数反映了国民经济各部门之间存在着密切的联系。比如建筑业增加投资 100 万元,它不仅会使本部门收入增加,而且会在其他部门引起连锁反应,从而使这些部门的支出与收入也增加。在边际消费倾向为 80%时,在乘数的作用下最终使国民收入增加 5 倍达到 500 万元。为什么会有这种倍数关系,让我们举例来说明。例如,你花 50 元去买了 10 斤苹果,卖水果的小贩收到 50 元后,留 20%即 50×20%=10 元用于储蓄,将其余的 80%即 50×80%=40 元用于购买蔬菜,这又使菜农的收益增加了 40 元。菜农将 20%即 40×20%=8 元用于储蓄,其余的 40×80%=32 元用来购买大米,这样,卖大米的农户又会增加 32 元的收益……如此无限循环下去,社会最后的收益将会增加 250 元。即:

$$50+50\times80\%+50\times(80\%)^2+\cdots+50\times(80\%)^{n-1}=$$

$$50\times\left[\frac{1}{(1-80\%)}\right]=250(\text{元})。$$

250 元是最初需求增加量 50 元的 5 倍,这就是乘数效应。但乘数的作用是双重性的,如果上述例子中最初减少需求量 50 元会使国民收入减少 250 元。即当自发总需求增加时,所引起的国民收入的增加要大于最初自发总需求的增加;当自发总需求减少时,所引起的国民收入的减少也要大于最初自发总需求的减少。所以,经济学家形象地把乘数称为一把"双刃剑"。

乘数理论的含义是什么?为什么说乘数是一把"双刃剑"?

4. 做大乘数

面对通货紧缩和亚洲等地区金融危机的负面影响,我国采取了扩大内需的应对政策。然而,尽管政策力度很大,其带动作用却非常有限。统计资料显示,1998 年的非国有部门的投资呈负增长。这是怎么回事呢?

我国现在采取的宏观经济政策,被称为凯恩斯主义。凯恩斯在他学术生涯的巅峰时期,正好赶上了 1929 年至 1933 年的世界大萧条。他提出的救治方案就是扩张性的宏观经济政策,包括财政政策(主要是赤字政策和公共工程)和货币政策(即降低利率)。但是这些政策之所以被称为政策,而不是政府的单打独斗,就意味着它要在社会上产生连锁反应,使效果数倍、甚至数十倍于政府的努力。为了解释这样的效果,凯恩斯提出了"投资乘数"的概念。意思是说,当政府比正常情况新增一笔公共工程的投资时,由于该工程要雇用工人和购买设备与原材料,就要支付工资和货款;而货款也最后会变成生产设备和原材料的工人的工资。因此投资会引致消费,消费支出又会变成生产消费品的工人的工资,即消费又会引致新的消费。如此循环往复,一笔投资就会变成数倍于这笔投资的需求。这个倍数就是乘数。一个扩张的财政政策的直接效果,就是财政扩张的数额乘以"投资乘数"。

后来,又有人提出"存款乘数"。意思是说,当银行新增一笔存款时,银行会扣掉一定比率的准备金,然后再把剩下的款项贷出去;获得贷款的企业或者将之用来支付货款,或者暂时存入银行,无论如何,这笔款项都会又回到银行;银行仍旧按前面的办法处理。如此循环,也会使这笔新增存款"创造"出数倍于原来的存款来。这个倍数就是"存款乘数"。

当我们讨论或预测政策效果时,必须考虑两个简单因素:一是政策本身的力度,二是"乘数"。当政策没有达到预期效果时,我们既可以说,政策的力度不够,又可以说,乘数不大。无论是财政政策,还是货币政策,都有很多的约束条件,不是可以任意使用的。例如,财政的首要功能还是提供公共物品。当财政本身吃紧时，发挥政策作用的余地就很小，更为积极的因素是“乘数”。毫无疑问，在政策力度一定的情况下，如果政策效应较小，就意味着乘数较小，反之则越大。

请问如何做大乘数?

5. 中美边际消费倾向之比较

据估算美国的边际消费倾向约为 0.68，中国的边际消费倾向约为 0.48。也许这种估算不一定十分准确，但是一个不争的事实是，中国的边际消费倾向低于美国的。为什么中美边际消费倾向有这种差别呢？有人认为，这种差别在于中美两国的消费观念不同，美国人崇尚享受，今天敢花明天的钱(Spend Tomorrow's Money Today)。中国人有节俭的传统，一分钱要掰成两半花。但在经济学家看来，这并不是最重要的。消费观念属于伦理道德范畴，由经济基础决定，不同的消费观来自不同的经济基础。中美边际消费倾向的这种差别还是要用经济与制度因素来解释。美国是一个成熟的市场经济国家，经济总体上是稳定的；美国的社会保障体系较为完善，覆盖面广而且水平较高。而我国是从计划经济转向市场经济，社会保障体系还没有完全建立起来。

从这个案例当中可以得出什么结论？如果要提高我国的边际消费倾向，应该从哪几个方面入手？

二、参考答案

(一) 名词解释

1. 解析：

从价值形成的角度看，产出是收入的来源。或者说，国民收入与总产出在价值量上是必然相等的。但这里的国民收入是广义的，它有别于生产要素所有者所得的报酬(如工资、利息、租金和利润等)总和这样的狭义收入概念，即除了这些要素收入之外，还包括构成产品价格的资本折旧，构成产品价格但不能成为要素收入的间接税、企业转移支付等。因此，广义的国民收入是形成狭义国民收入之前的产出总量。

2. 解析:

国内生产总值(Gross Domestic Product, GDP)是核算一国经济体总产出(国民收入)水平的核心指标,是指在一定时期内用货币来衡量的一个经济体生产的最终成果(产品和劳务)的总价值。首先,*GDP* 是最终产品的价值,而非中间产品的价值。其次,*GDP* 是以国别为标准统计的,而非国民标准。再次,*GDP* 是一个时期的量(流量),而非时点的量(存量)。最后,*GDP* 是一个价值量,而非实物量。

3. 解析:

国民生产总值(Gross National Product, GNP)是指某国居民所拥有的全部生产要素在一定时期内所创造的最终产品和服务的价值总和。*GNP* 也是衡量国民收入的重要指标,在封闭经济中应该是等于 *GDP* 的。但在开放经济下,国家之间不可避免地会产生人员交流、贸易往来和资本流动,*GDP* 和 *GNP* 两个值通常就有出入。由于统计口径的不同,*GDP* 和 *GNP* 之间的关系可表示为:*GNP*=*GDP*+本国居民从国外取得的收入－外国居民从国内取得的收入＝ *GDP*+净要素支付(*NFP*)。

4. 解析:

GDP 平减指数是指名义 *GDP* 与实际 *GDP* 的百分比。在存在通货膨胀的情况下,以当年价格计算的 *GDP* 只是名义 *GDP*,不能准确反映一国总产出水平的变化。解决这一问题的方法是,选择一个不变价格作为标准,即选择某一年作为基准年并将其价格作为不变价,这样计算出来的 *GDP* 就叫作实际 *GDP*。显然,*GDP* 平减指数可以反映通货膨胀的水平。

5. 解析:

生产法又叫部门法,是从生产的角度衡量一国各部门在核算期内新创造价值的一种方法,即将国民经济各个部门在核算期内生产的物质产品和与提供劳务的总价值扣除生产过程中投入的中间产品价值之后得到的增加值相加总。

6. 解析：

国民收入恒等式是指一国经济的总支出与总收入必然是相等的。任何一笔交易都涉及买方和卖方，买方购买产品和服务所发生的支出一定等于卖方出售产品和服务所得到的收入。因此，$Y=C+I+G+NX$ 是无条件成立的恒等式。等式左边是总收入，等式右边是总支出。相应地，国内生产总值的核算可以通过分别核算总收入或总支出来进行。

7. 解析：

收入法又称要素支付法或生产成本法，是从生产过程创造收入（成本形成）的角度，根据生产要素在生产过程中应得的收入（即生产成本）来核算最终产品市场价值的一种方法，即把劳动所得到的工资、土地所有者得到的地租、资本所得到的利息等要素收入以及营业盈余与其他非要素收入相加来计算 GDP。

8. 解析：

支出法又称最终产品法或产品流动法，是从产品使用的角度出发，把一年内整个社会购买最终产品的支出（即最终产品的卖出价）加总而得出国内生产总值的方法。从支出的角度看，最终产品使用除了居民消费，还包括企业投资、政府购买及国外购买（净出口），因此，国内生产总值包括一个国家（或地区）在一定时期内用于最终消费、投资、政府购买以及货物和服务净出口的总和。

9. 解析：

在经济增长的贡献中除了劳动因素之外，资本和技术都是不可忽视的重要方面。通常，劳动用就业人数 L、资本用资本存量 K 来表示，而生产技术则用 T 来表示。将技术与劳动、资本一起作为产出的投入要素，就有了一个社会的总生产函数：$Y=F(L,K,T)$。

10. 解析：

均衡国民收入又称均衡的产量，是指生产出来的产量（即总供给）与所需求的产品（即总需求）相等时的国民收入。

11. 解析:

从总体上看影响消费行为的最重要的因素是收入方面的因素。因此,消费与收入之间的函数关系即为消费函数。消费函数的实际经济意义是,消费是由自主消费和派生消费两部分所构成的。自主消费不受收入水平变化的影响,代表着人们为了生存必须要有的基本生活需要。派生消费是随着收入水平变化而变化的,可支配收入越多,这部分的消费也就越多。

12. 解析:

边际消费倾向(Marginal Propensity to Consume,MPC)用于反映消费随着收入的变化而变化的程度,表示每增加1个单位的可支配收入所对应的消费增加的数量。

13. 解析:

投资是指增加或更新资本性资产的支出,这些支出总是有成本或代价的(如利息等)。投资者必然会比较预期收益和投资成本(利息)的大小,只有在预期收益大于利息的前提下,投资才是合算的、可行的。因此,投资是利率的减函数,它们之间形成了一种反向的变化关系:利率水平越高,投资数量就越小;反之,投资数量就越大。

14. 解析:

计划支出是指经济社会人们想要的或意愿的支出,代表着人们在一定价格水平下的支出意愿。在固定的价格水平下,家庭、企业和政府计划支出于物品与劳务的数量受到多种因素的影响,其中最主要的因素是实际的国民收入水平。通常,计划支出与实际收入水平呈正向的变动关系:实际收入水平高,计划支出就多,反之则少。

15. 解析:

实际支出就是经济社会在一定价格和利率水平下购买物品、劳务,企业购买投资品等实际发生的总支出。从国民收入核算来看,国民收入水平就是总产出水平,同样应遵循国民收入恒等关系,即总收入总是等于总支出的。因此,实际支出=国民收入。

16. 解析：

在计划支出或意愿支出中，不管是消费支出还是投资支出，都有一部分是不随国民收入的变化而变化的，这就是自发支出。在只考虑产品市场均衡的封闭的两部门经济中，消费支出 $C=\alpha+\beta Y$，投资支出为 I（与国民收入 Y 无关），因此，自发支出可以表示为 $\alpha+I$。

17. 解析：

在计划支出或意愿支出中，除了自发支出是不随国民收入的变化而变化的之外，还有一部分支出是随着国民收入的变化而变化的，所以称之为派生支出。在只考虑产品市场均衡的封闭的两部门经济中，消费支出 $C=\alpha+\beta Y$ 中的 βY 就是一种派生支出。

18. 解析：

乘数是意愿支出中的自发支出变动导致均衡产出发生变动的倍数。当然，这种自发支出变动可以是自主消费 α 的变动，也可以是投资 I 的变动，它们的乘数分别为自主消费乘数 k_α 和投资乘数 k_I。我们把这种由自主支出增加而引起国民收入成倍增加的现象称之为"乘数效应"。

19. 解析：

投资乘数可表示为由投资所引发的收入扩张的倍数。在只考虑产品市场均衡的封闭的两部门经济中，当国民收入均衡时，即当计划支出等于实际支出时，投资乘数即为：

$$k_I=\frac{\Delta Y}{\Delta I}=\frac{1}{1-\beta}。$$

20. 解析：

政府购买支出乘数是指由政府购买支出增加所引发的收入扩张的倍数。在三部门经济中，由于政府的存在就产生了税收和政府支出（包括购买性支出和转移支付），影响消费变化的就应该是可支配收入，此时，政府购买支出乘数也就应该变为：

$$k_G=\frac{\Delta Y}{\Delta G}=\frac{1}{1-(1-t)\beta}。$$

式中 t 为税率。

21. 解析：

政府转移乘数是指由政府转移支付增加所引发的收入扩张的倍数。在三部门经济中，政府转移支付乘数应该是：

$$k_G=\frac{\Delta Y}{\Delta TR}=\frac{1}{1-(1-t)\beta}。$$

式中 t 为税率。

22. 解析：

在开放经济环境下，由于对外贸易的存在，净出口成为拉动本国经济增长的一个动力，因此，由净出口增加所引发的收入扩张的倍数即为对外贸易乘数。其公式为：

$$k_X=\frac{1}{1-(1-t)\beta+\gamma}。$$

式中 γ 为进口变动率。

（二）选择题(略)

（三）辨析题

1. 解析：

错误。从用途上看，经济社会的生产成果可以区分为最终产品和中间产品。最终产品是用来满足最终需要(如消费、投资或者出口)的产品，中间产品是用来生产最终产品的产品。显然，只有最终产品才能反映生产的最终目的，所以，*GDP* 只是经济社会在一定时期内运用生产要素所生产的全部最终产品的市场价值。

2. 解析：

错误。*GDP* 折算指数是反映价格水平变化、通货膨胀水平的指标，是名义 *GDP* 与实际 *GDP* 的比率。

3. 解析：

错误。根据 *GDP* 平减指数的定义，实际 *GDP* 应该等于名义 *GDP* 除

以 *GDP* 平减指数,但实际 *GDP* 不一定小于名义 *GDP*,关键要看 *GDP* 平减指数是大于 1 还是小于 1。*GDP* 平减指数是反映物价水平变化的指标,如果存在通货膨胀,则 *GDP* 平减指数大于 1。相反,如果出现通货紧缩,则 *GDP* 平减指数可能小于 1。

4. 解析:

正确。*GDP* 是以国别标准核算的,而 *GNP* 则是以国民标准核算的。因此,在日本工作的美国公民由于其收入是发生在日本,理应计入日本 *GDP*。同时,由于他又是美国公民,如果按国民标准核算其收入也应该计入美国 *GNP*。

5. 解析:

正确。一国经济正是在连续不断的产品与生产要素流动、货币流动过程中,形成了产品市场上的产品和劳务、要素市场上的收入从厂商流向居民家庭,要素市场上的要素、产品市场上的支出从居民家庭流向厂商的周而复始的资源与价值循环运动。

6. 解析:

错误。个人可支配收入虽然是个人收入,但两者内涵是不同的。从个人收入到个人可支配收入,还必须扣除所得税等,因此,只有个人可支配收入才是人们可以随意支配的收入。

7. 解析:

错误。在支出法核算体系中,凡是引起支出的项目都应计入 *GDP*。但是,政府转移支付表面上看是政府的一项支出,但这种支出不同于购买,不会直接引起产品或劳务的相应变化,而是通过转移支付增加国民的收入,进而再通过其消费等行为形成实际支出。所以,政府转移支付不应计入 *GDP*。

8. 解析:

错误。*GDP* 是一个时期(通常为一年)的量,凡是在核算期(通常为一年)内发生产出都应计入,而不管是否销售出去。因此,当年生产的产品 50 万元都应计入,至于没有销售出去的 10 万元产品可以视作“非意愿存货”被生产厂商"购买"了。

9. 解析：

错误。*GDP* 的核算以产品的形成为标准。比如 2010 年生产的小轿车，虽然是在 2013 年才销售出去的，但其价值已经计入了 2010 年的 *GDP*，不能再将 10 万元的购车费计入 2013 年的 *GDP*。

10. 解析：

正确。政府的公债利息属于转移支付的一部分，其支出不会引起产品或劳务的反向流动。因此，用支出法核算 *GDP* 时，政府公债利息不应计入。

11. 解析：

错误。消费函数反映的是消费水平与国民收入(可支配收入)之间的变化关系，至于引起储蓄变化的主要原因是不是利率因素，不是消费函数所反映的内容。

12. 解析：

正确。边际消费倾向是指国民收入每增加一个单位所引起的消费水平变动的数量，而边际储蓄倾向是指国民收入每增加一个单位所引起的储蓄水平变动的数量。由于国民收入等于消费与储蓄之和，因此，边际消费倾向与边际储蓄倾向之和一定等于 1。

13. 解析：

正确。根据乘数理论，乘数的大小取决于边际消费倾向，它们之间存在着正向变动关系：边际消费倾向越大，乘数效应就越明显。

14. 解析：

错误。在其他条件不变的情况下，乘数的大小与边际消费倾向是呈正比的。因此，边际消费倾向变小，一般只会引起均衡国民收入的下降。

15. 解析：

正确。均衡国民收入是指在价格不变的情况下与计划支出相等的国民收入水平。国民收入总是等于实际支出的，而没有通货膨胀时的总需求就是计划支出，所以，均衡国民收入应等于没有通货膨胀时的总需求。

16. 解析：

错误。个人储蓄的增加对均衡国民收入的影响表现在两个方面：一是储蓄增加意味着消费支出减少，其结果是导致均衡国民收入减少；二是储蓄增加又会使投资增加，进而使得均衡产出增加。所以，储蓄增加的影响是很难判断的。

17. 解析：

错误。封闭经济中政府购买支出乘数为：

$$k_G=\frac{1}{1-(1-t)\beta}=\frac{5}{3}。$$

当政府支出 G 增加 100，那么均衡产出 Y 的变化幅度为：

$$\Delta Y=k_G\times\Delta G=\frac{5}{3}\times 100=\frac{500}{3}。$$

18. 解析：

错误。乘数是意愿支出中的自发支出变动使均衡产出发生变动的倍数，反映的是意愿支出中的自发支出变动所引起的均衡产出的变化情况。

19. 解析：

错误。在四部门经济中，由于出现了对外贸易，有一部分需求会因为购买进口商品而“漏出”，因此，四部门经济中的乘数值通常要小于三部门经济中的乘数值。

20. 解析：

正确。边际储蓄倾向越低，则边际消费倾向 β 越大。根据政府购买计算公式 $k_G=1/(1-\beta)$，β 越大，政府购买支出乘数 k_G 就越大，从而政府购买支出对 GDP 的贡献也会更大。

（四）简答题

1. 解析：

(1) 国内生产总值是一个国家在本国（地区）领土上，一定时期内生产的全部最终产品和劳务的市场价值的总和。

(2) 国内生产总值不仅应该包括有形产品,还应该包括无形产品——劳务。

(3) 国内生产总值是按照市场价格计算的,不包括自产自用的非市场化的产品(劳务)。

(4) 国内生产总值仅计算本年产品价格,不包括以前的产出。同时国内生产总值是一个时期的量(流量)而非一个时点的量(存量)。

(5) 国内生产总值反映的是最终产品的价值,而不包括中间产品——以免重复计算。

2. 解析:

最终产品是指由最终使用者购买的全部产品和劳务。“最终使用”可以理解为产品或劳务不再参与生产过程或脱离经济循环,既可以体现在消费和投资上,也可以表现为出口。

中间产品是指作为生产要素继续投入生产过程中的产品和劳务。凡是不能被“最终使用”的产品或劳务都会继续参与生产过程,主要体现在生产要素的投入、生产手段的更新上。

同样的物品可以有不同的用途,因此,划分最终产品和中间产品实际上是非常困难的。例如发电厂所提供的电,如果普通家庭将之用于照明、取暖等消费,则电是最终产品;如果工厂将之用来生产其他产品,则电是中间产品。

3. 解析:

(1) 生产法,又称部门法或增值法。其原理是依据提供产品与劳务各部门的“增加值”来计算 GDP,即计算每个部门或企业对产品和劳务的增加值。这种核算方法可以反映 GDP 的来源。

(2) 支出法,又称最终产品法。其原理是从最终产品的使用出发,把一年内购买最终产品的各项支出进行加总,计算该年内生产的产品和劳务的市场价值。公式为:$GDP=C+I+G+X-M$。

(3) 收入法。其原理是从收入的角度把由生产要素所获得的各种收入

加总起来计算 GDP，公式为：GDP＝（工资＋利息＋租金＋税前利润）＋折旧＋间接税＋企业转移支付。

4. 解析：

(1) 有很多经济活动是 GDP 无法衡量的。例如，没有经过市场交换程序的经济活动，如家务劳动、DIY 活动等都不能在 GDP 核算范围内反映出来。

(2) GDP 在反映社会福利水平的变动时存在着较大的局限性。GDP 反映产量变动，但产量变动不等于福利变动，GDP 无法反映精神满足程度、闲暇福利、分配状态和环境质量等。

(3) GDP 会受到价格因素变动的影响。由于 GDP 是一个价值量，因此，即使是产量没有变化，仅仅价格发生改变（如通货膨胀）就会改变 GDP 的数量。

5. 解析：

(1) 间接税不同于直接税，其纳税主体并不是税收的最终的承担者，间接税可以通过提高价格、收费标准而转嫁给别人（购买者）。

(2) 从间接税的性质可知，间接税会体现在价格之中，是产品或劳务购买者支出中的一部分，因此，在使用支出法计算 GDP 时这些间接税是包含在其中的。相应的，在使用收入法计算 GDP 时，间接税同样是要包含在内的，只是以“政府收入”的形式被计算，否则就会出现支出和收入不平衡的现象。

(3) 例如，如果政府对形象设计公司按 5％的税率征收营业税，该公司一定会把营业税计入服务价格而从顾客那里收回来。假设某明星委托该公司做宣传，共支付 100 万元形象设计费，这其中就包含 5 万元的营业税和 95 万元的公司净收入。从支出的角度计算，GDP＝明星支付的价格 100 万元；从收入的角度计算，GDP＝公司净收入 95 万元＋政府收入（营业税）5 万元＝100 万元。

6. 解析：

简单的国民收入决定理论是指仅包括产品市场的分析。均衡国民收入是由社会总需求(计划支出)等于总收入(实际支出)所决定的。

进一步假定只有居民和厂商两个经济部门。在这个两部门经济中，总需求(计划支出)由消费和投资构成，用 AE 表示，C 和 I 分别表示消费和投资支出，则 $AE=C+I$，Y 表示总产出(实际支出)，因此在总需求(计划支出)与总产出(实际支出)相等时，均衡产出就被决定了。用公式表示为 $Y=C+I$。

在两部门经济中，总收入又可以反映为消费与储蓄之和，即 $Y=C+S$。因此，收入与支出相等的均衡条件可以表示为 $C+I=C+S$，即 $I=S$。由此可见，投资等于储蓄是均衡条件的基本形式。

国民收入变动的机制是靠经济中的企业部门调整其产量来实现的。若社会的总收入(实际支出)超过总需求(意愿支出)，企业的产品就会出现积压，从而导致库存增加。为了适应市场，企业就会减少生产。反之，若社会总收入低于社会总需求，企业的库存就会减少，从而企业增加生产。因此，企业根据社会总需求来安排生产，最终将导致社会处于总收入等于总支出的均衡状态。

7. 解析：

在国民收入中，总支出是由消费支出和投资支出构成的。总支出 $AE=C+I$。总收入 Y 有两个用途：消费 C 和储蓄 S，所以 $Y=C+S$。产品市场均衡条件是总支出等于总收入，于是有 $C+I=C+S$，也就有投资等于储蓄，即 $I=S$。只要这个均衡条件得到满足，产品市场的问题就能解决，社会总产品的流通就能顺利进行。

这一均衡条件说明，宏观经济存在着基本运行规律，投资只有与储蓄相协调才能保持宏观经济的均衡。然而，这一均衡条件并没有真正触及社会资本再生产和流通的关键问题——资本(投资)的来源，混淆了储蓄和资本积累的概念。资本积累发生在企业内部而不是家庭部门。信用制度虽然在居民储蓄和厂商投资之间建立了联系，打破了企业货币资本量的限制，但即使在信贷关系相当发达的情况下，投资仍然主要源于资本积累，家庭储蓄只不过是补充。此外，均衡条件中的投资和储蓄，都是经济主体在各自心理规律作用下决策的结果，但这些心理规律如边际效用递减、边际收益率递减等是在诸多假设前提下才能成立的，并非绝对的，从而在很大程度上降低了其客观性。

8. 解析：

(1) 乘数理论说明了经济中支出变动引起国民收入倍数变动的关系。主要有：

① 投资乘数或政府购买乘数，指收入变化与带来这种变化的投资(或政府购买)支出变化的比率：

$$k_I=k_G=\frac{1}{1-(1-t)\beta}。$$

式中，β 为边际消费倾向，t 为税率。

② 税收乘数，指收入变动与带动这种变化的税收变动的比率。在税收 T 为定量税时，税收乘数为：

$$k_T=-\frac{\beta}{1-\beta}。$$

③ 转移支付乘数，指收入变化与带来这种变化的转移支付变化的比率。即：

$$k_{T_r}=\frac{\beta}{1-(1-t)\beta}。$$

④ 平衡预算乘数，指政府税收收入和购买支出以相同数量增加或减少时，国民收入变动与政府购买(或税收)变动的比率。在税收为定量税的条件下，该乘数等于 1。

⑤ 在开放经济条件下还有外贸乘数。外贸乘数指净出口额变动时引起的均衡国民收入变动的倍数。即：

$$k_X=\frac{1}{1-(1-t)\beta+\gamma}。$$

(2) 乘数理论揭示了现代经济的特点，即由于经济中各部门之间的密切联系，某一部门支出(需求)的增加不仅会使该部门的生产和收入相应增加，而且还会引起其他部门的生产、收入和支出的增加，从而使国民收入增加量数倍于最初增加的支出。

(3) 投资乘数发挥作用的条件有:① 经济中的资源没有得到充分利用。否则,支出的变动只会导致价格水平上升。② 如果由于某几种重要资源处于瓶颈状态,会限制乘数的作用。③ 乘数理论是在产品市场分析中得到的,没有考虑到货币市场特别是利率的影响。因此,在现实中乘数的作用并没有理论所认为的那样大。

9. 解析:

(1) 国民收入核算是"事后"的,即在一定时期(通常为1年)之后将发生的经济总量测算出来;国民收入决定是"事前"的,即分析一定时期的经济总量可能会是多少、怎样发生的。

(2) 两个问题的组成因素是相同的,如按两部门分析国民收入核算和决定都以消费 C 和投资 I 为因素,前者按 C 和 I 的实际发生额计算国民收入,后者按 C 和 I 的计划量(意愿量)来决定国民收入。

(3) 两者都运用了总供给和总需求相等($AS=AD$)的原理。前者把 $AS=AD$ 作为恒定的统计规律,据此计算国民收入。后者把 $AS=AD$ 作为衡量的条件,以此来决定国民收入。

10. 解析:

税收虽然并不直接影响总支出,但它会影响人们的可支配收入,从而影响消费支出水平,进而对总支出产生影响。税收的影响通常是负面的,当税收增加(税率提高)时,人们的可支配收入会减少,从而消费支出减少,再由乘数效应使总支出以倍数减少。这个倍数就是税收乘数。

政府购买支出是总支出的构成部分,其数量的变化将直接影响总支出水平。当然,政府购买支出与总支出的变化是同方向的,政府购买支出的增加将直接提高总支出水平,而且还会呈现出乘数效应,即总支出变化幅度通常是政府购买支出增加量的数倍,这个倍数就是政府购买支出乘数。政府转移支付对总支出的影响与税收类似,也是间接的:政府转移支付直接影响人们的可支配收入,进而再通过消费支出等因素的变化影响总支出。但与税收不同的是,政府转移支付的影响是正面的,政府转移支付增加将导致总支出也增加，它们之间的倍数关系即政府转移支付乘数。

（五）计算题

1. 解析：

(1) 服装即为最终产品，其价值为 150 万元，所以用最终产品法计算出的 GDP 是 150 万元。

(2) 棉花加工阶段的增值额为 15 万元；纺织阶段增值额为 45 万元，即 $60-15=45$ 万元；服装生产阶段增值额为 90 万元。用生产法计算出的 GDP 为 $15+45+90=150$ 万元。

(3) 在生产活动中，工人所获工资共计：$9+8+10=27$ 万元，在生产活动中，各工厂所获利润共计 $(15-9)+(45-8)+(90-10-5)+5=123$ 万元。则用收入法计算出的 GDP 为 $27+123=150$ 万元。

2. 解析：

(1) 国内生产总值 $GDP=C+I+G+NX=450+(150+50)+210+20=880$ 亿元。

(2) 国内生产净值 $NDP=GDP-$固定资产折旧$=880-50=830$ 亿元。

(3) 国民收入 $NI=NDP-$间接税$-$企业转移支付$+$政府补贴$=830-70-20+40=780$ 亿元。

3. 解析：

(1) 国内生产净值＝国内生产总值－资本消耗补偿，而资本消耗补偿即折旧等于总投资减净投资后的余额，即 $960-380=580$ 亿元，因此，国内生产净值$=5\ 700-580=5\ 120$ 亿元。

(2) 由 $GDP=C+I+G+NX$ 可得：$NX=GDP-C-I-G$。因此，净出口为：

$$NX=5\ 700-5\ 300-960-1\ 080=-1\ 640 \text{ 亿元。}$$

(3) 用 BS 代表政府预算赢余，T_N 代表净税收，即政府税收减去政府转移支付后的余额，则有 $BS=T_N-G$，从而有 $T_N=BS+G=80+1\ 080=1\ 160$ 亿元。

(4) 个人可支配收入本来是个人所得税后的余额,本题中没有说明间接税、公司利润、社会保险税等因素,因此,可从国民生产净值(Net National Product, NNP)中直接得到个人可支配收入,则有:

$$DPI=NNP-T=5\,120-1\,160=3\,920 \text{ 亿元。}$$

(5) 个人储蓄 $S=DPI-C=3\,920-5\,300=-1\,380$ 亿元。

4. 解析:

(1) 用 S 表示储蓄,用 DPI 代表个人可支配收入,则 $S=DPI-C=4\,100-3\,800=300$ 亿元。

(2) 用 I 代表投资,用 S_P,S_G,S_R 分别代表私人部门、政府部门、国外部门的储蓄,则有:$S_G=T-G=BS$。式中 T 表示政府税收收入,G 表示政府支出,BS 表示预算盈余。在本题中,$S_G=BS=-200$ 亿元。由于 S_R 表示外国部门的储蓄,即外国的出口减去进口,也就是本国的进口减去出口,在本题中 $S_R=100$,因此,$I=S_P+S_G+S_R=300-200+100=200$ 亿元。

(3) 由 $GDP=C+I+G+(X-M)$ 可得:$G=GDP-C-I-(X-M)$。因此,政府支出 $G=5\,000-3\,800-200-(-100)=1\,100$ 亿元。

5. 解析:

(1) 2010 年的实际 GDP = 名义 $GDP \div GDP$ 折算指数 $=52\,010\div126.3\%=41\,179.73$ 亿美元。

2011 年的实际 GDP = 名义 $GDP \div GDP$ 折算指数 $=54\,650\div131.5\%=41\,558.94$ 亿美元。

(2) 2011 年名义 GDP 增长率 $=(54\,650-52\,010)\div52\,010\times100\%=5.08\%$。

2011 年实际 GDP 增长率 $=(41\,558.94-41\,179.73)\div41\,179.73\times100\%=0.92\%$。

2011 年通货膨胀率 = 2011 年 GDP 折算指数 − 2010 年 GDP 折算指数 $=131.5\%-126.3\%=5.2\%$。

6. 解析:

(1) 2010 年名义 $GDP=100\times10+200\times1+500\times0.5=1\,450$ 万元。

(2) 2011 年名义 $GDP=110\times10+200\times1.5+450\times1=1\,850$ 万元。

(3) 以 2010 年为基期，2010 年实际 $GDP=1\,450$ 万元；2011 年的实际 $GDP=110\times10+200\times1+450\times0.5=1\,525$ 万元。这两年的实际 GDP 的增长率为：

$$\frac{1\,525-1\,450}{1\,450}=5.17\%。$$

(4) 以 2011 年为基期，则 2011 年实际 $GDP=1\,850$ 万元，2010 年实际 $GDP=100\times10+200\times1.5+450\times1=1\,750$ 万元，这两年实际 GDP 的增长率为：

$$\frac{1\,850-1\,750}{1\,750}=5.17\%。$$

(5) 以 2010 年为基期，2010 年 GDP 折算指数＝名义 GDP/实际 $GDP=\frac{1\,450}{1\,450}=100\%$，2011 年的 GDP 折算指数$=\frac{1\,850}{1\,525}=121.31\%$。

7. 解析：

(1) 根据产品市场的均衡条件，可以得到 $Y=C+I$，从而 $Y=200+0.8Y+50$，解得：$Y=1\,250$。

(2) 市场均衡时要满足 $S=I$，因而均衡储蓄量为 $S=I=50$。

(3) 如果充分就业的国民收入水平为 $Y_f=2\,000$，则投资量应该达到下列条件所满足的数量，即 $Y_f=200+0.8Y_f+I$，从而 $I=200$。

(4) 投资乘数：$K_I=\frac{1}{1-\beta}=\frac{1}{1-0.8}=5$。

8. 解析：

在消费函数为 $C=\alpha+\beta Y_D$ 时，由题意可知 $8\,000=\alpha+0.5\times8\,000$，所以 $\alpha=4\,000$。代入消费函数可得：$C=4\,000+0.5\times10\,000=9\,000$，所以 $S=1\,000$。

9. 解析：

(1) 由题目可知，投资乘数 $k_I=1/(1-\beta)=4$，所以增加投资 50 亿元可以增加均衡国民收入 200 亿元，新的均衡收入为 4 900 亿元。

(2) 同理,减少投资50亿元,均衡国民收入则减少200亿元,新的均衡收入为4 500亿元。

(3) 由于$k_I=4$,国民收入增加30亿元投资需增加$30/4=7.5$亿元。

10. 解析:

(1) 由消费函数可得,$C=180+0.8(Y-T)=180+0.8Y-0.8\times150=60+0.8Y$,所以消费曲线的斜率为0.8,纵截距为60。

(2) $Y=\dfrac{\alpha+I+G-\beta T}{1-\beta}$

$$=\frac{180+190+250-0.8\times150}{1-0.8}=\frac{500}{0.2}=2\ 500。$$

(3) 非计划存货的变化额为实际产出与均衡产出之差,所以,当$Y=3\ 000$时,非计划存货的增加额为500。

11. 解析:

(1) 由题意可知,不管税率多少,消费函数总是$C=20+0.75(1-t)Y$,因此边际消费倾向依然为$\beta=0.75$。

(2) 将税率$t=0.2$代入上述消费函数,可得$C=20+0.75(1-0.2)Y=20+0.6Y$,斜率为0.6,纵截距为20。

(3) 国民收入均衡时,$Y=\dfrac{\alpha+I+G}{1-\beta(1-t)}=\dfrac{20+380+400}{1-0.75(1-0.2)}=2\ 000$。

(4) 国民收入均衡时,政府盈余为$0.2\times2\ 000-400=0$。

(5) $k_G=1/[1-\beta(1-t)]=2.5$,而不等于$1/(1-\beta)=4$的原因是:由于税收的存在(税率为0.2),部分国民收入因纳税而减少,从而导致政府支出乘数有所下降。

12. 解析:

(1) 国民收入均衡时,就有$C+I+G=Y$,即$(80+0.75Y)+(100+0.15Y)+50=Y$,解得:$Y=2\ 300$亿元。

此时,消费总额为:$C=80+0.75Y=1\ 805$亿元。

投资总额为:$I=100+0.15Y=345$亿元。

(2) 当$C=80+0.75Y$,$I=100+0.15Y$时,政府支出乘数为:

$$k_G = 1/(1-0.75-0.15) = 10。$$

因此，政府支出增加 50 亿元，国民收入增加 500 亿元。

（六）案例分析题

1. 解析：

不难看出 *GDP* 指标并不能完全反映自然与环境之间的平衡，不能完全反映经济增长的质量。这些缺陷使传统的国民经济核算体系不仅无法衡量环境污染和生态破坏导致的经济损失，相反还助长了一些部门和地区为追求高的 *GDP* 增长而破坏环境、耗竭式使用自然资源的行为。可以肯定的是，目前 *GDP* 数字里有相当一部分是靠牺牲后代的资源来获得的。有些 *GDP* 的增量用科学的发展观去衡量和评价，不但不是业绩，反而是一种破坏。我们要加快发展、加速发展，但不能盲目发展。

尽管 *GDP* 存在着种种缺陷，但这个世界上本来就不存在一种包罗万象、反映一切的经济指标，在我们现在使用的所有描述和衡量一国经济发展状况的指标体系中，*GDP* 无疑是最重要的一个指标。正因为有这些作用，所以说，*GDP* 虽然不是万能的，但没有 *GDP* 是万万不能的。

对于经济发达的国家而言，肯尼迪的话在一定程度上是对的。因为正如肯尼迪所指出的，*GDP* 只是经济活动和社会福利的不完美的指标。另外，*GDP* 也忽略了诸如汽车、冰箱、割草机等耐用消费品的估算租金和作为家务劳动产出的物品和劳务，如做饭和清洁，以及非法活动所生产和出售的物品。但这些 *GDP* 计量的不完美并不降低 *GDP* 的用处。只要这些计量事项随着时间的推移保持固定，那么 *GDP* 在比较年度之间的经济活动中是有用的。而且一个庞大的 *GDP* 能保证我们的孩子得到更好的医疗服务、更多的新书和玩具。

因此，对于像中国这样的发展中国家而言，尽管我们应该重视 *GDP* 指标的以上不足，但摆在我们面前的主要任务是发展问题。也就是说，我们目前的主要任务是发展生产力，进一步丰富社会产出，即提高 *GDP*。只有这样，我们才能有足够的社会财富来进一步提高社会福利水平。

2. 解析：

生产的目的是消费，消费对生产有促进作用，这点毋庸置疑。凯恩斯主义的总需求分析是针对短期内总需求不足的情况。在这种情况下刺激总需求当然是正确的。如果一味提倡节俭，比如穿衣服都是“新三年，旧三年，缝缝补补又三年”，纺织工业就没有了活路。这些年中，当我国经济面临需求不足时，政府也在努力寻求新的消费热点，说明这种消费理论不无道理。

当然，这种刺激总需求的理论与政策并不是普遍真理。起码在两种情况下，这种理论并不适用。其一，在短期中，当总供给已等于甚至大于总需求时，再增加总需求会引发需求拉动的通货膨胀。其二，在长期中，资本积累是经济增长的基本条件，资本来自储蓄，要储蓄就要减少消费，并把储蓄变为另一种需求——投资需求。这时提倡节俭就有意义了。

凯恩斯主义总需求理论的另一个意义是打破了市场机制调节的神话，肯定了政府干预在稳定经济中的重要作用。二战后各国政府在对经济的宏观调控中尽管犯过一些错误，但总体上还是起到了稳定经济的作用。二战后经济周期性波动程度比战前小，而且没有出现20世纪30年代那样的大萧条，就充分证明了这一点。

世界上没有什么放之四海而皆准的真理。一切真理都是具体的、相对的、有条件的。只有从这个角度去认识凯恩斯主义的总需求理论才能得出正确的结论。其实就连“蜜蜂的寓言”这样看似荒唐的故事中不也包含了真理的成分吗？

3. 解析：

乘数是指自发总需求(包括消费、投资和政府支出)的增加所引起的国民收入增加的倍数，或者说是国民收入增加量与引起这种增加量的自发总需求增加量之间的比率。乘数理论回答总需求增加与国民收入增加量之间的关系。

乘数的大小取决于边际消费倾向。边际消费倾向越高，乘数就越大；边际消费倾向越低，乘数就越小。如果题中的边际消费是0.90，乘数就是10，最初需求50元乘以10，社会总收入就是500元。这是因为边际消费倾向越大，增加的收入就有更多的部分用于消费，从而使总支出和国内生产总值增加得更多。

但是，乘数理论所反映的这种连锁反应，即国民收入的增加大于最初自发总需求的增加，只有在社会上各种资源没有得到充分利用的情况下才有可能确实发生。如果社会上各种资源已经得到了充分利用，或者某些关键部门（如能源、原料或交通）存在着制约其他资源利用的"瓶颈状态"，乘数效应就不可能得到充分发挥。如在我国改革开放初期，需求增加导致加工业膨胀，但我国的基础产业和基础设施非常薄弱，无法满足新增需求，在旺盛的需求面前能源、原料等初级品供不应求价格上涨，实际国民收入就不可能继续增长。

4. 解析：

无论是"投资乘数"还是"存款乘数"，其产生和大小都和经济活动及其频率（商品交易的频率和金融交易的频率）直接相关。交易频率高，也就是交易效率高。在我国，市场制度信用不足，也缺乏效率，所以交易效率较低，交易速度较慢，在有些时候，交易甚至会受阻。一旦交易缓慢或受阻，形成乘数的循环就会减少，乘数自然就会降低。

事实还不仅仅如此。政策力度与乘数之间也不是简单的正比关系，有时两者会互相冲突。政府政策相对于经济制度并非中性，它经常会产生"体制效应"，即政策本身会对经济制度产生影响。这就存在一种可能性，即扩张性的宏观经济政策会导致负面的体制效应，损害市场制度的改进和完善，结果会使乘数变小。比如，为了筹措更多的财政资金以支持扩张性的财政政策，政府扩大对市场的管制范围，结果损害了市场效率；又如，为了避免金融风险，政府采取了过分保守的金融管制政策，会使问题走向另一个极端，导致金融体系的效率降低，"存款乘数"就会变小。

要做大乘数，就只有继续进行市场化的制度变革，使初步建立起来的市场制度变得更有效率。既然政府政策会产生"体制效应"，我们的目标就是变负效应为正效应。如在财政政策方面，积极推进国企改革，打破政府垄断，让非国有企业参与公平的竞争，强化市场机制的作用；在货币政策方面，促使货币体系向市场化方向迈进等。

5. 解析:

边际消费倾向是指增加的消费在增加的收入中所占的比例。我国的边际消费倾向明显低于美国,可能出于以下的原因:

首先从收入来看。美国是一个成熟的市场经济国家,尽管也经常发生经济周期性波动,但其经济总体上是稳定的。经济的稳定决定了收入的稳定。当收入稳定时,人们就敢于消费,甚至敢于借款消费了。中国是一个转型中的国家,正在从计划经济转向市场经济,尽管经济增长速度快,但就每个人而言收入并不稳定。这样,人们就不得不节制消费,以预防可能出现的收入风险。

其次从制度来看。人们敢不敢花钱,还取决于社会保障制度的完善程度。美国的社会保障体系较为完善,覆盖面广而且水平较高:失业有失业津贴,老年人有养老金,低于贫困线的有政府补助,上大学又可以得到贷款。这样完善的社会保障体系使美国人无后顾之忧,敢于消费。但在中国,过去计划经济下的社会保障体系被打破了,新的市场经济条件下的社会保障体系还没有完全建立起来,而且由于财力的限制,这样的状况也难以在短期内发生根本性的改变,因此人们需要为未来医疗、养老、教育等必需的支出进行储蓄,消费自然就少了。

第3章

产品市场和货币市场均衡

一、习　题

（一）名词解释

1. 资本边际效率
2. 凯恩斯陷阱
3. *IS* 曲线
4. *LM* 曲线
5. 货币的需求
6. 投资需求的利率弹性
7. 广义货币供应量 M_2
8. 广义货币供应量 M_3
9. 投资函数
10. 投资边际效率
11. 托宾“*q*”理论
12. 交易动机
13. 谨慎动机
14. 投机动机

（二）选择题

1. 政府支出增加1美元将（　　）。

A. 使计划支出曲线向下移动1美元

B. 使 IS 曲线向右移动 $1/(1-\beta)$美元

C. 移动 LM 曲线

D. 以上都不对

2. 税收的减少将(   )。

A. 使计划支出曲线向上移动并使 IS 曲线向左移动

B. 使计划支出曲线向上移动并使 IS 曲线向右移动

C. 使计划支出曲线向下移动并使 IS 曲线向左移动

D. 使计划支出曲线向下移动并使 IS 曲线向右移动

3. 如果投资对利率变得很敏感,那么(   )。

A. IS 曲线将变得更平坦　　B. IS 曲线将变得更陡峭

C. LM 曲线将变得更陡峭　　D. LM 曲线将变得更平坦

4. 边际消费倾向较小会导致(   )。

A. LM 曲线较陡峭　　B. 政府支出乘数较小

C. IS 曲线较平坦　　D. 以上都对

5. 下面关于 LM 曲线的叙述正确的是(   )。

A. LM 曲线向右上倾斜,并且是在收入水平给定的条件下画出的

B. LM 曲线向右下倾斜,并且价格的增加将使其向上移动

C. LM 曲线向右上倾斜,并且是在实际货币供给给定的条件下画出的

D. 沿着 LM 曲线,实际支出等于计划支出

6. 货币供给的增加(   )。

A. 将使 LM 曲线向左上移动　　B. 将使 LM 曲线向右下移动

C. 将使 IS 曲线向右上移动　　D. 将使 IS 曲线向左下移动

7. 如果货币需求对收入水平不敏感,那么(   )。

A. 当收入增加时,货币需求曲线向右不会移动很多

B. 为抵消收入变化而导致的货币需求增加,只需利息率发生很小的变化

C. LM 曲线相对较平坦

D. 以上都对

8. 在 IS 曲线和 LM 曲线的交点,(　　)。

A. 实际支出等于计划支出

B. 实际货币供给等于实际货币需求

C. Y 值和 r 值同时满足产品市场均衡和货币市场均衡

D. 以上都对

9. 导致 LM 曲线向左方移动的原因是(　　)。

A. 物价水平不变,中央银行在公开市场上购买政府债券

B. 物价水平不变,中央银行提高法定准备金率

C. 实际国内生产总值减少

D. 中央银行的货币供应没有任何变动,但物价水平下降

10. IS 曲线表示(　　)。

A. 收入大于支出　　B. 总供给和总需求均衡

C. 储蓄大于投资　　D. 以上都对

11. IS 曲线右方各点代表了(　　)。

A. 总需求大于总供给

B. 总支出大于均衡时要求的水平

C. 总支出小于均衡时要求的水平

D. 计划的总支出等于实际国内生产总值

12. 自发投资支出增加 30 亿元,会使 IS 曲线(　　)

A. 右移 30 亿元

B. 左移 30 亿元

C. 右移支出乘数乘以 30 亿元

D. 左移支出乘数乘以 30 亿元

13. 由于政府支出增加而导致实际收入提高,同时利息率下降,那么(　　)。

A. IS 曲线一定垂直

B. LM 曲线一定垂直

C. 央行必定同时增加了货币供给

D. 央行必定同时减少了货币供给

14. 如果央行减少货币供给,增加税收(　　)。

A. 利息率将必定提高　　B. 利息率将必定下降

C. 收入的均衡水平将必定提高　　D. 收入的均衡水平将必定下降

15. 如果(　　),*IS* 曲线将向右移动。

A. 消费者对经济的信心增强

B. 公司对经济更加乐观并决定在每个利息率水平都增加投资

C. 政府将增加转移支付

D. 以上都对

16. 如果人们在每个利息率水平上都希望增加货币持有量,那么(　　)。

A. 货币需求曲线将向左移动　　B. *LM* 曲线将向左上移动

C. 实际收入将减少　　D. 以上都对

17. 根据凯恩斯货币需求理论,如果利率降低,则增加的将是(　　)。

A. 货币的交易需求　　B. 货币的预防需求

C. 货币的投机需求　　D. 上述三方面需求中任何一种

18. 当利率变得很低时,人们购买债券的风险将会(　　)。

A. 变得很小　　B. 变得很大

C. 可能很大,也可能很小　　D. 不发生变化

19. 利率和收入的组合点出现在 *IS* 曲线右上方、*LM* 曲线的左上方的区域中,则表示(　　)。

A. 投资小于储蓄,且货币需求小于货币供给

B. 投资小于储蓄,且货币供给小于货币需求

C. 投资大于储蓄,且货币需求小于货币供给

D. 投资大于储蓄,且货币需求大于货币供给

20. *IS* 曲线为 $Y=500-2\,000r$,下列哪一个利率和收入水平组合不在 *IS* 曲线上?(　　)

A. $r=0.02, Y=450$　　B. $r=0.05, Y=400$

C. $r=0.07, Y=360$　　D. $r=0.1, Y=300$

21. 在 IS 曲线上存在储蓄和投资均衡的收入和利率的组合点有(　　)。

A. 一个　　B. 无数个

C. 一个或无数个　　D. 一个或无数个都不可能

22. 给定消费 $C=40+0.8Y_D$,净税收 $T_N=20$,投资 $I=70-400r$,净税收增加 10 单位使 IS 曲线(　　)。

A. 右移 10 单位　　B. 左移 10 单位

C. 右移 40 单位　　D. 左移 40 单位

23. 假定货币供给量和价格水平不变,货币需求为收入和利率的函数,则收入增加时(　　)。

A. 货币需求增加,利率上升　　B. 货币需求增加,利率下降

C. 货币需求减少,利率上升　　D. 货币需求减少,利率下降

24. 假定货币需求函数为 $L=kY-hr$,货币供给增加 10 亿美元而其他条件不变,则会使 LM 曲线(　　)。

A. 右移 10 亿美元

B. 右移 k 乘以 10 亿美元

C. 右移 10 亿美元除以 k(即 $10/k$)

D. 右移 k 除以 10 亿美元(即 $k/10$)

25. 如果利率和收入都能按供求情况自动得到调整,则利率和收入的组合点出现在 IS 曲线左下方,LM 曲线右下方的区域中时,有可能(　　)。

A. 利率上升,收入下降　　B. 利率上升,收入增加

C. 利率上升,收入不变　　D. 以上三种情况都可能发生

26. 如用 k_T 表示税收乘数,则自发税收增加 ΔT 会使 IS 曲线(　　)。

A. 左移 $k_T\Delta T$　　B. 左移 $k_T/\Delta T$

C. 右移 $k_T\Delta T$　　D. 右移 $k_T/\Delta T$

27. 如果净税收增如 10 亿美元,会使 IS(　　)。

A. 右移税收乘数乘以 10 亿美元

B. 左移税收乘数乘以 10 亿美元

C. 右移支出乘数乘以10亿美元

D. 左移支出乘数乘以10亿美元

28. 利率和收入的组合点出现在 IS 曲线右上方、LM 曲线左上方的区域中,则表示( )。

A. 投资小于储蓄且货币需求小于货币供给

B. 投资小于储蓄且货币需求大于货币供给

C. 投资大于储蓄且货币需求小于货币供给

D. 投资大于储蓄且货币需求大于货币供给

29. 假定货币供给量和价格水平不变,货币需求为收入和利率的函数,当收入增加时( )。

A. 货币需求增加,利率上升　　B. 货币需求增加,利率下降

C. 货币需求减少,利率上升　　D. 货币需求减少,利率下降

30. 若 LM 方程为 $Y=750+200r$,当货币需求与供给均衡时,利率和收入为( )。

A. $r=10\%, Y=750$　　B. $r=10\%, Y=800$

C. $r=10\%, Y=950$　　D. $r=10\%, Y=900$

31. 如果货币市场均衡方程为 $r=\frac{k}{h}Y-\frac{M}{hP}$,则导致 LM 曲线变得平坦的原因是( )。

A. k 变小,h 变大

B. k 和 h 同比例变大

C. k 变大,h 变小

D. k 和 h 同比例变小

32. 货币市场和产品市场同时均衡出现于( )。

A. 各种收入水平和利率上

B. 一种收入水平和利率上

C. 各种收入水平和一定利率水平上

D. 一种收入水平和各种利率水平上

33. 自主性净出口 $\Delta\bar{X}$ 增加时会(　　)。

A. 使 IS 曲线右移 $K_e\bar{X}$(K_e 为支出乘数)

B. 使 IS 曲线左移 $K_e\Delta X$

C. 使 IS 曲线斜率变大

D. 使 IS 曲线斜率变小

34. 如果利率和收入都能按供求情况自动得到调整,则利率和收入的组合点出现在 IS 曲线左下方、LM 曲线右下方的区域中时,有可能(　　)。

A. 利率上升,收入下降

B. 利率上升,收入增加

C. 利率上升,收入不变

D. 以上三种情况都可能发生

35. 当投资支出与利率负相关时,产品市场上的均衡收入(　　)。

A. 与利息率不相关

B. 与利息率负相关

C. 与利息率正相关

D. 随利率下降而下降

(三) 辨析题

1. 货币需求也可称为流动性偏好。(　　)

2. 当收入增加时,人们用于满足交易需求的货币需求不变。(　　)

3. 价格水平固定不变,当中央银行降低名义货币供应量时 LM 曲线将向右下方平移。(　　)

4. 在 IS 曲线的右边,表示产品市场投资大于储蓄(有超额产品需求)。(　　)

5. IS 曲线上的点表示当货币市场实现均衡时,利率和国民收入的对应关系。(　　)

6. 凯恩斯认为交易需求是收入和利率的函数。(　　)

7. 在价格水平下降情况下,若名义货币供给量不变,也会引起 *LM* 曲线向外移动。( )

8. 同时位于 *LM* 和 *IS* 曲线上方的所有点,表明货币需求小于货币供给,但投资大于储蓄。( )

9. 同时位于 *LM* 和 *IS* 曲线左侧的所有点,表示投资大于储蓄,同时货币需求大于货币供给。( )

10. 当利率下降得很低时,货币的投机需求趋于 0,这就是“凯恩斯陷阱”。( )

11. 投资对利率变化越敏感,*IS* 曲线斜率绝对值就越大。( )

12. 在利率很低的情况下,人们倾向于持有不产生利息收入的货币,而放弃持有证券。( )

13. 所谓投机需求是商人为了低价买进高价卖出商品而保持一部分货币的需求。( )

14. 谨慎性货币需求是利率的函数。( )

15. 当 *LM* 曲线不变而 *IS* 曲线向右上方移动时,收入提高,利率下降。( )

16. 如果最初的利率和国民收入的组合不是均衡点,则在市场机制作用下,会不断向均衡点调整。( )

17. *LM* 曲线斜率总是大于 0 的。( )

18. 产品市场和货币市场同时均衡的点有无数个。( )

19. 当 *IS* 曲线不变而 *LM* 曲线向右下方移动时,则收入提高,利率下降。( )

20. 投资由利率和资本边际效率决定。投资与利率成同向变动关系,与资本边际效率成反向变动关系。( )

(四) 简答题

1. 什么是货币需求？人们需要货币的动机有哪些？

2. 什么是“流动性陷阱”？

3. 简述 IS-LM 模型。

4. 运用 IS-LM 模型分析均衡国民收入与利率的决定与变动。

5. 在 IS 和 LM 两条曲线相交时所形成的均衡收入是否就是充分就业的国民收入？为什么？

6. 怎样理解 IS-LM 模型是凯恩斯主义宏观经济学的核心？

7. 如果产品市场和货币市场没有同时达到均衡而市场又往往能使其走向均衡或者说一般均衡，为什么还要政府干预经济生活？

8. 潜在国民收入和均衡国民收入两个概念在宏观经济分析中有何重要作用？

9. 分析研究 IS 曲线和 LM 曲线的斜率及其决定因素有什么意义？

（五）计算题

1. 若货币交易需求为 $L_1=0.20Y$，货币投机性需求 $L_2=2\ 000-500r$。

(1) 写出货币总需求函数；

(2) 当利率 $r=6$，收入 $Y=10\ 000$ 亿美元时，货币需求量为多少？

(3) 若货币供给 $M_S=2\ 500$ 亿美元，收入 $Y=6\ 000$ 亿美元时，可满足投机性需求的货币是多少？

(4) 当收入 $Y=10\ 000$ 亿美元，货币供给 $M_S=2\ 500$ 亿美元时，货币市场均衡时的利率为多少？

2. 已知：$M_D/P=0.3Y+100-15r$，$M_S=1\ 000$，$P=1$。求当 M_S 增加到 1 090 时，LM 曲线移动多少？

3. 已知：$C=100+0.7(Y-T)$，$I=900-25r$，$G=100$，$T=100$，$\frac{M_D}{P}=0.2Y+100-50r$，$M_S=500$，$P=1$。求均衡的 Y 和 r。

4. 假定某经济中消费函数为 $C=0.8(1-t)Y$，税率为 $t=0.25$，投资函数为 $I=900-50r$，政府购买 $G=800$，货币需求为 $L=0.25Y-62.5r$，实际货币供给为 500。

试求：(1) IS 曲线；(2) LM 曲线；(3) 两个市场同时均衡时的利率和

收入。

5. 设$C=100+0.8Y$，$I=150-6r$，$M_0/P=150$，$M_D=0.2Y-4r$。求：(1) IS曲线和LM曲线的表达式；(2) 产品市场和货币市场同时均衡时的利率和收入。

6. 假设某经济由四部门构成，有收入恒等式$Y=C+I+G+NX$，并且已知消费函数为$C=100+0.9(1-t)Y$，投资函数$I=200-500r$，净出口函数$NX=100-0.12Y-500r$，货币需求为$L=0.8Y-2\,000r$，政府支出$G=200$，税率$t=0.2$，名义货币供给量$M=800$，价格水平为$P=1$。试求：

(1) IS曲线；

(2) LM曲线；

(3) 产品市场和货币市场都均衡时的利率和收入。

7. 假设一国货币需求函数为$L=0.5Y-0.2r$，消费函数为$C=100+0.8Y$。如果政府支出增加10亿元。问货币供给需要增加多少才能使利率不变？

8. 一个预期长期实际利率是3%的厂商正在考虑一个投资项目清单，每个项目都需要花费100万美元，这些项目在回收期长短和回收数量上不同，第一个项目将在两年内回收120万美元；第二个项目将在三年内回收125万美元；第三个项目将在四年内回收130万美元。哪个项目值得投资？如果利率是5%，答案有变化么？(假定价格稳定)

9. 假定：

(1) 消费函数为$C=50+0.8Y$，投资函数为$I=100-5r$；

(2) 消费函数为$C=50+0.8Y$，投资函数为$I=100-10r$；

(3) 消费函数为$C=50+0.75Y$，投资函数为$I=100-10r$。

试求：(1)(2)(3) 的IS曲线；并比较(1)和(2)，说明投资对利率更敏感时，IS曲线的斜率会发生什么变化；比较(2)和(3)，说明边际消费倾向变动时，IS曲线斜率会发生什么变化。

10. 假定货币供给量用M表示，价格水平用P表示，货币需求用$L=kY-hr$表示。

(1) 求 LM 曲线的代数表达式,给出 LM 曲线的斜率的表达式;

(2) 分别求 $k=0.20,h=10$;$k=0.20,h=20$;$k=0.10,h=10$ 时 LM 的斜率的值;

(3) 当 k 变小时,LM 斜率如何变化;h 增加时,LM 斜率如何变化,并说明变化的原因;

(4) 若 $k=0.20,h=0$,LM 曲线形状如何?

(六) 案例分析题

1. 刺激经济:消费还是投资

短期总需求分析尽管有其不现实的假设条件(总供给不变等),但对我们认识宏观经济问题,实现经济稳定仍然是有意义的。

应该承认,总需求在短期中对宏观经济状况的确有重要的影响。我国政府近年来一直重视增加内需已说明需求成为经济稳定的一个重要因素。

但如何增加内需呢?大家知道,就内需而言,如果不考虑政府支出,关键在于消费和投资。消费函数理论说明了消费的稳定性,这表明要刺激消费是困难的。前些年我国曾八次降息,但对内需的拉动有限,居民储蓄一直增加,这说明拉动消费是有难度的。拉动内需的重点在于拉动投资。第一,要区分投资与消费的差别。例如,过去一直把居民购买住房作为消费就是一个误区。应该把居民购买住房作为一种投资,并用刺激投资的方法拉动这项投资。应该说,在我国人口多而居住条件仍然较差的情况下,在未来几十年中,住房仍是投资的热点,只要政策得当,购买住房可以增加内需,带动经济。第二,在我国经济中,私人经济已有了长足的发展,成为经济的半壁江山。投资中的企业固定投资应该是以私人企业投资为主。这就要为私人企业投资创造更为宽松的环境。

现在几乎每个人都认识到了内需的重要性。学习宏观经济学可以为我们寻找增加内需的方法提供一个思路。

请问:为什么拉动内需的重点不是消费而是投资?

2. 住房需求是投资

在许多人的观念中购买住房是一种消费，与购买冰箱、彩电、汽车一样。在经济学家看来，购买住房实际是一种投资行为，即投资于不动产。

为什么购买住房不是消费而是投资呢？我们先从这种购买行为的目的来看。消费是为了获得效用，例如，购买冰箱、彩电、汽车等都是为了得到更大程度的满足，也就是说消费不会增值，但投资是为了获得利润或投资收益。在发达的市场经济中，人们购买房子不是为了住或得到享受(如果仅仅为了住可以租房子)，而是作为一种投资，目的是得到收益。住房的收益有两个来源。一是租金收入(自己住时所少交的房租也是自己的租金收入)，二是房产本身的增值。土地总是有限的，因此，从总趋势来看，房产是升值的。正因为这样，许多人把购买住房作为一种收益大而风险小的不动产投资。

把住房作为消费还是投资，在经济学家看来十分重要。因为决定消费与投资的因素不同。在各种决定消费的因素中最重要的是收入，但在决定投资的各种因素中最重要的是利率，因为利率影响净收益率。只有利率下降，收益率提高，人们才会投资，而且只要净收益率高，就愿意借钱投资。因此，要刺激投资就要降低利率。如果经济政策的目标是刺激人们购买住房，关键不是增加收入，而是降低利率。

为什么购买住房是一种投资行为？投资和消费的根本区别是什么？

3. 流动性陷阱与日本案例

日本显然符合流动性陷阱的绝大多数经济特征。包括保罗·克鲁格曼在内的一些著名经济学家证实了日本流动性陷阱的出现。日本2004年的隔夜拆借存款利率只有0.02%，10年期的政府债券收益率从1990年9月开始已经由8.7%下降为1.8%，而一些短期政府债券的收益率仅为0.055%。

在日本案例出现之前，流动性陷阱仅仅被看作一个理论上的设想，在现实世界中并不存在。1994年，多恩布什和费希尔的经济学教科书《宏观经济学》第6版出版。在这本书中，他们是这样写的：“凯恩斯自己也无法确认是否真的存在这样一种现象(流动性陷阱)。在 60 年后的今天,我们同样也不知道。”

什么是流动性陷阱？其存在的条件是什么？

4. 2007 年以来,我国固定资产投资延续高增长趋势。1～5 月份,我国城镇固定资产投资 32 045 亿元,同比增长 25.9%。尽管增幅低于 2003 年开始的投资启动以来的 27.4%平均增速,但是投资增速仍然大大高于消费增速,投资消费比例关系失衡的局面难以扭转,并且投资增幅随时存在反弹的压力。一方面,产业链较长的房地产投资呈反弹走势,1～5 月份完成投资额 7 214 亿元,同比增长 27.5%,增幅较去年全年加快了 5.7 个百分点。另一方面,在电力等能源供给约束缓解的情况下,高耗能产业出现快速反弹,前 5 个月大多数高耗能产品的产量增长幅度都在 20%以上,其中钢材产量 1.96 亿吨,同比增长 20%;铁合金 643.9 万吨,同比增长 38.8%;氧化铝 761.6 万吨,增长 55.4%;焦炭 1.28 亿吨,增长 21.7%;电石 560.6 万吨,增长 27.2%。1～5 月份,钢铁、电解铝和水泥等重点调控行业的投资增长速度加快反弹。

引起投资增速过大的原因是什么？投资增加过快的后果将会如何？从投资和利率的关系来看,政府应如何抑制投资增速过快?

5. *IS*-*LM* 模型与我国宏观经济政策选择

人们通常运用 *IS*-*LM* 模型来分析宏观经济政策的效力,并以该模型所体现的经济思想作为政府宏观经济政策选择的理论依据。但我国宏观经济学的实践表明,以 *IS*-*LM* 模型为依据的扩张性宏观经济政策尤其是扩张性货币政策并没有取得预期的效果。

IS-*LM* 模型的形状取决于 *IS* 曲线和 *LM* 曲线的斜率。以我国投资的利率弹性对 *IS* 曲线斜率的影响看,由于市场经济体制在中国还没有完全确立,政府在企业投资中还起着一定的作用,企业自身还不能自觉地按市场经济原则办事,这必然导致企业投资对利率的反应没有一般市场经济国家敏感,从而导致中国的 *IS* 曲线比一般市场经济国家的 *IS* 曲线陡峭。从边际消费倾向变化对 *IS* 曲线的影响看,储蓄的超常增长表明,中国的边际消费

倾向已经远远低于在目前收入水平应具有的水平,收入与消费之间已出现了严重的失衡,这种失衡必然导致我国的 *IS* 曲线比在正常情况下陡峭。

那么,中国的 *LM* 曲线的斜率状况如何呢？首先,中国正处于新旧体制交替的过程中,中国居民对货币的预防性需求急剧膨胀,从而打破了收入与消费之间的稳定关系,使中国的货币交易需求的收入弹性不再稳定,导致 *LM* 曲线不断趋向平坦。其次,从货币投机需求的利率弹性对我国 *LM* 曲线斜率的影响看,在目前的中国,由于金融市场、资本市场尚不十分完善,广大居民缺乏多种投资渠道,利率的变化对人们的投机性货币需求影响并不大,投机需求的利率弹性较小,其对 *LM* 曲线的影响是使 *LM* 曲线比较陡峭。

请根据以上材料进行分析并总结观点。

6. 利率上调是遏制经济过热的最好工具

中国人民银行决定,从 2006 年 4 月 28 日起上调金融机构贷款基准利率。金融机构 1 年期贷款基准利率上调 0.27 个百分点,由现行的 5.58%提高到 5.85%。虽然 1 年期存款基准利率没有上调是个很大的遗憾,并且有削减民众财富于无形之嫌,但如果任由我国目前的经济趋势持续下去,不仅会丧失两年来的宏观经济调控成果,也会使得中国经济持续稳定的发展难以进行。

那么,国内宏观经济调控为什么不能够达到政府预期目标呢？为什么宏观调控的成效不是如预期那样顺利？特别是今年以来,为什么宏观经济过热又死灰复燃？

二、参考答案

(一) 名词解释

1. 解析：

资本边际效率是一种贴现率,这种贴现率正好是一项资本品在使用期限内与其收益的现值等于这项资本品的重置成本或供给价格。

2. 解析：

凯恩斯陷阱是凯恩斯在分析人们对货币的流动偏好时提出的。它是指这样一种现象：当利息率极低时，人们预计利息率不大可能再下降，或者说人们预计有价证券的市场价格已经接近最高点，因而将所持有的有价证券全部换成货币，以至于人们对货币的投机需求趋向于无穷大。

3. 解析：

IS 曲线表示产品市场均衡时，国民收入和利率之间的变化关系。*IS* 曲线向右下方倾斜。

4. 解析：

LM 曲线是指使得货币市场处于均衡的收入与均衡利息率的不同组合描绘出来的一条曲线。*LM* 曲线向右上方倾斜。

5. 解析：

货币的需求是指人们在手边保存一定数量货币的愿望，它是由人们对货币的流动性偏好引起的，因此，货币需求又被称为流动偏好。与其他资产相比，货币具有很强的流动性，人们用货币很容易与其他资产进行交换。正是由于这种流动性，人们对货币产生了偏好。产生流动偏好的动机主要有三种：一是交易动机，二是预防动机，三是投机动机。

6. 解析：

投资需求的利率弹性是指投资需求量对利率变动的反应程度，用投资需求量变动的百分比除以利率变动的百分比来表示。

7. 解析：

广义货币供应量 M_2 是指银行体系以外流通的通货和商业银行体系中各种存款的总和，包括定期存款和储蓄存款。

8. 解析：

广义货币供应量 M_3 是指银行体系以外流通的通货和各类银行机构及非银行金融机构的各种存款的总和，它与 M_2 的关系为 $M_3=M_2+$所有存款机构的大面额定期存单＋商业银行、储蓄银行及贷款协会的定期回购协议。

9. 解析：

投资函数是反映投资与利率之间反向关系的函数。一般函数式为：$I=e-dr$。其中，e 是自主投资，d 是利率对投资需求的影响系数，r 是实际利率(即名义利率减去通货膨胀率)。

10. 解析:

投资边际效率表示由于投资增加导致资本品供给价格上升而被缩小了的 *MEC* 的数值。通常用 *MEI* 曲线来代表投资需求曲线。

11. 解析:

托宾“q”理论是指股票价格会影响企业投资。当股票价格上升时,投资会增加。$q>1$ 说明新建造企业比买回企业便宜,因而投资需求会增加。

12. 解析:

交易动机是指个人和企业需要货币是为了进行正常的交易活动。由于交易动机的货币需求量主要决定于收入,所以收入越高,交易数量越大。

13. 解析:

谨慎动机是指为预防意外支出而持有一部分货币的动机,如个人或企业为应付事故、失业、疾病等意外事件而需要事先持有一定数量货币。从全社会看,这一货币需求大体上也和收入成正比,所以货币数量是收入的函数。

14. 解析:

投机动机指人们为了抓住购买有价证券的有利时机而持有一部分货币的动机。对货币的投机性需求与利率成反比。

(二) 选择题(略)

(三) 辨析题

1. 辨析:

正确。根据凯恩斯的观点,货币需求又称为流动性偏好,包括交易需求、预防需求和投机需求等。

2. 辨析:

错误。根据凯恩斯的观点,当收入增加时,人们用于满足交易需求的货币需求也应该增加。

3. 辨析：

错误。价格水平固定不变，当中央银行增加名义货币供应量时 LM 曲线将向右下方平移，本题的表述正好相反，因此不正确。

4. 辨析：

错误。在 IS 曲线的右边，表示产品市场投资小于储蓄。在 IS 曲线的左边，表示产品市场投资大于储蓄。本题的表述正好相反，因此不正确。

5. 辨析：

错误。IS 曲线表示投资等于储蓄，即产品市场实现均衡时，利率和国民收入的对应关系。LM 曲线表示货币市场实现均衡时利率和国民收入的关系。

6. 辨析：

错误。凯恩斯认为交易需求是收入的函数，投机需求是利率的函数。

7. 辨析：

正确。根据 LM 曲线的表达式可知，影响 LM 曲线截距的有名义货币供给量和价格水平。若名义货币供给量不变，在价格水平下降情况下，也会使 LM 曲线向外移动。

8. 辨析：

错误。同时位于 LM 和 IS 曲线上方的所有点，表明货币需求小于货币供给，同时投资小于储蓄。

9. 辨析：

错误。同时位于 LM 和 IS 曲线左侧的所有点，表示投资大于储蓄，同时货币需求小于货币供给。

10. 辨析：

错误。凯恩斯陷阱是指当利率下降得很低时，货币的投机需求趋于无穷大，而不是趋于0。

11. 辨析：

错误。投资对利率变化越敏感，IS 曲线斜率绝对值就越小，因为利率较小的变动会引起投资较大的变动，进而引起收入较大的变化。

12. 辨析：

正确。根据凯恩斯的观点，在利率很低的情况下，即会出现“凯恩斯陷阱”，人们会放弃持有证券，倾向于持有不产生利息收入的货币。

13. 辨析：

错误。货币的投机需求是人们为了抓住有利的购买有价证券的机会而持有一部分货币的需求。

14. 辨析：

错误。谨慎性货币需求大体上和收入成正比，是收入的函数，而不是利率的函数。

15. 辨析：

错误。当 *LM* 曲线不变而 *IS* 曲线向右上方移动，不仅收入提高，同时利率也上升。通过作 *LM* 和 *IS* 曲线图可清晰显示。

16. 辨析：

正确。最初利率和国民收入组合点一般很难正好就是均衡点，但在市场机制作用下，会不断进行调整，最终达到均衡点。

17. 辨析：

错误。*LM* 曲线斜率可以为 0，此时为“凯恩斯陷阱”区域，也可以大于 0，也可以是正无穷，此时是古典区域。

18. 辨析：

错误。一般情况下，*IS* 曲线和 *LM* 曲线的交点只有一个，该点为产品市场和货币市场同时均衡的点。

19. 辨析：

正确。通过作 *LM* 和 *IS* 曲线图可清晰显示，当 *IS* 曲线不变而 *LM* 曲线向右下方移动时，则收入提高，同时利率下降。

20. 辨析：

错误。根据凯恩斯的观点，投资由利率和资本边际效率决定。投资与利率呈反向变动关系，与资本边际效率呈同向变动关系。

（四）简答题

1. 解析：

货币需求是指人们在不同条件下出于各种考虑对货币的需要，或者说是个人、企业和政府对执行流通手段（或支付手段）和价值贮藏手段的货币的需求。

按照凯恩斯的说法，对货币的需求是出于以下几种动机：

一是对货币的交易需求动机，指家庭或厂商为交易的目的而形成的对货币的需求。它产生于人们收入和支出的非同步性。出于交易动机的货币需求量主要决定于收入，收入越高，交易数量就越大。

二是对货币的预防性需求动机，指人们为应付意外事故而形成的对货币的需求。它产生于未来收入和支出的不确定性。从全社会来看，这一货币需求量也和收入成正比。

三是对货币的投机需求动机，它产生于未来利率的不确定，人们为避免资产损失或增加资本收入而及时调整资产结构而形成的对货币的需求。例如，人们预期债券价格会上升时，需要及时买进债券，以便以后卖出时得到收益，这样就产生了对货币的投机需求。这一需求与利率成反方向变化。

2. 解析：

凯恩斯指出，货币需求是利率的减函数，即利率下降时货币需求会增加，然而当利率下降到一定程度或者说临界程度时，即债券价格上升到足够高度时，人们购买生息的债券会面临亏损的极大风险，这时，人们预期如此高的债券价格只会下降，不会再上升，于是他们就不肯再买债券，而宁肯保留货币在手中。在这种情况下，货币供给的增加就不能使利率再继续降低，因为人们手中即使有多余的货币，也不肯再去买债券，从而不会使债券价格再上升，即利率不会再下跌。在这种情况下，就说经济正处于“流动性陷阱”之中。这时实行扩张货币政策对就业和产出就不会有效果。

3. 解析：

如果把 *IS* 曲线和 *LM* 曲线结合在一起，就可得到产品市场和货币市场同时均衡时利息率与均衡国民收入之间的关系,这就是 *IS-LM* 模型。

产品市场和货币市场在同一收入水平和利率水平上同时达到均衡时均衡利息率与均衡国民收入的值,可以通过求解 *IS*,*LM* 曲线的联立方程而得。

4. 解析:

IS 曲线和 *LM* 曲线的交点决定了均衡的国民收入和均衡的利息率,所有引起 *IS* 曲线和 *LM* 曲线变动的因素都会引起均衡收入和均衡利息率的变动。

影响 *IS* 曲线移动的因素有投资、政府购买、储蓄(消费)和税收。如果投资增加、政府购买增加、储蓄减少(从而消费增加)、税收减少,则 *IS* 曲线向右上方移动,若 *LM* 曲线位置不变,均衡国民收入量增加,均衡利息率提高。相反,如果投资减少、政府购买减少、储蓄增加(从而消费减少)、税收增加,则 *IS* 曲线向左下方移动,若 *LM* 曲线位置不变,均衡国民收入量减少,均衡利息率升高。

影响 *LM* 曲线移动的因素有货币需求和货币供给。如果货币需求减少、货币供给增加,则 *LM* 曲线向右下方移动,假定 *IS* 曲线的位置保持不变,均衡国民收入增加,均衡利息率下降。反之,如果货币需求增加、货币供给减少,则 *LM* 曲线向左上方移动,在 *IS* 曲线位置不变条件下,均衡国民收入减少,均衡利息率升高。

此外,*IS* 曲线和 *LM* 曲线同时变动也会使得均衡国民收入和均衡利息率发生变动。均衡国民收入和均衡利息率变动的结果要取决于 *IS* 曲线和 *LM* 曲线变动的方向和幅度。

5. 解析:

两个市场同时均衡时的收入不一定就是充分就业的国民收入。这是因为,*IS* 和 *LM* 曲线都只是表示产品市场上供求相等和货币市场上供求相等的收入和利率的组合。因此,两条曲线的交点所形成的收入和利率也只表示两个市场同时达到均衡的利率和收入,并不能说明这种收入一定是充分就业的收入。当整个社会的有效需求严重不足时,即使利率很低,企业投资意愿也较差，这也是会使较低的收入和较低利率相结合，达到产品市场的均衡，即 *IS* 曲线离 *IS* 曲线坐标图形上的原点 *O* 较近，当这样的 *IS* 和 *LM* 曲线相交时，交点上的收入往往就是非充分就业的均衡收入。

6．解析：

凯恩斯理论的核心是有效需求原理，认为国民收入决定于有效需求，而有效需求原理的支柱又是边际消费倾向递减、资本边际效率递减以及心理上的流动偏好这三个心理规律的作用。这三个心理规律涉及四个变量：边际消费倾向、资本边际效率、货币需求和货币供给。在这里，凯恩斯通过利率把货币经济和实物经济联系起来，打破了新古典学派把实物经济和货币经济分开的两分法，认为货币不是中性的，货币市场上的均衡利率要影响投资和收入，而产品市场上的均衡收入又会影响货币需求和利率。这就是产品市场和货币市场的相互关系和作用。但凯恩斯本人并没有用一种模型把上述四个变量联系在一起。汉森和希克斯两位经济学家则用 *IS-LM* 模型把这四个变量放在了一起，构成一个产品市场和货币市场之间相互作用共同决定国民收入与利率的理论框架，从而使凯恩斯的有效需求理论得到了较为完善的表述。不仅如此，凯恩斯主义的经济政策即财政政策和货币政策的分析，也是围绕 *IS-LM* 模型而展开的。因此可以说，*IS-LM* 模型是凯恩斯主义宏观经济学的核心。

7．解析：

这是因为虽然市场能够自动实现产品市场和货币市场的均衡，但是这个均衡收入并不意味着就是充分就业的国民收入。凯恩斯认为由于人们自发的心理因素的影响，存在三条心理规律即边际消费倾向递减、资本边际效率递减及心理上的偏好，使得人们的消费需求和投资不足，也即整个社会的有效需求不足。这时，即使利率较低，企业投资意愿也较差，这会使得较低的收入和较低的利率相结合达到产品市场的均衡，这个收入往往就是非充分就业的均衡收入。显然这时市场自发形成的是一种资源没有充分利用的状态，造成了资源浪费，这就需要政府用财政政策和货币政策进行调节以实现充分就业。

8. 解析：

潜在国民收入也称为充分就业产量或者自然率产量，是指经济充分地利用现在资源时达到的可能的最大产量；均衡国民收入是指在总需求或总支出的约束条件下达到宏观均衡时的实际产量。两者之间的关系可以反映短期经济波动的原因。二者正好相等表明资源处于充分利用状态，而且经济体处于充分就业状态；均衡国民收入小于潜在国民收入，则资源未充分利用，表现为经济衰退，失业增加；均衡国民收入大于潜在国民收入，则资源超正常使用，表现为经济增长，出现通货膨胀。

9. 解析：

在分析财政政策效果时，如分析一项增加政府支出的扩张性财政政策效果时，如果增加一笔政府支出会使得利率上升很多(在 *LM* 曲线比较陡峭时就会这样)，或利率每上升一定幅度会使得私人部门投资下降很多(在 *IS* 曲线比较平坦时就会这样)，则政府支出的"挤出效应"就大，从而扩张性财政政策效果较小，反之则反是。可见，通过分析 *IS* 和 *LM* 曲线的斜率以及它们的决定因素就可以比较直观地了解财政政策效果的决定因素：使 *IS* 曲线斜率较小的因素(如投资对利率较敏感，边际消费倾向较大从而支出乘数较大，边际税率较小从而也使得支出乘数较大)，以及使得 *LM* 曲线斜率较大的因素(如货币需求对利率较敏感以及货币需求对收入较不敏感)，都是使得财政政策效果较小的因素。

在分析货币政策效果时，如分析一项增加货币供给的扩张性货币政策效果时，如果增加一笔货币供给会使利率下降很多(在 *LM* 曲线陡峭时就会这样)，或者利率上升一定幅度会使私人部门投资增加很多(在 *IS* 曲线比较平坦时会这样)，则货币政策效果就会很明显，反之则反是。可见，通过分析 *IS* 和 *LM* 曲线的斜率以及它们的决定因素就可以比较直观地了解货币政策效果的决定因素：使 *IS* 曲线斜率较小的因素以及使 *LM* 曲线斜率较大的因素，都是使得货币政策效果较大的因素。

（五）计算题

1. 解析：

(1) $L=L_1+L_2=0.2Y+2\ 000-500r$；

(2) $L=L_1+L_2=0.2\times10\ 000+2\ 000-500\times6=1\ 000$ 亿美元；

(3) $2\ 500=0.2\times6\ 000+L_2$，$L_2=1\ 300$ 亿美元；

(4) $2\ 500=0.2\times10\ 000+2\ 000-500\times r$，$r=3$。

2. 解析：

$\frac{\Delta m}{h}=\frac{90}{0.3}=300$，$LM$ 曲线向右移动 300。

3. 解析：

$Y=3\ 075$，$r=4.3$。

4. 解析：

(1) 由 $Y=C+I+G$，可知 IS 曲线为：$Y=0.8(1-0.25)Y+900-50r+800$，化简可得：$Y=4\ 250-125r$，此即为 IS 曲线。

(2) 由货币供给与货币需求相等，即可得 LM 曲线：$500=0.25Y-62.5r$，化简可得：$Y=2\ 000+250r$，此即为 LM 曲线。

(3) 当商品市场和货币市场同时均衡时，IS 曲线和 LM 曲线相交于一点，该点上的收入和利率可以通过求解 IS 和 LM 联立方程：$Y=4\ 250-125r$，$Y=2\ 000+250r$，得均衡利率 $r=6$，和均衡收入 $Y=3\ 500$。

5. 解析：

(1) $S=Y-C=Y-100+0.2Y$；$I=150-6r$。

由 $I=S$ 得 IS 曲线：$Y=1\ 250-30r$。

由 $M_0/P=M_D$，得 LM 曲线：$Y=750+20r$。

(2) 由 $IS=LM$ 得 $Y=950$，$r=10$。

6. 解析：

(1) $Y=100+0.9(1-t)Y+200-500r+200+100-0.12Y-500r$。

整理得 IS 曲线：$Y=1\ 500-2\ 500r$。

(2) $800=0.8Y-2\,000r$,整理得 LM 曲线 $Y=1\,000+2\,500r$。

(3) 由 IS 方程和 LM 方程联立解得 $r=0.1, Y=1\,250$。

7. 解析:

在利率保持不变的情况下,收入的变化量就是 IS 曲线的移动量。当政府支出增加时,IS 曲线将右移,移动量等于支出乘数乘以支出增加量,即:

$$\Delta Y=k_G\Delta G=\frac{1}{1-\beta}\Delta G=\frac{1}{1-0.8}\times 10=50(\text{亿元})。$$

通常 IS 曲线右移必然引起均衡利率上升,这时应该增加货币供给使得 LM 曲线右移来保持原来的利率水平不变。LM 曲线的移动距离就是 $\Delta Y=50$,因此货币供给增加量为:

$$\Delta M=k\Delta Y=0.5\times 50=25(\text{亿元})。$$

8. 解析:

第一个项目两年内回收 120 万美元,实际利率是 3%,其现值是 $\frac{120}{1.03^2}=113.11$ 万美元,大于 100 万美元,故值得投资。

同理可计算得第二个项目回收值的现值是 $\frac{125}{1.03^3}=114.39$ 万美元,大于 100 万美元,值得投资。

第三个项目回收值的现值是 $\frac{130}{1.03^4}=115.5$ 万美元,大于 100 万美元,值得投资。

如果预期利率是 5%,则上面三个项目回收值的现值分别是:$\frac{120}{1.05^2}=108.84$ 万美元,$\frac{125}{1.05^3}=107.98$ 万美元,$\frac{130}{1.05^4}=106.95$ 万美元,因此也都是值得投资的,并且第一个项目更为合适。

9. 解析:

(1) 根据 $Y=C+S$,得到 $S=Y-C=Y-(50+0.8Y)=-50+0.2Y$,再根据均衡条件 $I=S$,可得 $100-5r=-50+0.2Y$,可以解得(1) 的 IS 曲线为 $Y=750-25r$。

同理可得(2) 的 IS 曲线为 $Y=750-50r$;(3) 的 IS 曲线为 $Y=600-40r$。

比较(1) 和(2)可以发现,(2) 的投资函数中的投资对利率更敏感,表现在 IS 曲线上就是 IS 曲线的斜率的绝对值变小,即 IS 曲线更平坦一些。

比较(2) 和(3)可知,当边际消费倾向变小,即由 0.8 变为 0.75 时,IS 曲线斜率的绝对值变大了,即 IS 曲线更陡峭一些。

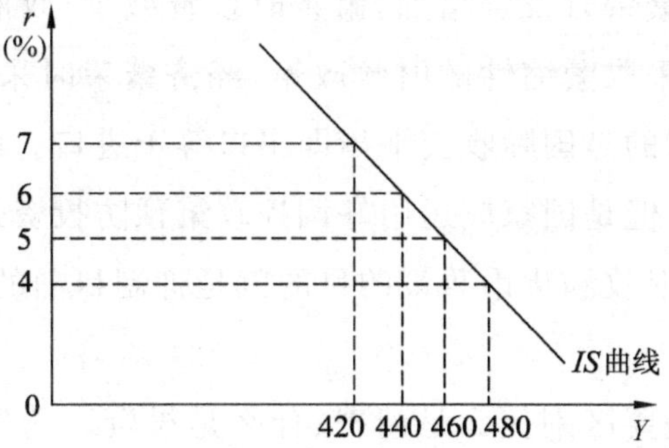

图 3-1

10. 解析:

(1) 由 $L=\frac{M}{P}$,假定 $P=1$,因此,LM 曲线代数表达式为:$kY-hr=M$,即 $r=\left(-\frac{M}{h}\right)+\frac{k}{h}Y$,其斜率代数表达式为$\frac{k}{h}$。

(2) 当 $k=0.2,h=10$ 时,LM 曲线斜率为:$\frac{k}{h}=\frac{0.2}{10}=0.02$。

当 $k=0.2,h=20$ 时,LM 曲线斜率为$\frac{k}{h}=\frac{0.2}{20}=0.01$。

当 $k=0.1,h=10$ 时,LM 曲线斜率为$\frac{k}{h}=\frac{0.1}{10}=0.01$。

(3) 由于 LM 曲线斜率为$\frac{k}{h}$,因此当 k 越小时,LM 曲线斜率越小,其曲线约平坦;当 h 越大时,LM 曲线斜率也越小,其曲线也越平坦。

(4) 若 $k=0.2,h=0$,则 LM 曲线为 $0.2Y=m$,即 $Y=5m$,此时 LM 曲线为一垂直于横轴 Y 的直线,$h=0$ 表明货币需求与利率大小无关,这正好是 LM 的古典区域情况。

(六)案例分析题

1. 解析:

构成总需求的有消费、投资、政府支出和净出口。其中消费占的比重最大,但消费是非常稳定的,每年的消费水平变化非常小;投资仅次于消费,但投资不稳定,经济繁荣时投资增加,萧条时投资减少;政府行为是可以控制的,在经济繁荣时采取紧缩性的财政政策,经济繁荣时采取扩张性的财政。一个国家一般追求的是国际收支平衡即出口等于进口。因此拉动内需的重点应放在投资上。但是国家应运用好调控政策预防投资过热和重复建设以及结构失衡,双紧财政和货币政策的目的就是抑制目前的房地产投资过热。

2. 解析:

案例的核心是要区别什么是消费、什么是投资。消费是居民为满足需要所支付的耐用消费品、非耐用消费品以及用于生活劳务的支出。这种消费不会给消费者增值一分钱,消费的多少是由收入决定的。而用于住房等不动产的支出,是由利率水平决定的,因为利率高时,把钱放在银行拿利息没有风险,而利率低时,人们就会寻找回报率高的投资项目,如炒房。但是我们也要明白投资就会有风险,如果你进入购买的时机不对,不但不会增值,还会亏本,房产作为不动产,其变现能力差,它会比投资股票的风险还大。

3. 解析:

流动性陷阱通常被认为是这样的一种情形:货币供应量的增加没有带来利率下降,而仅仅表现为闲置持币余额的增加。在正常条件下,货币供应量的增加会导致债券价格上升。因而人们会试图用持有的多余现金购买资产,从而使利率下降。在凯恩斯所描述的流动性陷阱中,人们确信目前的债券价格过高、以后可能下跌,利率也相应太低、今后还会升高。人们因此认为,现在购买债券无疑会造成资本损失,还是应该选择持有现金。其结果是,货币供应量的增加仅仅使闲置持币余额上升,而对利率没有产生影响……流动性陷阱意味着货币政策在这种情况下不起作用。货币供应的增加既然对利率无法产生作用,也就不能影响投资和总需求。

学术界最关注的问题是:一个存在问题的银行体系是否是形成流动性陷阱的必要前提条件?克鲁格曼认为,即使银行系统运行良好,流动性陷阱也有可能出现。在流动性陷阱的条件下,基础货币量的增加不会导致广义货币总量的增加,因为:第一,公众将大量持有现金,广义货币总量的增加是很有限的;第二,大量现金将转化为储备;第三,银行将增加作为基础货币的准备金,而减少贷款。所有这些的发生并不一定意味着银行体系出了问题。

4. 解析:

引起投资增速过大的原因主要是投资消费比例的失衡。从消费、储蓄和投资的关系看,居民消费减少,储蓄增加;而储蓄的增加,引起可用于投资的资金增加。从目前我国的状况来看,由于各种现实和预期的因素影响,居民的消费率偏低,甚至降至50%以下,对应着低消费率必定是高储蓄率。据统计,截至2007年3月末,银行存贷款差额已经高达11.46万亿元。这表明大量资金滞留于银行间市场,使得可供借贷的资金规模大(即所谓的流动性过剩),企业通过银行借款来扩大投资的可能性和现实性增加。投资的过快增加,再加上投资乘数的影响,必然引起国民经济各部门的连锁反应,从而导致国民收入的成倍增加,但是要注意两方面的影响。一般来说,投资是利率的减函数。利率越高,投资成本就越高,投资需求相应减少;利率越低,投资成本越低,投资需求相应增加。为了抑制投资增速过快,政府应提高利率,增加企业的投资成本,减少投资需求。2007年以来,政府几次提高金融机构存款准备金率、提高存贷款基准利率,并决定自8月15日起,将储蓄存款利息所得个人所得税的适用税率由现行的20%调减为5%,可以看到政府抑制投资过快的政策着眼点和政策力度。

5. 解析:

第一,在进行政策选择时,必须考虑政策的有效性和确定性。在一定的经济形势下,一些政策比另一些政策更加有效,一些政策的影响比另一些政策的影响具有更大的确定性。在我国目前的状况下,*IS* 曲线陡峭,*LM* 曲线平坦,这时,财政政策效果十分有效,货币政策效果有限。近几年,利率连续下调却对消费和投资的刺激十分有限的现实已经告诉我们,在目前条件下,货币政策充分发挥作用的环境并不存在,继续下调利率很难取得预期的效果。因此,在运用扩张性经济政策以刺激需求时,应把重点放在财政政策上。

第二,在运用扩张性财政政策时,必须注意不同措施的效果。由于悲观预期的存在,居民的预防性货币需求无限膨胀,企业对未来利润率的预期也比较悲观,试图通过增加居民(尤其是收入较高阶层居民)收入以扩大消费需求,通过降低利率以扩大投资需求的愿望在实践中具有很大的不确定性,很可能由于公众的不配合,使这些政策的作用受到限制。而政府购买和直接投资的效果则是十分确定的,因此,在政策措施选择上,应加大政府开支和用于失业、养老等方面的转移支付和直接投资。基于此,我们认为政府通过举办公共工程以刺激需求的政策是明智的,而在通过增加居民收入以刺激消费上,应把重点放在增加边际消费倾向较高的低收入阶层的收入上。

第三,在进行政策选择时,应考虑政策的效力与市场完善程度的关系。宏观经济政策作用的发挥,取决于市场经济制度的完善程度,在制度尚不完善的条件下,货币政策的作用自然受到限制;而财政政策是通过税收和政府支出的变化直接影响经济的运行,尤其是政府支出的变化带有强烈的行政色彩,对市场制度的要求没有货币政策那么高。因此,在市场制度尚不十分完善的情况下,扩张性政策的作用应主要通过财政政策来实现。

财政政策之所以比货币政策更容易发挥作用,是由我国现阶段经济体制和财政政策本身的特点决定的。我们在强调本身带有行政色彩的财政政策作用时,应该谨防片面夸大行政手段的作用,防止出现旧体制、旧的管理方法的复归。更不能因为一些经济手段暂时的失灵而否认其作用,为倒退寻找理论依据。

第四,货币政策的重点应放在为其充分发挥作用创造制度环境上。目前我国 LM 曲线的形状表明,希望通过降低利率以刺激投资和消费的货币政策注定不会有多大作用。在这种情况下,人们很容易回到老路上去,即希望通过直接增加或减少货币供给量来达到一定的宏观经济目标,这种带有明显行政色彩的货币政策是我们以前常用的。如果说，在经济"软着陆"时期，行政性的货币政策曾经起过很大作用的话，那么，在经济萧条时期，行政性的扩张货币政策很可能是一剂毒药，这样做的后果是非常严重的，极易酿成严重的金融危机。中国金融机构存在的严重问题和东南亚金融危机已经使我们清醒地认识到了这一点。目前，我国货币政策的重点不在于扩张本身(因为间接的扩张效果有限，直接的扩张可能酿成灾难性后果)，而在于完善金融市场、资本市场及需要银行介入的再分配制度和消费制度，为货币政策充分发挥作用创造良好的制度环境。

总之，在市场机制发育不完善的条件下，宏观经济政策的实行不仅要服务于宏观经济管理的目标，而且要肩负起塑造市场体系的重任，以减少政策实施的制约因素。在目前至未来一个相当长的时期内，重建宏观经济运行环境比宏观经济政策实施更为重要。只有建立起完善的市场体系，才能找到渐进地实现宏观调控目标的途径。

6. 解析：

经济上的宏观调控就是对经济总量的控制，并通过这种对经济总量控制来抚平经济周期的波动。而对经济总量进行控制的工具有利率政策、汇率政策、财政政策及税收政策等。但是，国内宏观经济调控更多的是中观及微观方面的动作，而真正的宏观调控工具使用很少。

正因为中国前几次加息过小过慢，不仅弱化了银行、民众及企业对利率风险的预期，也使得实质利率过低。对于前者，由于银行、企业及民众不能够把利率风险考虑到其行为决策中，因此银行信贷快速增长也就十分正常了。对于后者，由于无论名义利率还是实质利率都过低，从而使得由政府管制的方式从债权人向债务人利益转移，即谁借到钱谁就会获得利益。既然企业借到钱就是利益，那么企业不仅会拼命地去借钱，也尽力从银行借到钱来投资，投资过热也就自然了。因此，要改变目前中国投资过热趋势就得从这最基本、最为核心的地方入手，从金融市场的价格机制入手，调升过低的利率。

可以说，尽管这次央行调整利率幅度不大，其调动的幅度对企业或个人信贷成本的影响不高,但是它向市场发出了一个十分强烈的信号,通过利率调整来改善中国金融市场的价格机制,通过利率调整向市场表明,企业与居民的经济决策必须把利率的风险考虑在其未来的行为决策中。

这次利率的调整明确地向房地产市场发出了一个强烈的信号,中央政府有决心有能力对国内过快的房地产市场投资、对上升过快的房价进行调整。而且这种调整并不在于这次利率上升的幅度,而是在于市场对这次加息的反应。估计央行会通过市场反应来决定未来加息的频率。既然利率工具被启动了,国内的投资过热、银行信贷过热、房地产投资过热、房价的快速增长等市场面临的困难问题也就会逐渐地化解了。

第4章

经济增长理论和总供给曲线

一、习　　题

（一）名词解释

1. 经济增长
2. 索洛余量
3. 自然增长率
4. 内含型经济增长
5. 经济发展
6. 宏观生产函数
7. 长期宏观生产函数
8. 古典总供给曲线
9. 凯恩斯总供给曲线
10. 常规总供给曲线
11. 潜在就业量
12. 潜在产量
13. 适度增长率
14. 实际增长率

（二）选择题

1. 经济增长的标志是（　　）。

A. 城市化步伐的加快　　　　B. 社会福利水平的提高

C. 工资水平的提高　　　　D. 社会生产能力的不断提高

2. 经济增长很难保持稳定呈现出剧烈波动的状态,这是(　　)。

A. 哈罗德模型的结论

B. 新古典增长模型的结论

C. 哈罗德模型和新古典增长模型共同的结论

D. 既非哈罗德模型的结论,又非新古典模型的结论

3. 根据新古典增长模型,若资本增长率小于劳动增长率,则 L/K(　　)。

A. 提高　　B. 减少　　C. 不变　　D. 不确定

4. 根据新古典增长模型,若考虑技术进步,则资本增长率和劳动增长率的关系是(　　)。

A. 提高　　B. 减少　　C. 不变　　D. 不确定

5. 根据新古典增长模型,在技术进步情况下,人均产出增长的条件是人均资本占有(　　)。

A. 增长　　B. 负增长　　C. 不变　　D. 不确定

6. 当经济达到繁荣时,会因(　　)而转入衰退。

A. 加速系数下降　　　　B. 边际消费倾向提高

C. 加速系数上升　　　　D. 总投资为零

7. 经济增长的黄金分割率指(　　)。

A. 产出增长率等于储蓄率　　　　B. 资本边际产品等于劳动增长率

C. 储蓄率等于人口增长率　　　　D. 产出增长率等于技术变化率

8. 根据丹尼森的研究,经济增长的最大的可衡量的源泉是(　　)。

A. 物质资本的积累　　　　B. 资源的重新配置

C. 规模经济　　　　D. 人力资本的积累

9. 可持续发展指的是(　　)。

A. 没有过度的技术　　　　B. 没有过度的人口增长

C. 没有过度的资本投资　　　　D. 没有过度地使用自然资源

10. 罗伯特·索洛在对生产率增长的研究中,将注意力集中在(　　)。

A. 减少人口增长　　B. 对物质资本的投资

C. 人力资本的投资　　D. 技术革新

11. 反对经济增长的经济学家认为(　　)。

A. 国家贫穷是分配问题而不是生产问题

B. 国家贫穷是生产问题而不是分配问题

C. 增长是高生活水平的必要因素

D. 在通胀时期必须执行人口零增长政策

12. 就整个经济来说,经济增长的主要机会成本是(　　)。

A. 未来人们的生活水准将会下降

B. 导致自然资源的短缺

C. 降低人们目前的消费水准

D. 必然导致贫穷

13. 经济增长的标志是(　　)。

A. 失业率的下降　　B. 先进技术的广泛应用

C. 社会生产能力的不断提高　　D. 城市化速度加快

14. 经济增长在图形上表现为(　　)。

A. 生产可能性曲线的某一点向曲线上移动

B. 生产可能性曲线向外移动

C. 生产可能性曲线外的某一点向曲线上移动

D. 生产可能性曲线上的某一点沿曲线移动

15. *GDP* 是衡量经济增长的一个极好指标,是因为(　　)。

A. *GDP* 以货币表示,易于比较

B. *GDP* 的增长总是意味着已发生的实际经济增长

C. *GDP* 的值不仅可以反映一国的经济实力,还可以反映一国的经济福利程度

D. 以上说法都对

16. 下列各项中(　　)属于生产要素供给的增长。

A. 劳动者教育年限的增加

B. 实行劳动专业化

C. 规模经济

D. 电子计算机技术的迅速应用

17. 下列各项中(　　)不属于生产要素供给的增长。

A. 投资的增加　　　　B. 就业人口的增加

C. 人才的合理流动　　　　D. 发展教育事业

18. 为提高经济增长率,可采取的措施是(　　)。

A. 加强政府的宏观调控

B. 刺激教育消费

C. 减少工作时间

D. 推广基础科学及应用科学的研究成果

19. 投资(资本品)之所以重要,是因为(　　)。

A. 投资可以给新进入劳动力队伍的人提供机器设备使他们可以进行生产

B. 投资可以为现有工人提供更多的生产设备,从而提高他们的生产率

C. 投资可以为新技术提供设备

D. 以上都是

20. 根据哈罗德的定义,有保证的增长率与实际增长率之间可能有的关系是(　　)。

A. $G_w > G$　　　　B. $G_w = G$

C. $G_w < G$　　　　D. 以上各项均可能

21. 有保证的增长率 G_w 和自然增长率 G_n 的区别在于(　　)。

A. G_w 假定资本与劳动的比率不断提高,而 G_n 没有

B. G_w 以充分就业为前提,而 G_n 没有

C. G_w 随各种因素的变化而变化,是不稳定的增长率,而 G_n 是比较稳定的增长率

D. G_w 一定小于 G_n

22. 根据哈罗德的分析，如果有保证的增长率大于实际增长率 G，经济将(　　)。

A. 持续高涨　B. 长期萧条　C. 均衡增长　D. 不能确定

23. 根据哈罗德的分析，如果有保证的增长率大于自然增长率，经济将(　　)。

A. 持续高涨　B. 长期萧条　C. 均衡增长　D. 不能确定

24. 如果实现了哈罗德的自然增长率，将使(　　)。

A. 社会资源得到充分利用　B. 实现均衡增长

C. 实现充分就业下的均衡增长　D. 经济持续高涨

25. 要达到充分就业下的均衡增长，必须使(　　)。

A. $G=G_n$　B. $G=G_w$　C. $G=G_n=G_w$　D. $G_w=G_n$

26. 在哈罗德增长模型中，已知有保证的增长率小于实际增长率 G，如果合意的储蓄率等于实际储蓄率，那么合意的资本—产出比率将(　　)。

A. 小于实际的资本—产出比率

B. 大于实际的资本—产出比率

C. 等于实际的资本—产出比率

D. 以上都可能

27. 在哈罗德增长模型中，已知合意的储蓄率小于实际储蓄率，合意的资本—产出比率等于实际的资本—产出比率，那么，有保证的增长率(　　)。

A. 小于实际增长率　B. 大于实际增长率

C. 等于实际增长率　D. 两者的关系不能确定

28. 当合意的资本—产出比率大于实际的资本—产出比率时，厂商的反应是(　　)。

A. 增加投资　B. 减少投资

C. 保持原投资水平　D. 不能确定

29. 哈罗德分析之所以是一种长期的分析，是因为他(　　)。

A. 从连续的各个时期来分析经济增长

B. 根据投资和储蓄之间的关系来分析经济增长

C. 根据有效需求来分析经济增长

D. 在技术、人口、资本均可变化的时期内分析经济增长

30. 下列各项中(　　)是新古典经济增长模型所包含的内容。

A. 均衡的增长率取决于有效需求的大小

B. 要实现充分就业的均衡增长,要使 $G=G_w=G_n$

C. 通过调整收入分配,降低储蓄率,可以实现充分就业的均衡增长

D. 从长期看,由于市场的作用,经济总会趋向于充分就业的均衡增长

31. 图 4-1 表示索洛的新古典增长模型:

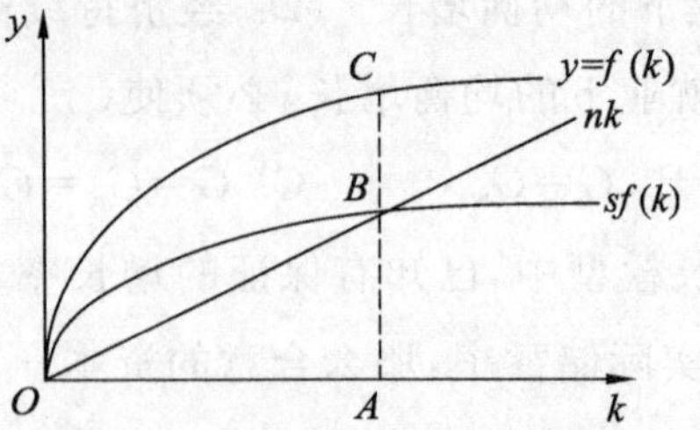

图 4-1　索洛的新古典增长模型

在图 4-1 中,纵轴表示人(劳动力)均产出或收入$\left(y=\dfrac{Y}{L}\right)$,横轴表示人均资本$\left(k=\dfrac{K}{L}\right)$,$y=f(k)$表示人均产出函数,$n$ 表示人口增长(劳动力增长),s 表示人均储蓄率。则生产函数 $y=f(k)$表示(　　)。

A. 每人产出是劳动力数量的函数

B. 每人产出是人均资本量函数

C. 每人产出是人均储蓄率的函数

D. 生产函数是规模报酬递增的

32. 在图 4-1 中,当 k 沿着水平轴往右增加时,生产函数 $y=f(k)$的图形的斜率表示(　　)。

A. 人均产出　　　　　　B. 平均单位资本产出

C. 劳动的边际产出　　　D. 资本的边际产出

33. 图 4-1 的索洛模型中的消费函数是假定储蓄与收入的比例是(　　)。

A. 保持固定比例

B. 随收入增加,比例越来越小

C. 随收入增加,比例越来越大

D. 随利率上升,比例越来越大

34. 在图 4-1 中,当资本—劳动比率 k 等于 OA 时,则 AB 表示(　　)。

A. 人均投资,且 AC 表示人均消费

B. 人均消费,且 AC 表示人均投资

C. 人均投资,且 BC 表示人均消费

D. 人均消费,且 BC 表示人均投资

35. 水平区域的劳动供给曲线表示(　　)。

A. 工资不影响劳动供给　　B. 工资对劳动供给影响最大

C. 劳动供给不影响工资　　D. 劳动供给对工资影响最大

36. 总供给曲线向上移动的原因是(　　)。

A. 工资提高　　B. 价格提高

C. 技术进步　　D. 需求增加

37. 在垂直总供给曲线区域,决定价格的主导力量是(　　)。

A. 供给　　B. 需求

C. 产出　　D. 以上均正确

38. 根据总供求模型,扩张性财政政策能使价格水平(　　)。

A. 提高　　B. 降低

C. 不变　　D. 难以确定

39. 根据总供求模型,扩张性货币政策能使价格水平(　　)。

A. 提高　　B. 降低

C. 不变　　D. 难以确定

（三）辨析题

1. 经济增长和经济发展所研究的问题是一样的。（　）

2. 教育事业的发展在经济增长中的贡献属于生产要素供给的增长。（　）

3. 从图形上来看,经济增长表现为生产可能性曲线上的某一点沿曲线向上方移动。（　）

4. 经济增长的源泉只有劳动和资本。（　）

5. 资本产出比率下降意味着资本品更富有生产力。（　）

6. 经济增长的标志是社会生产能力的不断提高。（　）

7. 哈罗德模型认为,如果有保证的增长率小于实际增长率,经济将会收缩。（　）

8. 在经济增长中起最大作用的因素是资本。（　）

9. 经济增长可表示为总产量的增长,不能表示为人均产量的增长。（　）

10. 新古典模型认为,在长期中实现均衡增长的条件是储蓄部分转化为投资。（　）

11. 在垂直总供给曲线区域,决定价格的主导力量是产出。（　）

12. 经济增长的定义就是国民生产总值的增加和社会福利的增加及个人福利的增加。（　）

13. 增长核算方法把产出的增长分为两个不同的来源:生产要素的增加和技术进步。（　）

14. 丹尼森把经济增长因素分为两大类:生产要素投入量和生产要素生产率。（　）

15. 在长期总供给水平,由于生产要素等得到了充分利用,因此经济中不存在失业。（　）

16. 短期总供给曲线和长期总供给曲线都是向右上方倾斜的曲线,区别是斜率不同。（　）

17. 内生增长理论与新古典增长理论的区别在于新古典增长理论将技术进步内生化。（　）

18. 可持续发展的基本思想是经济增长不能存在波动。（　）

19. 降低工资会使总供给曲线向左移动。（　）

20. 资本的黄金分割律基本内容是:若要使稳态人均消费达到最小,稳态人均资本量的选择应使资本的边际产品等于劳动的增长率。（　）

（四）简答题

1. 说明经济增长与经济发展的关系。

2. 经济增长的源泉是什么?

3. 在索洛模型中,储蓄率是如何影响稳定状态收入水平以及稳定状态增长率的?

4. 在索洛模型中,人口增长率对一个经济稳定状态的收入水平以及一个经济的增长率有什么影响?

5. 主流学派的短期总供给曲线有何政策含义?

6. 什么是新古典增长模型中的黄金分割率? 政策制定者一般都希望实现黄金分割率的稳定增长吗?

7. 如果劳动的增长速度和资本的增长速度有相同程度的提高,它们对产量增长率的贡献谁大谁小? 为什么?

8. 导致总供给曲线移动的主要因素有哪些?

9. 在新古典增长模型中,稳定状态的条件是什么?

10. 什么是新经济增长理论? 新经济增长理论出现的背景是什么?

（五）计算题

1. 已知资本增长率为 2%,劳动增长率为 0.8%,产出增长率为 3.1%,资本的国民收入份额为 0.25,在这些条件下,技术进步对经济增长的贡献为多少?

2. 设实际储蓄率为 0.4,实际资本—产出比率为 3,计划储蓄率为 0.5,

计划的资本—产出比率为4,自然增长率为8%,请计算:

A:(1) 实际增长率;(2) 有保证的增长率;(3) 最适宜的储蓄率。

B:(1) 在以上的假设条件下,短期中经济中会出现累积性扩张还是累积性收缩,或稳定增长?

(2) 长期中是长期停滞,还是长期繁荣,或稳定增长?

3. 假设一个国家的总量生产函数是$Y=K^{0.5}$,其中Y和K分别指人均产出和人均资本。如果该国的储蓄率为28%,人口增长率为1%,技术进步速率为2%,折旧率为4%,则该国稳定状态的产出是多少?如果储蓄率下降到10%,而人口增长率上升到4%,其他不变,那么该国新的稳定状态产出是多少?

4. 假设人们消费是其上一年可支配收入的80%,自发消费200万元,净投资等于在上一年资本存量上的增加额,每年资本存量均是当年消费的2.5倍。问:均衡收入是多少?若总收入减少50万元,经济将如何变动?

5. 在新古典增长模型中,集约化生产函数为$y=f(k)=2k-0.5k^2$,人均储蓄率为0.3,设人口增长率为3%,求:

(1) 使经济均衡增长的k值。

(2) 黄金分割率所要求的人均资本量。

6. 在新古典增长模型中,总量生产函数为$Y=F(K,L)=K^{\frac{1}{3}}L^{\frac{2}{3}}$。

(1) 求稳态时的人均资本量和人均产量。

(2) 用这一模型解释"为什么我们如此富裕,而他们那么贫穷"。

(3) 求出与黄金率相对应的储蓄率。

7. 已知线性生产函数、成本加成的定价原则和菲利普斯曲线,菲利普斯曲线为:$g_W=-\varepsilon(u-u^*)$,其中g_W为名义工资增长率,u为实际失业率,u^*为自然失业率,ε为名义工资增长率对失业率变动的敏感程度。试推导凯恩斯主义的短期总供给曲线。

8. 假定在新古典增长模型中,人均产出函数为$y=k^{0.5}$,人均储蓄率s为10%,稳态中人均资本为4,试求人均产出和消费。

9. 假定一国生产函数为$Y=K^{\frac{1}{2}}L^{\frac{1}{2}}$。在新古典索洛模型中试求:

(1) 人均产出函数。

(2) 若该国拥有 40 000 单位资本和 10 000 单位劳动，试求产出和人均产出。

(3) 若年折旧率为 100%，储蓄率 s 要为多少才能使资本—劳动比率符合稳态水平？

(4) 若储蓄率等于稳态下水平，求人均消费。

10. 假定某国经济的资本—产出比率 $v=4$，消费倾向 $C/Y=0.8$，而 $G_n=6\frac{2}{3}\%$，按新古典增长模型，怎样才能实现充分就业的均衡增长？

(六) 案例分析题

1. 中国社会科学院在 2006 年发布的社会蓝皮书中预言，中国经济出现了超周期的高速增长，并且这种增长趋势还将继续延续。

中国社会科学院社会学研究所所长、社会蓝皮书主编李培林教授在蓝皮书发布会上指出，这次增长高峰期持续的时间是改革开放以来所没有的，这种态势只在 20 世纪 90 年代的美国出现过，美国人认为这是反周期的繁荣。

我国在改革开放之后经历了三次高速增长的周期，第一次是 20 世纪 80 年代；第二次是 20 世纪 90 年代，第三次高速增长周期始于 2003 年，增长速度超过了 10%。每次都有一个态势，经济会出现较大幅度的下滑，出现通货膨胀，产生产品滞销、银行出现不良资产等现象，最后经过一定的着陆以后，经济在逐年下滑之后，重新出现增长。

李培林表示，经济学家和社会学家的看法都比较一致，2007 年仍会维持较高的增长速度，现在出现的超周期增长趋势会继续延续，因为这两年中央的宏观调控，等于是"熨平"了增长波动的波峰，所以我国经济的增长曲线图是比较平缓的，而不是像过去那样大起大落。北京大学经济研究中心主任林毅夫表示："如果中国经济根据'十一五'规划这条道路继续走下去，我们非常有可能再维持这样的速度 20 年，甚至 30 年。"他甚至表示："到 2030 年，中国将是世界上经济最强大的国家。"

什么是经济增长?影响经济增长的源泉是什么?

2. 2007 年 7 月 19 日,国家统计局发布了上半年经济运行情况的各项数据。据初步核算,上半年国内生产总值 *GDP* 106 768 亿元,同比增长 11.5%,比上年同期加快 0.5 个百分点。投资增速继续在高位运行,上半年全社会固定资产投资 54 168 亿元,同比增长 25.9%,增速比上年同期回落 3.9 个百分点。上半年,居民消费价格 *CPI* 同比上涨 3.2%,涨幅比上年同期上升 1.9 个百分点;其中 6 月份同比上涨 4.4%,环比上涨 0.4%。对外贸易实现较快增长,上半年进出口总额 9 809 亿美元,同比增长23.3%,比上年同期回落 0.1 个百分点;其中,出口 5 467 亿美元,增长27.6%;进口 4 342 亿美元,增长 18.2%。进出口相抵,顺差达 1 125 亿美元,比上年同期增加 511 亿美元。上半年社会消费品零售总额 42 044 亿元,同比增长 15.4%,增幅为 1997 年以来的新高。

请问 2007 年的社会总供给状况如何?

3. 犹他州是美国西部腹地的一个内陆州,过去常是美国拍"西部片"的地方,经济实力和社会发展水平在美国都处于落后地位。20 世纪 80 年代末以来,原来贫困落后的犹他州却奇迹般地迅速走向繁荣。从 1990 年开始,犹他州经济以每年超过 7%的速度增长,而全美同期平均增长速度仅 1.5%。1992 年,美国经济仍旧疲软,而犹他州的就业率、工资、个人收入却分别增长了 3.1%,8.6%,7.3%。

请用经济增长的源泉解释这一问题。

4. 从 1959 年到 1973 年,按美国企业每工作小时产量衡量的生产率每年增长 3.2%。从 1973 年到 1994 年,每年生产率增长只有 1.3%。这种生产率增长放慢反映在实际工资和家庭收入增长的减少上。它也反映在一般人对经济的忧虑上。由于生产率放慢在这许多年中的积累,生产率增长下降 1.9%对收入有严重的影响。如果没有发生这种放慢,美国人均的收入现在应该高出 50%左右。

请说明导致美国经济增长缓慢的原因。

5. 从短缺到过剩的转换:我国经济的运行态势

从已有的政策决策以及从各方面的专家论证意见看,人们对下述判断已具有相当的共识,即在我国国民经济的运行过程中,供求关系已处于普遍性的供大于求的失衡状态之中。根据 20 世纪 90 年代末内贸部对 610 种主要商品的调查,供求基本平稳的为 403 种,供大于求的为 206 种,供不应求的只有棕榈油一种。除商品供给过剩外,生产能力过剩、资金供给过剩以及劳动力过剩目前在我国也表现得十分突出。

经济过剩的出现是社会总供给大于总需求的必然结果。从我国 1981—1997 年的需求结构变化趋势看,最终消费率基本上以平均每年 0.6 个百分点的幅度持续下降,由 1981 年的 67.5%降至 1997 年的 54.8%,与 70%的国际平均水平相比,显然偏低。最终消费率过低,必然导致国内总需求不足,从而使经济运行中出现过剩。这是我国经济增长中面临的一个突出问题。从供给方面看,我国的经济过剩是因为有效供给缺乏,无效供给过多。能创造、适应需求的供给是有效供给,抑制需求的供给就是无效供给。无效供给因不能满足消费者的需求,在参与市场的交换中,就不能实现“从 W 到 G 的惊险跳跃”,结果就会表现为过剩。有效需求不足与有效供给不足有直接关系。几年前,不少人就提出在我国应培育新的消费热点,这些消费热点是轿车、住房、旅游等,但“热点”并未热起来,原因在于价格太高,令消费者望而生畏。以住房而言,目前全国大约有 331 万缺房户,但据国家统计局提供的资料,我国商品房累计空置率很高,中心城市、沿海开放城市商品房空置更为严重。

试分析我国经济过剩的原因。

6. 为什么富国的生活水平高?

当你在世界各国旅行时,你会看到生活水平的巨大差别。在美国、日本或德国这样的富国,平均每人的收入是印度、印度尼西亚这样的穷国平均每人收入的十几倍。这种巨大的收入差异反应在生活质量的巨大差异上。富国有更多的汽车,更多的电话、电视机,更好的营养,更安全的住房,更好的医疗以及更长的预期寿命。

即使在一个国家内,生活水平也随着时间推移而发生了巨大变化。在过去一个世纪以来,美国按人均实际 *GDP* 衡量的平均收入每年增长 2%左右。虽然 2%看来并不大,但这种增长率意味着平均收入每 35 年翻一番。由于这种增长,今天的平均收入是一个世纪以前的 8 倍左右。因此,普通美国人享有比他们的父母、祖父母高得多的经济繁荣。

用什么来解释这些呢?富国如何能确保自己的高生活水平呢?穷国应该采取什么政策加快经济增长,以便加入发达国家的行列呢?请根据所学知识进行分析。

二、参考答案

(一)名词解释

1. 解析:

经济增长通常被定义为产量的增加,这里的产量既可以表示经济的总产量,也可以表示人均产量。经济增长的程度可以用增长率来描述。

2. 解析:

索洛余量是产出增长率与资本增长率和劳动增长率加权之差。它反映的是一个国家(地区)为了摆脱贫困落后和发展经济,在一定时期里表现出来的能力和努力程度,是技术进步对经济发展作用的综合反映。

3. 解析:

自然增长率是指现有人口、资源和技术水平条件下,所允许达到的最大增长率,可以近似地用人口增长率与劳动率增长率之和表示。

4. 解析:

内含型经济增长又称内生经济增长。与新古典增长理论不同,内生增长理论用规模收益递增和内生技术进步来说明一个国家长期经济增长和各国增长率差异。其重要特征就是试图使增长率内生化。

5. 解析:

经济发展主要用于说明发展中国家由不发达转为发达的经济变化,其涉及面很广，包括经济增长、技术进步、产业结构、经济体制和社会体制的变化及其内在联系，既有量的变化也有质的变化。

6. 解析：

宏观生产函数是指整个国民经济的生产函数。它表示总投入和总产出之间的关系。

7. 解析：

长期宏观生产函数是指经济社会生产的产出取决于生产的技术水平、就业量和资本的存量。

8. 解析：

古典总供给曲线是指总供给曲线是一条位于经济的潜在产量或充分就业水平上的垂直线。

9. 解析：

凯恩斯总供给曲线是指在货币工资和价格均具有刚性的假设条件下，总供给曲线应该为一条水平的直线。

10. 解析：

常规总供给曲线是指短期总供给曲线为向右上方倾斜。

11. 解析：

潜在就业量即充分就业量，指一个社会在现有激励条件下所有愿意工作的人都参加生产时所达到的就业量。

12. 解析：

潜在产量指在现有资本和技术条件下，经济社会的潜在就业量所能生产的产量。

13. 解析：

适度增长率指满足 $I=S$ 条件的增长率，即满足哈罗德模型的增长率，又称为均衡增长率，用 G_w 表示。

14. 解析：

实际增长率即实际的经济增长率 G_t。在现实经济中，不能完全保证 $I=S$，因此实际增长率不一定与适度增长率(有保证的增长率)相等。

(二) 选择题(略)

(三) 辨析题

1. 解析:

错误。经济增长主要研究经济增长的源泉和决定因素等问题,而经济发展研究的内容更为广泛,不仅包括经济增长,还包括经济增长过程中的环境保护、社会发展等各种问题。

2. 解析:

正确。教育事业的发展会促进人力资本水平的提高,在内生经济增长理论中,人力资本也是经济增长的主要源泉之一。因此,教育事业的发展在经济增长中的贡献属于生产要素供给的增长。

3. 解析:

错误。经济增长表现为生产可能性曲线整体的移动,如果经济增长率为正,则生产可能性曲线向外移动;反之,则向内移动,并不是生产可能性曲线上的某一点沿曲线向上方移动。

4. 解析:

错误。经济增长的源泉并非只有劳动和资本,技术进步也是其重要的源泉,此外,人力资本也是经济增长的重要源泉。

5. 解析:

正确。资本产出比率下降意味着生产一单位产出需要更少单位的资本,表明更富有生产力。

6. 解析:

正确。可以有多种指标衡量经济增长,但社会生产能力的不断提高是经济增长的主要标志。

7. 解析:

错误。根据哈罗德模型,如果有保证的增长率大于实际增长率,经济将会收缩,题目的表述刚好相反,因而不正确。

8. 解析：

错误。在经济增长中起最大作用的因素是技术进步，而不是资本。

9. 解析：

错误。经济增长既可以表示为总产量的增长，也可以表示为人均产量的增长，两种表示方法都可以。

10. 解析：

根据新古典模型，在长期中实现均衡增长的条件是储蓄应全部转化为投资，而不是部分转化。

11. 解析：

错误。在垂直总供给曲线区域，决定价格的主导力量是价格因素，而不是产出因素。

12. 解析：

错误。经济增长不包括社会福利的增加及个人福利的增加，本题的表述扩大了经济增长涵盖的范围，因而不正确。

13. 解析：

正确。根据经济增长核算方法，产出增长的来源主要分为两部分，一部分是生产要素的增加，包括劳动、资本等要素的增加；另一部分是技术进步。

14. 解析：

正确。根据丹尼森的经济增长理论，经济增长因素包括生产要素投入量和生产要素生产率两大部分。

15. 解析：

错误。在长期总供给水平，虽然生产要素等得到了充分利用，但仍然会存在一定的失业，比如自然失业现象。

16. 解析：

错误。短期总供给曲线为水平直线，长期总供给曲线包括水平、斜向上和垂直的三个部分。

17. 解析：

错误。内生增长理论将技术进步内生化，新古典增长理论则认为技术进步是外生变量。

18. 解析：

错误。可持续发展认为今天的增长不能成为今后增长的障碍，而不是经济增长不能存在波动。

19. 解析：

错误。降低工资会使总供给曲线向右移动，因为工资较低时，对于任一给定的价格水平，厂商愿意提供更多的产品。

20. 解析：

错误。资本的黄金分割律基本内容是：若使稳态人均消费达到最大，稳态人均资本量的选择应使资本的边际产品等于劳动的增长率。本题的表述正好相反，因而不正确。

（四）简答题

1. 解析：

经济增长是产量的增加，这里的产量可以表示为经济的总产量，也可表示为人均产量，通常用经济增长率度量。经济发展不仅包括经济增长，还包括国民的生活质量，以及整个社会经济结构和制度结构的总体进步。经济发展是反映一个经济社会总体进步。经济发展是反映一个经济社会总体发展水平的综合性概念。如果说经济增长是一个"量"的概念，那么经济发展就是一个"质"的概念。

2. 解析：

关于经济增长的源泉，宏观经济学通常借助于生产函数来研究。宏观生产函数把一个经济中的产出与生产要素的投入及技术状况联系在一起。设宏观生产函数可以表示为：$Y_t=A_tf(L_t,K_t)$，其中 Y_t,L_t,K_t 依次为某个时期的总产出、投入的劳动量和投入的资本量，它们代表该时期的技术状况，则可以得到一个描述要素增长率、产出增长率与技术进步增长率之间关系的方程，即为增长率的分解式：

$$G_Y=G_A+\alpha G_L+\beta G_K。$$

其中 G_Y 为产出的增长率；G_A 为技术进步增长率；G_L 和 G_K 分别为劳动和资本的增长率；α，β 为参数，它们分别是劳动和资本的产出弹性。

从增长率分解式可知，产出的增长可以由三种力量（或因素）来解释，即劳动、资本和技术进步。换句话说，经济增长的源泉可被归结为劳动和资本的增长以及技术的进步。

有时为了强调教育和培训对经济增长的潜在贡献，还把人力资本作为一种单独的投入写进生产函数。所谓人力资本是指体现在个人身上的获取收入的潜在能力的价值，它包括天生的能力和才华以及通过后天教育训练获得的技能。当把人力资本作为一种单独投入时，按照上述分析的思路可知，人力资本也可以归结为经济增长的源泉之一。

3．解析：

(1) 储蓄率提高，资本存量水平、产出水平提高，实现经济增长。

一个经济中本来的储蓄率为 s_1，那么这个经济的稳定状态资本存量就是 k_1^*。如果这个经济的储蓄率由于政策等原因从 s_1 提高到了 s_2。那么这必然引起储蓄曲线 $sf(k)$ 向上移动，从 $s_1f(k)$ 上升到 $s_2f(k)$。这个时候 k_1^* 就不再是一个稳定状态的资本存量，因为根据向上移动了的储蓄函数，在这个资本存量水平，投资大于折旧，因此资本存量会上升，直到新的储蓄函数与折旧线相交的点所对应的资本存量水平 k_2^*，k_2^* 是对应储蓄率 s_2 的新的稳定状态。这个稳定状态与原来的稳定状态相比，有较高的资本存量水平和较高的产出。

储蓄率对一个经济稳定状态的影响，说明了储蓄率的高低对经济增长速度方面的影响。因为较高的储蓄率意味着较高的稳定状态，那么当一个经济的当前资本存量水平较低时，就意味着与稳定状态可能存在更大的差距，这样经济增长就会有较大的空间和速度。

(2) 储蓄率对经济增长的影响是暂时的。因为在长期中只要经济达到它的稳态，那么它就不会再继续增长。如果一个经济保持较高的储蓄率，它会保持较大的资本存量和较高的产出水平，但它无法保持较高的增长率，甚至无法保持增长。在模型的假设下，理论上除非增长率不断提高，否则人均意义上的经济增长是不可能长期持续的。

4. 解析:

用小写字母代表人均数量,因此 $y=Y/L$ 代表人均产出,而 $k=K/L$ 表示人均资本,现在人均资本的变化为:$\Delta k=i-(\delta+n)k$。

该方程表明新投资、折旧和人口增长是如何影响人均资本存量的。新投资会提高 k,同时折旧和人口增长则会降低 k。

我们可以把$(\delta+n)k$ 项看作是一种"平衡投资",即在存在折旧和人口增长的情况下,为了保持人均资本不变必需追加的投资。平衡投资包括对现有资本的折旧 δk 的弥补,还包括给新劳动力配备资本的投资,必需的数量是 nk,即 n 个新劳动力每人 k 单位资本。该方程表明人口增长在降低人均资本积累方面的影响是与资本折旧相似的,只是折旧是通过资本的折损降低 k,而人口增长则是通过资本存量在一个更大的人口中摊薄而降低 k。

用 $sf(k)$代替人均资本变化方程中的投资 i,则方程可以写成:$\Delta k=sf(k)-(\delta+n)k$。稳定状态即为 $sf(k)$和$(\delta+n)$曲线的交点。

人口增长对收入水平和经济增长的影响有:

(1) 人口增长,会使总产出增加,总收入也增加,但人均产出和人均收入不变;

(2) 把人口增长引进索洛模型为我们提供了关于为什么有些国家富裕而另一些国家则很贫穷的一种解释。人口增长率高则稳态人均资本低,人均产出低,从而国家贫穷。

5. 解析:

总供给是指整个经济社会在每一价格水平下提供的产品和劳务的总量。总供给函数表示国民收入(总产出量)和价格水平之间的数量关系。描述这一函数关系的曲线就是总供给曲线,可以用来表示国民收入和价格水平的各种不同组合。按照价格在不同时期变动的情况,宏观经济学将总产出与价格水平之间的关系分为两种,即长期总供给曲线和短期总供给曲线。对于凯恩斯(主流学派)总供给曲线 AS 的政策含义,必须把它和凯恩斯总

需求曲线 AD 结合起来，即从 AS-AD 模型中才能看到。按照修正的凯恩斯 AS-AD 模型，总供给和总需求决定的均衡产量一般是低于充分就业的产量，如果国家采用扩张性的财政政策或货币政策（相当于使总需求曲线向右移动），不断提高社会总需求，资本主义经济就可以实现充分就业。在达到充分就业时，社会总需求继续提高就要引起价格水平上涨，出现通货膨胀，如果国家采用紧缩性财政政策或货币政策（相当于使总需求曲线向左移动），来降低与压缩社会总需求，就可以消除通货膨胀。所以，在凯恩斯经济理论中，不管社会经济是处在低于充分就业状态，还是达到充分就业状态，国家对经济生活的干预和调节都是必要的。

也就是说，主流学派认为总供给－总需求曲线可以用来解释萧条状态、高涨状态和滞胀状态的短期收入和价格水平的决定，也可以用来解释充分就业状态的长期收入和价格水平的决定。相应地，在政策主张上，主流学派经济学家认为，虽然资本主义经济在长期内可以处在充分就业的均衡状态，但短期内的萧条和过度繁荣是不可避免的，仍然可以给社会带来损失。因此，有必要执行凯恩斯主义的经济政策，以熨平萧条和过度繁荣所带来的经济波动，使经济持续处于稳定的充分就业的状态。

6．解析：

如果一个经济的目标是要使人均消费量达到最大，那么，在技术和劳动增长率（人口增长率）固定不变时，应如何选择人均资本量（资本—劳动比）？对此，经济学家普尔普斯利用新古典增长模型给出了回答：如果对每个人的资本量选择能使得资本的边际产品等于劳动的增长率，则每个人的消费就会达到最大。这一结论被称为黄金分割律。用公式表示是：$f'(k)=n$。在该式中，$f'(k)$表示资本的边际产品。由于人均产量 y 是人均资本的函数，即 $y=f(k)$。从人均产量中减去资本深化部分 $\dot{k}$ 和广化部分 nk 即人均消费 C/L，而 $C/L=f(k)-nk-\dot{k}$。如果资本—劳动之比不变，即 $\dot{k}=0$，则 $C/L=f(k)-nk$。从该式可见，当 $f'(k)=n$ 时，人均消费可达最大化，黄金分割律可用图 4-2 表示。

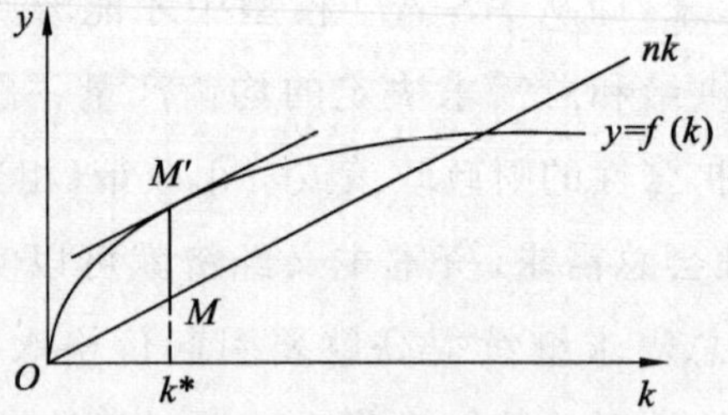

图 4-2　人均消费的增长

从图 4-2 中可见,人均收入 $f(k)$用于资本广化 nk 和消费 C/L,$C/L=f(k)-nk$。为使 C/L 最大,就是要选择 k,在 $k=k^*$ 时,$f(k)$的斜率等于 n。在图 4-2 中即 M'点上斜率等于 n。此时的 C/L 即图中 $M'M$ 达到最大。

假定经济的初始状态时人均资本高于黄金分割律水平,那么,政策制定者只要采取降低储蓄率,以降低稳定状态的人均资本存量的政策,以达到黄金分割律所要求的资本存量。但如果经济的初始状态时人均资本低于黄金分割律,制定政策的人就必须提高储蓄率以达到黄金分割律的要求。然而,提高储蓄率就要降低人们目前的消费,人们一般都不愿这样做。政策制定者出于政治上的考虑(迁就选民意愿),一般并不一定会希望实现黄金分割律的稳定增长。

7. 经济学家爱德华·丹尼逊等人用这样一个简单的公式来归结各因素对增长的贡献,即产量增长率加上加权的劳动增长率和资本增长率:

$$\Delta y/y=\Delta A/A+0.7\Delta N/N+0.3\Delta K/K。$$

其中 $\Delta A/A$ 表示生产率增长率(即总要素生产率),$\Delta N/N$ 和 $\Delta K/K$ 分别为劳动的增长率和资本的增长率。从这个公式可见,如果劳动的增长速度和资本的增长速度有相同程度的提高,比如说劳动增长率和资本增长率各提高一个百分点,它们对产量增长率的贡献并不一样。劳动增长率提高 1%,会使产量增长率提高 0.7 个百分点,而资本增长率提高 1%,只会使产量增长率提高 0.3 个百分点。

8. 导致总供给曲线移动的主要因素有以下几点:

(1) 自然的和人为的灾祸。总供给曲线最急剧的变动产生于天灾人祸，它会极大地减少经济的总供给，即使得总供给曲线向左上方移动。

(2) 技术变动。技术变动通常是正向，即技术水平倾向提高，所以技术变动的影响一般使得总供给曲线向右移动。

(3) 工资率等要素价格的变动。当工资下降时，对于任一给定的价格总水平，厂商愿意供给更多的产品，因而降低工资将使总供给曲线向右下方移动；反之，工资上升，总供给曲线向左上方移动。

9. 解析：

在新古典增长模型中，稳定增长的条件为人均资本不发生变化，或者说每人使用的资本量不变，这就要使人均储蓄正好等于资本的广化。在新古典增长模型公式 $sf(k)=\dot{k}+nk$ 中，人均资本不发生变化，就是 $\dot{k}=0$，$sf(k)=nk$。$sf(k)$是储蓄与人均产量(收入)的乘积，即人均储蓄，nk 是资本的广化。在宏观经济学中，储蓄等于投资是均衡的条件，储蓄等于储蓄率乘以收入，即 $S=sY$。投资可用资本增量 ΔK 表示。而上述公式 $sf(k)=nk$ 即 $sy=nk$，$y=Y/N$，这里表示人均收入，k 表示每一劳力或每一人口配备的资本量，即$k=K/N$。将 $y=Y/N$ 和 $k=K/N$ 代入 $sy=nk$ 可得 $s\,K/N=n\,K/N$，亦即 $sY=nK$。由于储蓄等于投资，即 $sY=I=\Delta K$，因此 $sY=nK$ 也就是 $\Delta K=nK$ 或 $\Delta K/K=n$。这一等式表示，资本增长率等于人口增长率。这当然会使人均资本配备量不变。因此，在新古典增长模型中，稳定的增长条件，既可用$sf(k)=nk$ 表示，也可用 $\Delta K/K=n$ 表示。两者表示的意思是相同的。

10. 解析：

新经济增长理论是相对于过去的增长理论尤其是新古典增长理论而言的。过去的增长理论往往假定生产函数具有规模报酬不变的性质，认为技术和人口等的变动都是外生的并以此来说明经济增长，而新经济增长理论是指用规模报酬递增和内生技术进步来说明一国经济长期增长和各国经济增长率差异的理论。这种理论最重要的特征是试图使增长率内生化，即认为促使经济增长的因素是模型内决定的，因此，新经济增长理论又称内生增长理论。

新经济增长理论是在索洛的新古典增长理论无法说明各国经济增长的现实的背景下出现的。例如,按新古典增长模型的假设,当资本存量增长时,由于边际收益递减,经济增长会放慢,最终增长将停止。但过去100多年间,许多国家人均产出保持了正的增长率,增长没有长期下降的趋势。又如,按新古典增长模型,穷国人均资本存量较低,每单位新增投资能得到较高报酬率,因而穷国应比富国增长更快,但事实是相反,穷国增长往往更慢。在这种情况下,一些经济学家通过对新古典模型的反思,认为新古典模型之所以说明不了现实,关键在于把模型中的储蓄率、人口增长率、折旧率和技术进步都当作外生变量,实际上除折旧率外,其余一些变量都是内生的,是由人们行为决定的,并可通过政策加以影响的。这样,一种以内生经济增长为主要特征的新经济增长理论就诞生了。

(五) 计算题

1. 解析:

劳动的国民收入份额为:$b=1-\alpha=0.75$。

资本和劳动对经济增长的贡献为:$0.25\times2\%+0.75\times0.8\%=1.1\%$。

所以技术进步对经济增长的贡献为:$3.1\%-1.1\%=2\%$。

2. 解析:

已知 $S=0.4, C=3, S_d=0.5, C_r=4, G_n=8\%$。

A:(1) 实际增长率:$G=S/C=0.4/3=13.3\%$。

(2) 有保证的增长率:$G_w=\frac{S_d}{C_r}=\frac{0.5}{4}=0.125=12.5\%$。

(3) 最适宜的储蓄率 $S_0=G_n\cdot G_r=8\%\times4=32\%$。

B:(1) 在以上的假设条件下,由于 $G>G_w$,因此短期中经济会出现累积性扩张。

(2) 在长期中,由于 $G_w>G_n$,因此会出现长期停滞。

3. 解析:

稳定状态时,$\Delta k=sf(k)-(\delta+n+g)k=0$,则$(\delta+n+g)k=sf(k)$。

$0.28 \cdot y=(4\%+1\%+2\%)k$，得出：稳态时 $k=16$，稳态产出 $y=4$。

由 $(\delta+n+g)k=sf(k)$，$0.1y=(4\%+4\%+2\%)k$，得出 $k=1$；稳态产出 $y=1$。

4. 解析：

消费函数 $C_t=0.8Y_{t-1}+200$，$Y_t=C_t+I_t$，所以：

$Y_t=0.8Y_{t-1}+200+I_t$，而 $I_t=K_t-K_{t-1}$，$K_t=2.5C_t$。

整理得 $Y_t=2.8Y_{t-1}-2Y_{t-2}+200$，此为乘数加速数模型。

再由 $Y_t=y_{t-1}=Y_{t-2}=\overline{Y}$ 算得 $\overline{Y}=1\ 000$，此为均衡收入。

当收入减少 50 万元时，假设经济原处于均衡，则 $Y_1=1\ 000-50=950$；$Y_t=860$；$Y_1=708$……表明总收入减少 50 万元将使经济逐渐进入衰退阶段。

5. 根据 Solow-Swan 公式可得：

(1) $sf(k)=nk \Rightarrow 0.3(2k-0.5k^2)=0.03k \Rightarrow k=3.8$。

(2) 黄金律要求通过选择稳态资本水平最大化稳态人均消费水平：

$$\text{Max}\{k\}:\begin{matrix}\text{Max}(k)\cdot(1-s)\cdot f(k)=f(k)-nk \\ f=2k-0.5k^2\end{matrix} \Rightarrow k=1.97。$$

6. (1) 由所给的总量生产函数，求得人均生产函数为：

$$y=k^{\frac{1}{3}}。$$

在新古典增长模型中，稳态条件为：$sf(k)=nk$，即：

$$sk^{\frac{1}{3}}=nk。$$

解得人均资本量为：

$$k^*=\left(\frac{s}{n}\right)^{\frac{3}{2}}。$$

将其代入人均生产函数，求得稳态的人均产量为：

$$y^*=(k^*)^{\frac{1}{3}}=\left(\frac{s}{n}\right)^{\frac{1}{2}}。$$

(2) 解释国家间的生活差异的一个重要方面是人均收入，当一个国家的储蓄率高，人口增长率低时，该国的稳态人均资本和人均产量就相对较高;反之,则正好相反。因此,根据这里的模型,可以用储蓄率和人口增长率的差异来解释“为什么我们如此富裕,而他们如此贫穷”这个问题。

(3) 黄金律所要求的资本存量应满足条件:

$$f'(k)=n。$$

即$\frac{1}{3}k^{\frac{2}{3}}=n$,在稳态时,$k=\left(\frac{s}{n}\right)^{\frac{3}{2}}$。

所以有:$\frac{1}{3}\left[\left(\frac{s}{n}\right)^{\frac{3}{2}}\right]^{\frac{2}{3}}=n$。

解得 $s^*=\frac{1}{3}$即为所求。

7. 解析:

生产函数(线性):$Y=aN+b$。

其中 Y 为产出水平;N 就业量。

成本(加成):$P=(1+z)W/a$ ①

其中 z 为加成比例;W/a 为单位产品劳动成本。

菲利普斯曲线:$g_w=-\varepsilon(u-u^*)$。

由 $g_w=(W_t+1-W_t)/W_t$,

得:$W_t+1=W_t[1-\varepsilon(u-u^*)]$ ②

根据失业率的定义,可以有下式:

$$u-u^*=(N-N^*)/N^*。$$

N 为实际就业水平;N^* 为充分就业水平;将上式代入②中得:

$$W_t+1=W_t\{1-\varepsilon[(N-N^*)/N^*]\} \qquad ③$$

变换①得:

$$W=ap/(1+z)。$$

代入③中得:

$$aP_1+1/(1+z)=aP_t/(1+z)\{1-\varepsilon[(N-N^*)/N^*]\}。$$

化简:

$$P_t+1=P_t\{1-\varepsilon[(N-N^*)/N^*]\} \qquad ④$$

将 $Y=aN+b$ 变换成:

$N=(Y-b)/a$。

代入④并化简得：

$P_t+1=P_t\{1-\varepsilon[(Y^*-Y)/(Y^*-b)]\}$。

令 $\lambda=\varepsilon/(Y^*-b)$，

则得到总供给曲线方程：

$$P_t+1=P_t[1+\lambda(Y-Y^*)]。$$

8. 解析：

人均产出 $y=k^{0.5}=\sqrt{4}=2$，人均消费 $c=y-sy=2-0.1\times2=1.8$，

9. 解析：

(1) 人均产出函数为 $y=Y/L=K^{\frac{1}{2}}L^{\frac{1}{2}}/L=\left(\frac{K}{L}\right)^{\frac{1}{2}}=k^{\frac{1}{2}}$。

(2) $Y=\sqrt{40\ 000\times10\ 000}=20\ 000$。

$y=\sqrt{40\ 000\div10\ 000}=2$。

(3) 在稳态水平上有 $sf(k)=\sigma k$，已知 $\sigma=10\%$，而人均资本 $k=K/L=40\ 000/10\ 000=4$，可知 $s=\sigma k/f(k)=0.1\times4/2=0.2$。

(4) 人均消费 $c=y-sy=2-0.2\times2=1.6$。

10. 解析：

根据经济增长理论，当 $G=G_w$ 时，经济活动实现均衡增长；而当 $G=G_n$ 时，经济活动达到了充分就业的水平。只有当 $G=G_w=G_n$ 时，实现充分就业的均衡增长。

本题中，由消费倾向 $C/Y=0.8$，可推知：

$$储蓄率=\frac{Y-C}{Y}=1-0.8=0.2。$$

此时，有保证的增长率 $G_w=\frac{s}{v}=\frac{20\%}{4}=5\%$，而已知自然增长率 $G_n=6\frac{2}{3}\%>G_w$。

根据新古典增长模型，$G_w<G_n$ 时，储蓄不足而导致利率上升，引起使用资本的成本上升，促使厂商以更多的劳动力替代资本的使用，因资本使用量

减少,则资本一产出比率下降,这种调整过程一直进行到资本一产出比率为:

$$v=\frac{s}{G_n}=\frac{20\%}{6\frac{2}{3}\%}=3。$$

此时,$v=3$。则 $G_w=\frac{s}{v}=\frac{20\%}{3}=6\frac{2}{3}\%=G_n$。经济实现充分就业的均衡增长。

(六)案例分析题

1. 解析:

经济增长通常被定义为产量的增加,这里的产量既可以表示经济的总产量,也可以表示人均产量。经济增长的程度可以用增长率来描述。

生产要素供给的增长和生产要素生产率的增长是经济增长的两大源泉。其中生产要素的增长主要是指劳动要素 L 的增长 $\Delta L/L$ 和资本要素 K 的增长 $\Delta K/K$,假定在经济增长中,有 a 份额的增长来自 $\Delta L/L$,b 份额的增长来自 $\Delta K/K$,那么,生产要素供给的增长占整个经济增长的部分为 $a\cdot\Delta L/L+b\cdot\Delta K/K$(即生产要素的增长对经济增长所做的贡献)。生产要素生产率对经济增长的贡献($\Delta A/A$)就是经济的实际增长率 $\Delta Y/Y$ 减去因生产要素供给增长而增长的部分,即

$$\frac{\Delta A}{A}=\frac{\Delta Y}{Y}-a\cdot\frac{\Delta L}{L}-b\cdot\frac{\Delta K}{K}。$$

生产要素生产率的增长有时又称之为全要素增长或综合要素的增长。

2. 解析:

从案例中可以看出,上半年国内生产总值 GDP 为106 768 亿元,同比增长 11.5%。从上半年我国进出口状况和社会消费品零售总额中可以看出,进出口顺差达 1 125 亿美元,比上年同期增加 511 亿美元;社会消费品零售总额 42 044 亿元,同比增长 15.4%,这反映了我国社会总供给状况是充裕的,保持着较高的增长幅度。

3. 解析：

技术进步是经济增长的重要因素，而技术进步又在很大程度上取决于知识的积累和运用，这一点在现代经济增长模型得到了充分的体现。新古典增长模型在总量生产函数中加入了技术进步变量，以说明技术进步对人均资本积累过程和人均收入的影响，并用“索洛余值”来衡量技术进步对经济增长的贡献。

从实证分析看，技术进步是现代经济增长的主要源泉和动力的结论也得到验证。索洛发现在1909—1949年美国的*GDP*平均每年增长2.9%，其中0.32%归因于资本积累，1.09%来自于劳动投入的增加，剩余的1.49%要归因于技术进步。而丹尼森对美国1929—1982年间国民总收入的测算也表明，在要素生产率提高对经济增长率的贡献中，知识进步的份额最大，占65%，说明技术进步对经济增长的贡献主要来源于知识进步。

4. 解析：

究竟是什么原因导致经济增长放慢？有两个事实确定无疑。第一，经济增长放慢是一个世界性现象。在20世纪70年代中期，除美国外，包括加拿大、法国、德国、意大利、日本、英国在内的工业化国家，都发生了经济增长放慢。因此，为了解释美国经济增长放慢的原因，必须超出美国来观察。第二，这种放慢不能追溯到那些最容易衡量的生产要素。经济学家可以直接衡量工人所得到的物质资本数量和以正规教育年限为形式的人力资本。显然，生产率放慢主要并不是由于这些投入增长的减少。

另外，技术是剩下的少数几个可归咎的原因之一。事实上20世纪90年代以来，正是计算机信息技术所带来的技术革命，使得生产率大大提高，技术和经济的融合，掀起了全球范围的经济增长浪潮。

5. 解析：

生产的过剩是相对于消费者的购买力而言的，如果生产多少而消费者都能买去，那就不存在过剩，如果消费者无力购买产品，哪怕产量很低，也存在过剩。当生产过剩到达一定程度，厂商商品积压过多，资金无法周转进而倒闭，一方面使社会失业日渐严重，社会生产力发生倒退；另一方面银行产生大量坏账,使人民存款损失、整个社会陷入萧条和恐慌,经济危机发生。

而我国经济过剩成因可以从六个角度来看:(1) 盲目投资和重复建设;(2) 投资与消费的失衡;(3) 产能需求的不对称;(4) 行业存在进出壁垒,缺乏有效的落后产能的市场退出机制;(5) 垄断企业过多过大;(6) 民营资本对市场信息了解不完备,缺乏合理的分析。

经济过剩不是资本主义国家的专利,在我国向社会主义市场经济体制目标迈进的过程中,由于历史和现实的原因,造成产品的供给与居民需求之间的脱节。随着社会主义市场经济的发展,市场体系的完善,“历史遗留问题”的解决,价格机制的正位,政策制定者、管理者、生产者、消费者市场心理的成熟和理性化,社会主义市场经济条件下的经济过剩将不再是一个难以解决的问题。

6. 解析:

应该分三步进行研究:第一,我们要考察人均实际 *GDP* 的国际数据。使我们对世界各国生活水平程度与增长的差别大小有一个大体了解。第二,我们要考察生产率的作用,生产率是一个工人每小时生产的物品与劳务量。特别是,我们要说明一国的生活水平是由其工人的生产率决定的,而且,我们要考虑决定一国生产率的因素。第三,我们要考虑生产率和一国采取的经济政策之间的关系。

第5章

AS-AD 模型及其拓展

一、习　题

（一）名词解释

1. 总需求
2. 总需求曲线
3. 实际余额效应
4. 时际替代效应
5. 开放替代效应
6. 总供给
7. 总供给曲线
8. 古典总供给曲线
9. 凯恩斯总供给曲线
10. 新凯恩斯主义

（二）选择题

1. 总需求曲线是表明（　　）。

A. 产品市场达到均衡时，总需求与价格水平之间的关系

B. 货币市场达到均衡时，总需求与价格水平之间的关系

C. 产品市场和货币市场达到均衡时，收入与利率之间的关系

D. 产品市场和货币市场达到均衡时，总需求与价格水平之间的关系

2. 总需求曲线是一条(　　)。

A. 向右下方倾斜的曲线　　B. 向右上方倾斜的曲线

C. 水平的直线　　D. 垂直的直线

3. 总需求曲线向右下方倾斜的原因是(　　)。

A. 较高的价格通过减少劳动力的参与而减少潜在 *GDP*

B. 较高的价格引起利率下降,因而抑制投资

C. 较高的价格引起利率上升,因而抑制投资

D. 较高的价格刺激劳动力的参与,因此增加消费支出

4. 总需求曲线向右下方倾斜是由于(　　)。

A. 价格水平上升时,投资会减少

B. 价格水平上升时,消费会减少

C. 价格水平上升时,净出口会减少

D. 以上几个因素都是

5. 若价格水平下降,则总需求(　　)。

A. 增加　　B. 减少　　C. 不变　　D. 难以确定

6. 当价格水平上升时,总需求曲线(　　)。

A. 向左移动　　B. 向右移动　　C. 不变　　D. 难以确定

7. 下列有关总需求曲线说法正确的是(　　)。

A. 在充分就业时为垂直的直线

B. 如果经济中存在较高的失业,则为水平的直线

C. 由于实际余额效应、时际替代效应和开放替代效应的作用而具有负斜率

D. 由于生产成本随着实际总产出的增加而递减,所以具有负斜率

8. 下列表述正确的是(　　)。

A. 总需求曲线是反映总需求与利率之间关系的曲线

B. 总需求曲线上的点表明劳动力市场达到均衡

C. 总需求曲线是表明总需求与价格水平之间关系的曲线

D. 在以利率为纵坐标、收入为横坐标的坐标系内,总需求曲线是向右

上方倾斜的

9. 时际替代效应表明(　　)。

A. 货币供给减少会使利息率上升并使消费和投资支出下降

B. 价格水平上升将增加货币需求,从而提高利息率,使消费和投资支出下降

C. 价格水平上升将增加货币需求,从而降低利息率,使消费和投资支出下降

D. 价格水平上升将减少货币需求,从而降低利息率,使消费和投资支出增加

10. 实际余额效应表明(　　)。

A. 价格水平上升将增加货币需求,从而提高利息率,使消费和投资支出下降

B. 价格水平下降将使许多金融资产的实际价值下降,从而减少支出

C. 价格水平上升将使许多金融资产的实际价值上升,从而增加支出

D. 价格水平上升将使许多金融资产的实际价值下降,从而减少支出

11. 开放替代效应表明,如果一国价格水平相对于外国而言下降了,在其他条件不变的情况下将使该国的(　　)。

A. 总需求曲线向左移　　B. 总供给曲线向左移

C. 出口下降,进口增加　　D. 出口增加,进口下降

12. 实际余额效应、时际替代效应和开放替代效应都可用来解释(　　)。

A. 为什么总需求曲线具有负斜率

B. 为什么总供给曲线具有正斜率

C. 总需求曲线的平行移动

D. 总供给曲线的平行移动

13. 总需求的影响因素(　　)。

A. 用来解释为什么总需求曲线具有负斜率

B. 用来说明整条总需求曲线的移动

C. 表明实际产出与价格水平之间的反方向变动关系

D. 用来表明投入品的价格和资源生产力之间的关系

14. 当(　　)时,总需求曲线更平缓。

A. 投资支出对利率变化较敏感　B. 支出乘数较小

C. 货币需求对利率变化较敏感　D. 货币供给量较大

15. 因价格水平下降而导致的总支出增加就相当于(　　)。

A. 沿着某一条固定的总需求曲线向下移动

B. 总供给下降

C. 总需求曲线向右移动

D. 总需求曲线向左移动

16. 预期会使总需求曲线向右移动的是(　　)。

A. 政府支出增加　B. 净出口减少

C. 劳动力参与减少　D. 税收增加

17. 下列情况中,预期(　　)会使总需求曲线向左移动。

A. 政府支出增加　B. 净出口减少

C. 就业减少　D. 生产技术的改进

18. 水平形状的总供给曲线被称为(　　)。

A. 凯恩斯总供给曲线　B. 古典总供给曲线

C. 常规总供给曲线　D. 长期总供给曲线

19. 在总供给曲线的水平部分(　　)。

A. 假定经济资源价格不变

B. 表明即使不提高价格水平仍可以增加产出

C. 假定经济中存在闲置的经济资源

D. 包含以上全部因素

20. 短期总供给曲线表明(　　)。

A. 总需求与价格水平同方向变动

B. 总需求与价格水平反方向变动

C. 总供给与价格水平同方向变动

D. 总供给与价格水平反方向变动

21. 在以价格为纵轴、收入为横轴的坐标系中,长期供给曲线是一条(　　)。

A. 与横轴平行的线　　B. 向右上方倾斜的曲线

C. 向右下方倾斜的曲线　　D. 与横轴垂直的线

22. 长期总供给曲线表示(　　)。

A. 经济中的资源还没有得到充分利用

B. 经济中的资源已得到充分利用

C. 在价格不变时,总供给可以无限增加

D. 经济中存在着严重的失业

23. 可以使总供给曲线向右移动的是(　　)。

A. 政府支出增加　　B. 净出口减少

C. 投入的劳动力减少　　D. 应用先进的生产技术

24. 下述因素中哪一项不会引起总供给曲线移动?(　　)

A. 劳动生产率提高　　B. 进口原油价格下降

C. 降低企业税　　D. 价格水平上升

25. 短期总供给曲线向右上方倾斜,该曲线变为一条垂线的条件是(　　)。

A. 经济中实现了充分就业

B. 通货膨胀率为零

C. 物价水平保持稳定

D. 总供给受到了资源和其他因素的制约

26. 在总供给曲线的水平区域,决定产出变化的主导力量是(　　)。

A. 产出　　B. 需求　　C. 工资　　D. 技术

27. 在总供给曲线的垂直区域,决定价格变化的主导力量是(　　)。

A. 产出　　B. 需求　　C. 工资　　D. 技术

28. 如果供给相对于价格是十分缺乏弹性的,当总需求下降时,那么均衡价格和数量将(　　)。

A. 不下降,价格将比其他情况下降得多

B. 不下降,价格将比其他情况下降得少

C. 下降,价格将比其他情况下降得多

D. 下降,价格将比其他情况下降得少

29. 在总供给曲线的中间部分,总需求增加会使(　　)。

A. 就业增加,但价格水平保持不变

B. 价格水平上升,但就业保持不变

C. 价格水平和就业都上升

D. 就业增加,但价格水平会下降

30. 总供给曲线左移可能是因为(　　)。

A. 其他情况不变而货币工资增加

B. 其他情况不变而原材料涨价

C. 其他情况不变而劳动生产率下降

D. 以上都有可能

31. 技术进步会引起(　　)。

A. 短期总供给曲线和长期总供给曲线都向右方移动

B. 短期总供给曲线和长期总供给曲线都向左方移动

C. 短期总供给曲线向左方移动,但长期总供给曲线不变

D. 长期总供给曲线向右方移动,但短期总供给曲线不变

32. 在价格为纵坐标,收入为横坐标的坐标系中,(　　)。

A. 水平的直线被称为长期总供给曲线

B. 水平的直线被称为短期总供给曲线

C. 垂直的直线被称为长期总供给曲线

D. 垂直的直线被称为短期总供给曲线

33. 按照总需求—总供给曲线模型,总供给减少会使国民收入减少,这种情形的总供给曲线应是(　　)。

A. 短期总供给曲线

B. 长期总供给曲线

C. 向右下方倾斜的总供给曲线

D. 垂直的总供给曲线

34. 在总需求—总供给模型中，若总需求的变动只引起价格水平的变动，而不会引起收入变动，那么这时的总供给曲线是(　　)。

A. 长期总供给曲线　　B. 短期总供给曲线

C. 都有可能　　D. 都不可能

35. 当(　　)时，可达到均衡价格水平和均衡实际产出水平。

A. 实际产出达到最高

B. 出口等于进口

C. 价格水平达到最低

D. 总需求曲线和总供给曲线相交

36. 如果总需求曲线在总供给曲线的中间部分与之相交，则总供给曲线向左移动会导致(　　)。

A. 价格上升，但就业保持不变　　B. 价格上升，就业减少

C. 价格下降，就业增加　　D. 价格上升，就业增加

37. 用总需求—总供给模型可以直接决定(　　)。

A. 国民收入和利率　　B. 国民收入和价格水平

C. 价格水平和利率　　D. 以上都对

38. 按照 *AS-AD* 模型，总供给减少会使国民收入减少，这种情形的总供给曲线应是(　　)。

A. 向右下方倾斜的总供给曲线　　B. 向右上方倾斜的总供给曲线

C. 水平的总供给曲线　　D. 以上都对

（三）辨析题

1. 总需求曲线是反映总需求和利率之间关系的曲线。(　　)

2. 总需求曲线是一条向右下方倾斜的曲线。(　　)

3. 时际替代效应是影响总需求的唯一因素。(　　)

4. 由于股票市场价格上升而导致财富的增加会引起经济沿着现存的总需求曲线移动。(　　)

5. 实际余额效应表明通货膨胀使公众感觉变得更富有了，因而他们会

把当前收入中更多的部分用于消费支出。( )

6. 在封闭条件下,社会总需求必须包括消费需求、投资需求、政府需求和国外净需求。( )

7. 总供给曲线的形状取决于当实际产出增加时总需求的变化。( )

8. 短期总供给曲线表明总供给和价格水平同方向变动。( )

9. 凯恩斯情形下的短期总供给可能超过潜在产出量。( )

10. 在新凯恩斯情形下,短期总供给可能超过潜在产出量。( )

11. 新古典情形下的短期总供给可能超过潜在产出量。( )

12. 长期总供给曲线垂直于横轴。( )

13. 生产可能性曲线向外移动会使总供给曲线向右移动。( )

14. 总供给曲线的垂直部分称为非充分就业部分。( )

15. 总供给曲线的水平部分称为生产能力充分使用阶段。( )

16. 1929 年大危机时美国经济是在其供给曲线的水平部分运行的。( )

17. 在总需求与总供给的长期均衡中,总需求增加会引起国民收入增加,价格水平上升。( )

18. 当需求不变时,短期总供给的增加会引起国民收入增加,价格水平下降。( )

19. 需求变动的影响一般使得总供给曲线向右移动。( )

20. 货币中性意味着货币存量变动不对实际产量与就业量的变动产生任何影响。( )

(四) 简答题

1. 简单推证总需求—总供给均衡的实现条件。
2. 简述导致总需求曲线变动的主要因素。
3. 简述导致总供给曲线变动的主要因素。
4. 作图说明总需求—总供给均衡的调整过程。
5. 作图说明原始的凯恩斯 *AS-AD* 模型的含义。

6. 简述修正的凯恩斯 AS-AD 模型的含义。

7. 简述新凯恩斯主义 AS-AD 模型的含义。

8. 作图说明古典情形下总支出增加引起的均衡变动情况。

9. 作图说明古典情形下的货币扩展的均衡变动情况及货币中性。

10. 简述新古典情形下 AS-AD 模型的含义。

11. 简述凯恩斯主义对短期经济波动的解释。

12. 简述凯恩斯主义对长期经济波动的解释。

（五）计算题

1. 已知：总供给函数 $AS=2\ 300+400P$，总需求函数 $AD=2\ 000+4\ 500/P$。试求均衡的收入和均衡价格。

2. 已知：总供给函数 $AS=2\ 000+P$，总需求函数 $AD=2\ 400-P$。求供求均衡点。

3. 已知：总供给函数 $AS=2\ 000+P$，总需求函数 $AD=2\ 400-P$。如果总需求曲线向左移 10%，求均衡点。

4. 已知：总供给函数 $AS=2\ 000+P$，总需求函数 $AD=2\ 400-P$。如果总需求曲线向右移 10%，求均衡点。

5. 已知：总供给函数 $AS=2\ 000+P$，总需求函数 $AD=2\ 400-P$。如果总供给曲线向左移 10%，求均衡点。

6. 某两部门经济由下述关系式描述：消费函数 $C=100+0.8Y$，投资函数为 $I=150-6r$，货币需求函数为 $L=Y-20r$，设 P 为价格水平，货币供给为 $M=750$。

（1）求总需求函数。

（2）若该经济的总供给函数为 $AS=800+150P$，求均衡的收入和价格水平。

7. 在三部门经济中，消费函数为 $C=80+0.8Y_D$，投资函数为 $I=20-5r$，货币需求函数为 $L=0.4Y-10r$，政府采购支出 $G=20$，税收 $T=0.25Y$，名义货币供给量 $M=90$，充分就业的产出水平 $Y=285$。若总供给曲线方程为$Y=235+40P$,则AS-AD模型决定的均衡收入和价格各是多少?

(六)案例分析题

1. 总需求变动与国民收入

有一则古老的寓言:从前有一群蜜蜂过着奢华的生活,整个蜂群兴旺发达,百业昌盛。后来,它们改变了原有的生活习惯,崇尚节俭朴素,结果社会凋敝,经济衰落,终于被敌手打败。过去有一句俗语:"新三年,旧三年,缝缝补补又三年。"如果真是如此节约,我们纺织行业的纺织品就卖不掉,工人下岗,收入降低,进而影响整个社会消费。因此节俭对个人来说可能是一种美德,在有的时候我们还要提倡,但对整个社会来说就不是美德,而是一种退步。如何理解现代经济条件下,节俭不是一种美德?节俭对社会总需求、社会总供给会产生什么样的致命影响?

请问:

(1) 分析凯恩斯从这则寓言中得到了什么启示。

(2) 说明凯恩斯国民收入决定理论的基本构架。

2. 总需求变动与经济危机

20世纪90年代,日本经济在多年迅速增长和极度繁荣之后经历了长期衰退。由于日本经济的长期增长以及日本企业采用终身雇用制度等因素,日本历史上的失业率是极低的,但这次衰退期的失业率却从1990年的2%上升到1998年的4%。在1990年以前的20年中,日本的工业生产翻了一番,但1998年和1990年GDP仍然一样,实际GDP停滞,有时甚至还下降。在日本政府治理持续性经济衰退的过程中,日本经济出现了典型的零利率、负通货的经济局面。1995年9月,为了促进经济复苏,日本中央银行采取了把贴现率降到0.5%的超低利率政策;1999年2月,日本中央银行为进一步减轻企业利率负担和刺激国内消费,在维持贴现率不变的情况下,将短期利率0.25%降到0.15%;同年3月份以后,日本央行大规模发行超出市场需求的货币,促使市场利率基本降到了"零"。同期,日本的消费物价指数自1999年第三季度开始低于上年同期水平,1999年全年物价水平与上年持平，2000 年消费物价指数负增长 0.4%，2001 年消费物价指数负增长 0.9%。日本为摆脱经济衰退采取了不少政策措施，但收效甚微。

请问：

(1) 结合本案例，说明构成总需求的四个分需求。

(2) 分析日本经济衰退的原因。

3. 总需求变动与经济繁荣

克林顿总统把 1996 年美国经济的明显回升和活跃归功于自己，但分析家则认为应主要归功于消费者。在 1996 年的大部分时间里，美国人慷慨地支出于住房、汽车、电冰箱和外出吃饭，这使得在 1 月份时看来有停止危险的经济扩张又得以持续下去。在这一过程中，消费者基本上没理会过分扩大支出的警示信号。经济学家说，在公布的数据中可以发现，消费者的无节制支出是主要力量。劳工部估算，经济创造了 23.9 万个就业机会，远远高于预期的水平。但是，消费者这种无节制的支出方式能够持续多长时间，仍然是一个有争议的问题，而且，当联邦储备委员会的决策者在决定是否要提高利率，以便使经济的加速不至于引起通货膨胀加剧时，这也是个至关重要的问题。

一些经济学家认为，消费者已经积累了如此巨大的债务，以致他们被迫在随后的几年里减少支出，这会引起经济增长放慢。在 1996 年第一季度，信用卡逾期不能付款的情况已达到 1981 年以来的最高水平，而且个人破产从 1995 年前 3 个月以来已达到 15%。大多数经济学家还一致认为，1996 年支出迅速增加主要是由暂时的因素引起的，如低利率、高于预期水平的退税以及汽车制造商的回扣等。而这些因素已经改变或不再存在。

确定消费者支出过程中的一个无法预料的事是股票市场，股票市场使较多消费者感到可以有持续的高涨。经济学家多年来一直在解决股票市场投资的纸面获益能在多大程度上引起消费者支出更多这个问题，而且，他们仍然没有得出一个一致的答案。但是，他们说，近年来的牛市给消费者更多地支出提供了某种刺激。

请问：

(1) 结合本案例分析是谁推动了20世纪90年代美国的总需求。

(2) 根据所学的总供给—总需求理论，分析美国经济短期和中长期供需均衡结果。

4. 总供给变动与供需均衡

2003年10月15日，中国首次载人航天飞行获得圆满成功。中国社科院世界经济与政治研究所国际战略研究室主任沈骥如在接受中国华艺广播公司采访时表示，"神舟"五号载人飞船太空之旅的成功对中国的国民经济有着巨大的潜在影响。沈骥如认为，"神舟"五号载人飞船的成功发射和回收是一个国家综合国力的表现。中国的经济、科技等各方面如果没有发展到一个相当高的程度，是无法把人送到太空去的。

同时，美国和俄罗斯的经验表明，航天事业的发展又会反过来带动国民经济的发展。因为航天是一个综合工程，它要求机械制造、计算机、材料、通讯等等一系列技术要发展到比较高的程度。它亦涉及几千个部门和工厂之间的密切合作，以解决很多技术上的难题。这些技术难题解决之后，不仅可以运用在航天上，也可以运用在普通老百姓的日常生活当中。所以，航天事业的发展必定会推动国家工业现代化的发展。

沈骥如说，航天不仅是把一个人送入太空"看一看"，而且还要进行各种科学考察。他还特别指出，地球是人类的摇篮，地球的资源——尤其是能源是有限的。人类已发现月球上有一种地球上没有的元素，这种元素就是氦的同位素氦3，它可以用来进行热核发电，可以给地球用几百万年。如果人类能去开发这样的能源，地球在几百年内也不会存在能源危机问题。他还表示，开发月球是开发宇宙的第一步。人类还要到火星去，甚至还要探测其他星球，进行更远的飞行。

请问：

(1) 影响总需求、总供给变动的因素有哪些？

(2) 短期来看，总需求的变化会引起供需均衡的哪些变化？

(3) 长期来看，科技进步对总供给产生什么影响？长期的均衡会如何变化？

二、参考答案

（一）名词解释

1. 解析：

总需求是指在不同的价格水平上各部门总的计划或意愿支出之和。在开放经济中，社会总需求包括消费需求 C、投资需求 I、政府需求 G 和国外净需求 NX。

2. 解析：

总需求曲线表示社会的需求总量和价格水平之间的相反方向的关系，总需求曲线是向右下方倾斜的。

3. 解析：

实际余额效应是指当价格水平上升时，人们拥有的名义资产的数量不会改变，但以货币实际购买力衡量的实际资产的数量会减少。因此，人们在收入不变的情况下，就会减少对商品的需求量而增加名义资产数量，以维持实际资产数额不变，这就是实际余额效应。

4. 解析：

一般来讲，价格上升时会提高利率水平。利率水平的提高也就意味着当前消费的机会成本增加而未来消费的预期收益提高。因此，人们会减少当前消费量，增加未来消费量。因此，随着总价格水平的提高，人们会用未来消费替代当前消费，从而减少对商品的需求总量；而随着总价格水平的下降，人们则会用当前消费替代未来消费，从而增加对商品的总需求量，这就是时际替代效应。

5. 解析：

开放替代效应是指当一国价格水平上升时，在其他国家生产的产品就会变得相对便宜，本国居民就会用外国产品来替代本国产品，增加对进口品的需求；而外国居民则会用本国产品替代外国产品，减少对出口品的需求，因此,净出口需求量从而商品需求总量会减少。因此,如果总价格水平上升,人们会用进口替代出口,从而减少对国内商品的需求量;而如果总价格水平下降,人们则会用出口替代进口,从而增加对国内商品的需求量,这就是开放替代效应。

6. 解析:

总供给是指经济社会的总产量(或总产出),它描述了经济社会的基本资源用于生产时可能有的产量。一般而言,总供给主要是由生产性投入(最重要的是劳动与资本)数量和这些投入组合的效率(即社会的技术)决定的。

7. 解析:

总供给曲线表明总供给(或总产出)和价格之间相互关系的曲线,即在某种价格水平时整个社会的厂商所愿意供给的产品总量。

8. 解析:

古典总供给曲线是一条位于充分就业产量水平上的垂直线。它表明,无论价格水平如何变动,总供给量都是固定不变的。

9. 解析:

凯恩斯总供给曲线是一条与横轴平行的、在价格总水平不变条件下的水平线。它表明,在既定的价格水平下,厂商愿意向社会供给其需求的任何数量的产品。

10. 解析:

新凯恩斯主义是指20世纪70年代以后在凯恩斯主义基础上吸取非凯恩斯主义某些观点与方法而形成的理论。新凯恩斯主义的研究方法与新古典宏观经济学完全相对立。以萨缪尔森为首的新古典综合派亦称为新凯恩斯主义,它以“new”表明“新”的意义。

(二) 选择题(略)

（三）辨析题

1. 解析：

错误。总需求曲线表示社会的需求总量和价格水平之间的相反方向的关系。

2. 解析：

正确。总需求曲线表示社会的需求总量和价格水平之间的相反方向的关系，总需求曲线是向右下方倾斜的。

3. 解析：

错误。总需求曲线向右下方倾斜主要取决于实际余额效应、时际替代效应和开放替代效应三个因素。

4. 解析：

错误。股票市场价格上升而导致财富的增加会引起总需求曲线向右移动。

5. 解析：

错误。实际余额效应表明通货膨胀使公众感觉实际资产缩水了。因此，人们在收入不变的情况下，就会减少对商品的需求量而增加名义资产数量，以维持实际资产数额不变，因而人们所愿意购买的商品总量减少。

6. 解析：

错误。开放条件下，社会总需求包括：消费需求、投资需求、政府需求和国外净需求。封闭条件下，则没有国外净需求。

7. 解析：

错误。总供给曲线的形状取决于当实际产出增加时价格的变化。

8. 解析：

正确。由于价格刚性等原因，在短期内总供给随着价格上升还有进一步增加的空间，所以，短期总供给曲线是一条向右上方的倾斜的曲线。

9. 解析：

错误。凯恩斯情形下，短期总供给可以无限地接近但不能超过潜在产出量。

10. 解析:

正确。由于价格刚性等原因,短期的凯恩斯总供给可能会超过潜在产出量。

11. 解析:

正确。在理性预期等条件下,短期的产出可能小于、等于或大于潜在产出水平。

12. 解析:

正确。长期总供给曲线是一条位于充分就业产量水平上的垂线。这表明,无论价格水平如何变动,总供给量都是固定不变的。

13. 解析:

正确。生产可能性曲线向外移动意味着潜在产出增加,表现为总供给曲线向右移动。

14. 解析:

错误。总供给曲线的垂直部分又可以称作充分就业部分。

15. 解析:

错误。总供给曲线的水平部分称为生产能力未充分使用阶段。

16. 解析:

正确。1929 年大危机时,美国的劳动力等资源未得到充分使用,经济是在其供给曲线的水平部分运行的。

17. 解析:

错误。在长期中,总供给曲线是一条垂直线,所以,总需求的增加只会引起价格上升,而产出水平保持不变。

18. 解析:

正确。总需求与价格方向变化,所以总供给增加会引起产出增加、价格下降。

19. 解析:

错误。非价格因素需求变动的影响一般会引起总需求曲线的移动。

20. 解析：

正确。货币存量变动只导致价格水平的变化而实际产量与就业量不变的情况，被称为货币中性。

（四）简答题

1. 解析：

(1) 产品市场均衡条件为：$Y=C(Y-T)+I(r)+G$。

(2) 货币市场均衡条件为：$M/P=L_1(Y)+L_2(r)$。

(3) 劳动市场均衡条件为：$f_D(N)=W/P$，$f_S(N)=W/P$。

(4) 短期总量生产函数为：$Y\equiv Y(N,K)$。

(5) 在上述四个方程中，前两个方程联立可得总需求函数，后两个方程联立可得总供给函数，把总需求函数和总供给函数联立在一起可得供求均衡时候的均衡产出和均衡价格。

2. 解析：

导致总需求曲线变动的主要因素有：(1) 消费需求尤其是对于耐用品的购买发生变化；(2) 投资需求的变化；(3) 政府支出和税收的变化；(4) 净出口的变化。

3. 解析：

导致总供给曲线变动的主要因素有：(1) 自然灾害和战争等；(2) 技术变化；(3) 风险承担偏好，如果市场风险增加，而厂商恰恰是风险回避者，则可能会减少供给；(4) 进口商品价格的变化；(5) 劳动意愿的变化，即人们在闲暇和工作之间进行选择的偏好。

4. 解析：

(1) 总供求均衡点决定均衡国民收入和均衡价格总水平，均衡点的位置又取决于 AD 曲线和 AS 曲线的位置，AD 曲线和 AS 曲线的任何移动都将导致均衡点的变动，而凡是价格总水平以外的其他因素所引起的总供求的变动都会引起 AD 曲线或 AS 曲线的移动，从而导致均衡国民收入的变动。自发投资支出、自发储蓄、货币供给的变化会使总需求曲线移动，货币工资率、劳动供给的变化以及技术进步的作用会使总供给曲线移动。

(2) 在图 5-1 中,横轴代表国民收入 Y,纵轴代表价格水平 P,AD_1 代表原来的总需求曲线,AS_1 代表短期总供给曲线,AS_2 代表长期总供给曲线。最初,经济在 E_1 点时实现了均衡,均衡的国民收入为 Y_1,均衡的价格水平为 P_1。这时 E_1 点又在长期总供给曲线 AS_2 上,所以,Y_1 代表充分就业的国民收入水平。在短期内,政府通过扩张性的财政政策或货币政策,增加了总需求,从而使总需求曲线从 AD_1 向右上方平行地移动到了 AD_2。AD_2 与短期总供给曲线 AS_1 相交于 E_2。这样,总需求的增加使国民收入水平从 Y_1 增加到 Y_2,并使价格水平从 P_1 上升到 P_2。但是,价格的上升必然引起工资增加,总供给减少,短期总供给曲线从 AS_1 向左上方平行移动到 AS_3,AS_3 与 AD_2 相交于 E_3。这样,国民收入水平从 Y_2 减少到 Y_3,价格水平从 P_2 上升到 P_3。在长期中,总供给曲线是一条垂直线 AS_2。AD_2 与 AS_2 相交于 E_4,国民收入水平为充分就业的国民收入 Y_1,而价格水平上升到 P_4。这说明总需求与总供给对国民收入与价格水平的决定都有重要的作用。因此,应该同时运用需求管理与供给管理的政策。

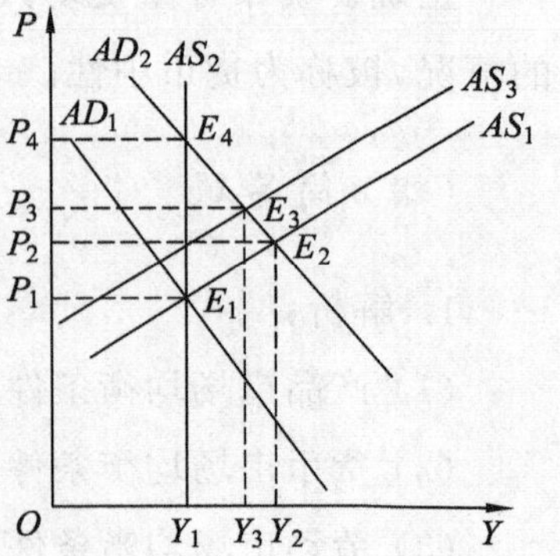

图 5-1 总需求总供给均衡的变动

5. 解析:

(1) 原始的凯恩斯 AS-AD 模型是由一条向右下方倾斜的总需求曲线和一条由水平段和垂直段构成的总供给曲线(即反 L 形总供给曲线)所构成的模型,具体见图 5-2 凯恩斯的 AS-AD 模型。

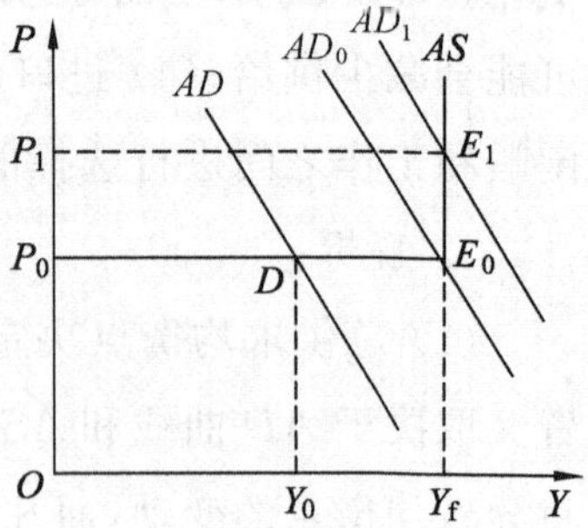

图 5-2 凯恩斯的 AS-AD 模型

(2) 此模型的含义是:在总供给曲线的水平阶段,总需求曲线向右上方移动时,不会引起价格水平的提高，只是引起产量增加。而在总供给曲线的垂直阶段，总需求曲线向右上方移动时，只能引起价格水平的提高，而不能引起实际产量的增加。

6. 解析：

（1）修正的凯恩斯 AS-AD 模型指由修正了的总供给曲线和向右下倾斜的总需求曲线构成的模型。西方经济学界有人认为，在没有达到充分就业的产量情况下，价格水平就会随着总需求的提高而逐步提高。因此，根据这种看法，他们将反 L 形的总供给曲线的水平段修正为向右上方倾斜的正斜率段，但总需求曲线仍为向右下方倾斜的曲线，从而得到了修正的凯恩斯的 AS-AD 模型，具体见图 5-3。

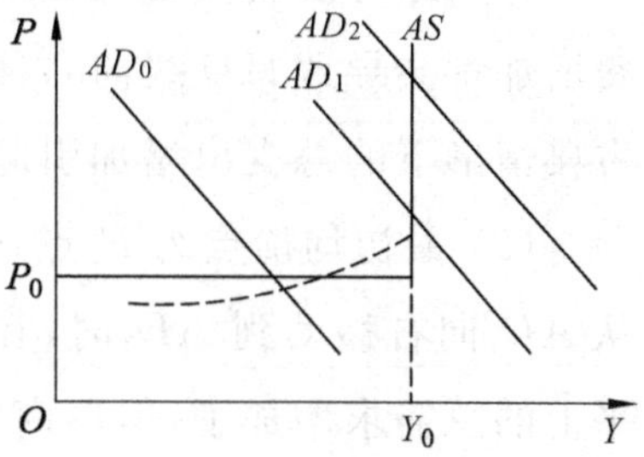

图 5-3　修正的凯恩斯 AS-AD 模型

（2）其基本含义是：在到达充分就业前的产量水平上，总需求曲线向右移动，会引起价格和产量水平都增加，而在到达充分就业产量水平后，总需求的提高只会引起价格水平的提高，而不会引起实际产量的增加。

7. 解析：

（1）新凯恩斯主义认为，由于工资或价格刚性等因素的存在，在短期中，劳动者根据预期工资水平来提供劳动力，因而会形成向右上方倾斜的供给曲线。如果货币工资降低，则在同一价格水平下，由于劳动需求量将提高，从而总产出将相应增加。这意味着，如果货币工资下降，则短期总供给曲线将向右方移动。

（2）在长期中，由于劳动者可以知道实际的价格值，所以预期价格等于实际的价格，从而劳动者可以按照实际的价格来决定工资为多少。因而能使 N_D 和 N_S 相交于充分就业这点。因此，长期的总供给曲线是图 5-4 中的相当于潜在产出 Y_f 的垂直线 LAS。

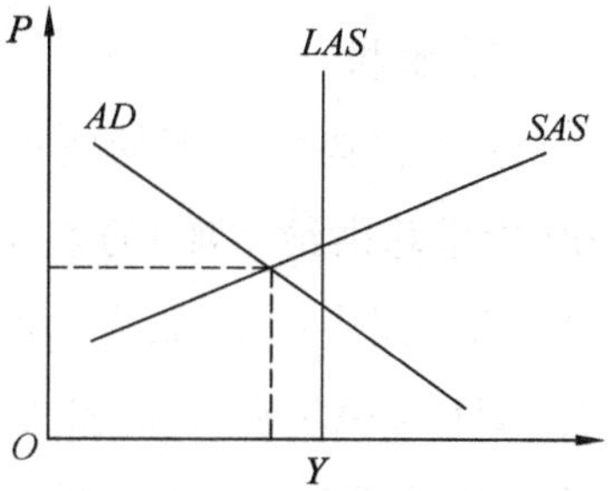

图 5-4　新凯恩斯情形的 AS-AD 模型

（3）如图 5-4 所示，新凯恩斯情形的

AS-AD 模型，在短期，均衡由 SAS 与 AD 的交点 E 来决定；在长期，均衡有 LAS 与 AD 的交点来决定，据此来看，持续的总需求扩张政策长期只会造成物价上涨，增加形成滞胀的可能性。

8. 解析：

(1) 自主投资支出增加、储蓄减少、消费增加都会导致 AD 线向右移动，见图 5-5，古典情形下的总支出增加引起均衡变动。

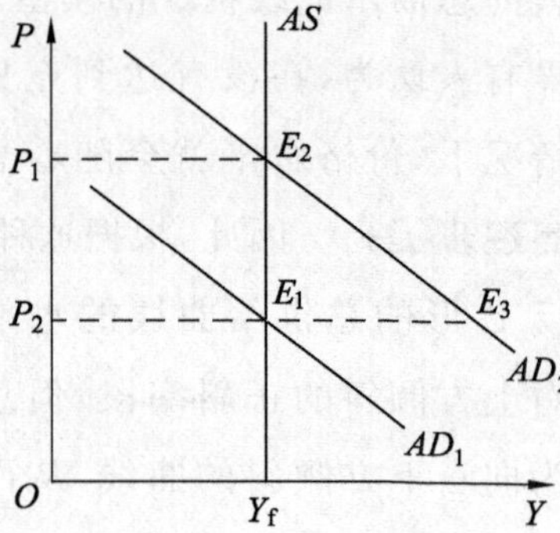

图 5-5　古典情形下的总支出增加引起均衡变动

(2) 最初均衡点为 E_1 点，当总需求曲线从 AD_1 向右移动到 AD_2 时，在 P_1 价格总水平上的总需求增加了，但厂商不可能获得新增劳动力来生产更多的产量，即产品供给对新增的需求无法做出反应。由于厂商试图在供不应求的劳动市场上雇用更多的工人，他们抬高了工资和生产成本，因而，必须为他们的产品索取更高的价格。因此，对产品需求的增加会导致更高的价格，却不能提高产量。

(3) 随着价格总水平的提高，会使总需求沿着 AD_2 线从 E_3 开始减少，直至达到新的均衡点 E_2 为止。在 E_2 点，均衡的价格水平为 P_2，均衡的国民收入不变，仍为 Y_f。

9. 解析：

(1) 古典情形下的货币扩张引起均衡变动(货币总供给增加)的效应，见图 5-6 所示。

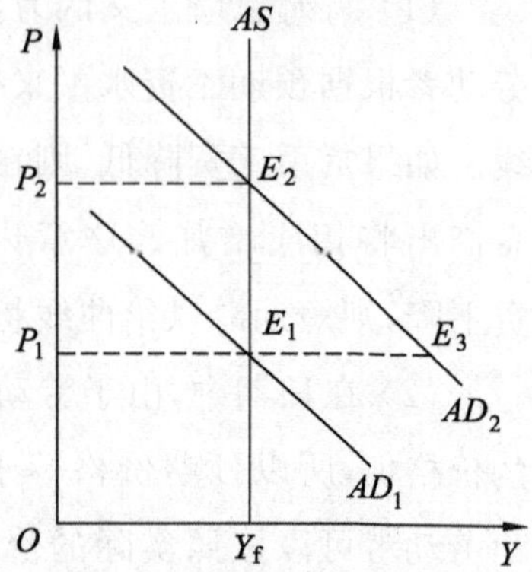

图 5-6　古典情形下的货币扩张引起均衡变动

(2) 图中的 E_1 点为初始的充分就业均衡点，AD_1 与 AS 在此点相交。现在假定名义货币存量增加了，相应的，总需求曲线 AD_1 向右移动到 AD_2。假如价格能够固定，经济

均衡点会移动至 E_3，但是在产量固定不变的条件下，总需求的增加导致了对产品的超额需求，厂商们对劳动力需求的竞争推动了工资和成本的上涨，价格也随之上涨，直到产品的超额需求消失为止。这时，经济在 AS 曲线与新的总需求曲线 AD_2 相交的 E_2 点达到新的均衡。由此可见，只有当总需求再次与充分就业的供给量相等的时候，价格上升的压力才会消失。

（3）在经济均衡从 E_1 点移动到 E_2 点的调整过程中，没有产量的变化而只有价格水平的变化，价格与名义货币量以同一比例上升。从图 5-6 可以看到，作为对名义货币增加的反应，AD 曲线会向上移动一段与货币增加比例相同的距离。因此，在 E_2 点上，实际货币存量 M/P 恢复到其初始水平。在 E_2 点，名义货币和价格总水平都变动了同一比例，均衡产量则维持不变。由此可以得出古典模型的一个重要结论：在古典供给条件下，名义货币的增加将促使价格水平上升同一比例而利率和实际产出维持不变。货币存量变动只导致价格水平的变化而实际产量与就业量不变的情况，被称为货币中性。

10. 解析：

（1）产量 Y 对它的自然水平 Y_f 的偏离仅仅是对实际价格水平或实际通货膨胀率 $\dot{P}$ 对其预期通货膨胀率 $\dot{P}^e$ 的偏离的反应，也就是对没有预期到的（意外）价格水平的上升所做的反应。因为人们对价格的预期总会与实际价格存在一定的偏离，这个偏离会影响人们的决策，最终造成实际产出与潜在产出之间存在偏离，从而形成一条过潜在产出线的供给曲线。正常情况下，这条供给曲线是向右上方倾斜的，短期如此，长期亦如此。但在特殊条件下，新古典的供给曲线会与潜在产出线重合。

（2）如图 5-7，新古典情形的 AS-AD 模型。在新古典情形下，长期总供给曲线 LAS 是一系列短期供需均衡点的连线。因此，短期均衡由附加预期的短期供给曲线 ES 与总需求曲线 AD 共同决定；长期均衡

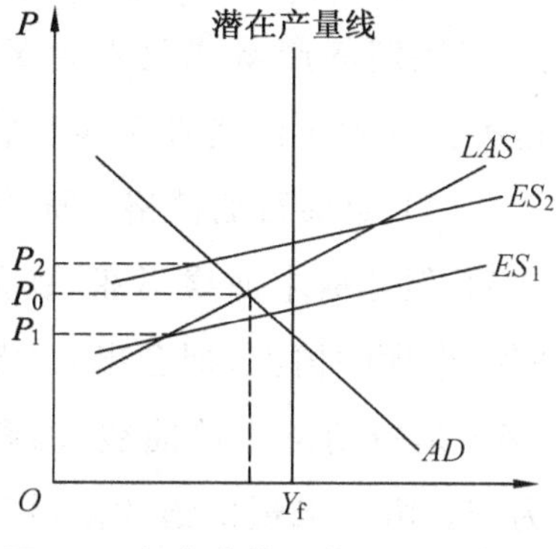

图 5-7　新古典情形的 AS-AD 模型

由附加预期的长期供给曲线 LAS 与总需求曲线 AD 共同决定;在滞胀条件下,长期来看,向右上方倾斜的长期总供给曲线会逐渐与潜在产量线重合。

11. 解析:

(1) 在短期内,国民收入和价格总水平的决定有两种情况,见图 5-8 和图 5-9。

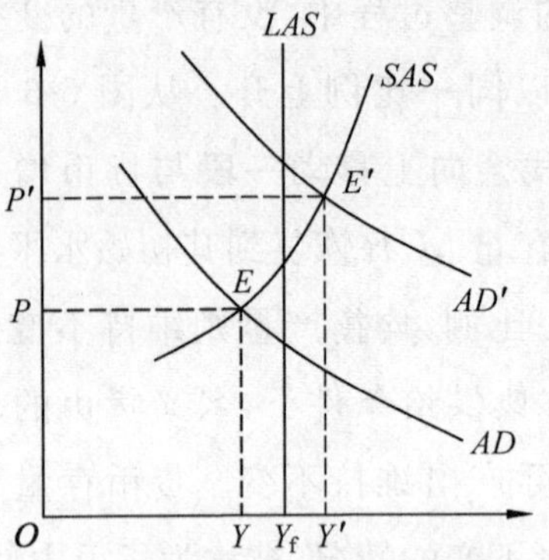

图 5-8　萧条状态与高涨状态

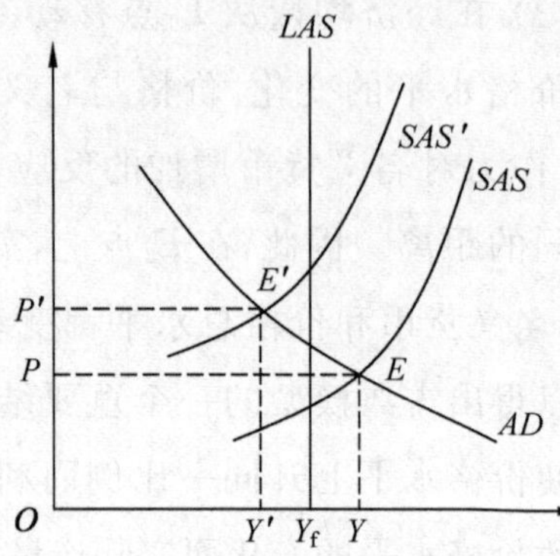

图 5-9　滞胀状态

(2) 第一种情况是 E 点所表明的情况,图 5-8 中的 AD 是总需求曲线,SAS 是短期总供给曲线,总需求曲线和短期总供给曲线的交点 E 决定的产量或收入为 Y,价格总水平为 P,二者都处于很低的水平,这种情况表示经济处于萧条状态。

(3) 第二种情况是 E' 点所表明的情况,当总需求增加,总需求曲线从 AD 向右移动到 AD' 时,短期总供给曲线 SAS 和新的总需求曲线 AD' 的交点 E' 决定的产量或收入为 Y',价格总水平为 P',二者都处于很高的水平,这种情况表示经济处于高涨状态。

(4) 如果石油价格上涨或工资水平普遍提高等原因使总供给曲线向左移动,但总需求曲线不变,就会发生经济停滞和通货膨胀(价格总水平上涨)同时出现的情况,即会出现"滞胀"的局面。在图 5-9 中,AD 是总需求曲线,SAS 是短期总供给曲线,两者的交点 E 决定的产量或收入为 Y,价格水平为 P。由于出现供给冲击,短期总供给曲线向左移动到 SAS',总需求曲线和新的短期总供给曲线 SAS' 的交点 E' 决定的产量或收入为 Y',价格水平

为 P'，这个产量低于原来的产量，而价格水平却高于原来的价格水平，这种情况表示经济处于滞胀状态，即经济停滞和通货膨胀结合在一起的状态。上述的萧条状态、高涨状态和滞胀状态都是短期存在的状态。

12. 解析：

(1) 在长期内，一切价格都能够自由地涨落，经济具有达到充分就业的趋势，因而总供给曲线成为垂线。具体见图 5-10。

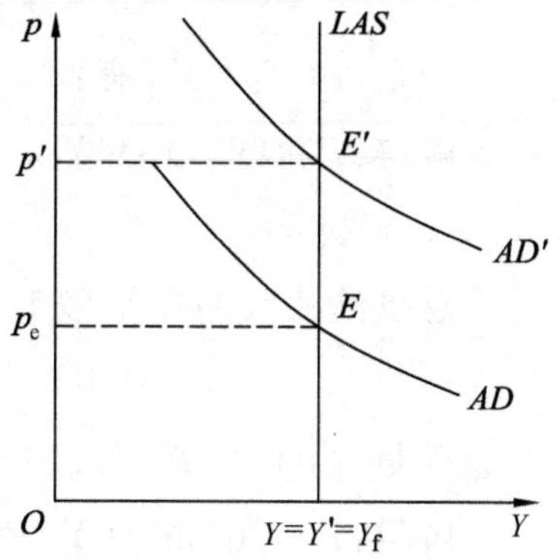

图 5-10 长期均衡状态

(2) 图 5-10 中的 LAS 是长期总供给曲线，它和潜在产量线完全重合，总需求曲线 AD 和长期总供给曲线 LAS 的交点 E 决定的产量为 Y，价格水平为 P^e；当总需求增加使总需求曲线 AD 向右移动到 AD' 的位置时，总需求曲线 AD' 和长期总供给曲线 LAS 的交点 E' 决定的产量为 Y'，价格水平为 P'。由于 $Y=Y'=Y_f$，所以在长期中，总需求的增加只是提高了价格水平，而不会改变产量或收入。

(五) 计算题

1. 解析：

令 $AD=AS$，即：$2\ 300+400P=2\ 000+4\ 500/P$。

解得均衡收入和均衡价格分别为：

$P=3, Y=3\ 500$。

2. 解析：

由 $AD=AS$ 得：$2\ 000+P=2\ 400-P$。

解得均衡收入和均衡价格分别为：

$P=200, Y=2\ 200$。

即得供求均衡点。

3. 解析：

向左平移 10%后的总需求方程为：$Y_D=2\ 160-P$。

于是,由 $Y_S=Y_D$ 有:$2\ 000+P=2\ 160-P$。

解得:$P=80$,$Y_S=Y_D=2\ 080$。

4. 解析:

总需求曲线向右平移10%后的总需求方程为:

$$Y_D=2\ 640-P。$$

于是,由 $Y_S=Y_D$ 有:$2\ 000+P=2\ 640-P$。

解得:$P=320$,$Y_S=Y_D=2\ 320$。

5. 解析:

总供给曲线向左平移10%后的总供给方程为:

$$Y_S=1\ 800+P。$$

于是,由 $Y_S=Y_D$ 有:$1\ 800+P=2\ 400-P$。

解得:$P=300$,$Y_S=Y_D=2\ 100$。

6. 解析:

(1) 依题意,IS 曲线方程为:$Y=AD=100+0.8Y+150-6r$,即:

$$Y=1\ 250-30r \quad ①$$

LM 曲线方程为:

$$\frac{750}{P}=Y-20r \quad ②$$

根据方程①②,有总需求函数为:

$$Y=\frac{450}{P}+500。$$

(2) 若总供给函数为 $AS+800+150P$,则当经济体实现均衡时,有:

$$\begin{cases} Y=800+150P \\ Y=\dfrac{450}{P}+500 \end{cases}$$

联立求解得到均衡点为:

$P=1$,$Y=950$。

7. 解析:

当商品市场均衡时,$Y=C+I+G=80+0.8(1-0.25)Y+20-5r+20$,

故有 IS 方程为：

$$Y=300-12.5r。$$

当货币市场均衡时，有 LM 方程为：

$$\frac{M}{P}=\frac{90}{P}=0.4Y-10r。$$

解得 AD 方程为：$Y=200+\dfrac{75}{P}$。

又有 AS 方程为：$Y=235+40P$。

解得均衡收入和价格分别为：

$Y=275$，$P=1$。

（六）案例分析题

1. 解析：

(1) 凯恩斯从这则寓言中悟出了需求的重要性，他看到蜂群的兴旺发达，正是由于它们的挥霍奢侈，创造了足够的需求，而当它们变得节俭以后，由于有效需求不足，造成了经济衰落。凯恩斯认为我们的社会也和蜂群一样。

(2) 凯恩斯的国民收入理论主要是由以下几方面构成的：

① 宏观经济理论分析的主要对象是国民收入决定。凯恩斯理论认为，国民收入大小取决于经济中的总需求。总需求有消费需求和投资需求构成，所以，国民收入决定于消费和投资。

② 消费由消费倾向和收入决定。

③ 消费倾向是比较稳定的。因而，国民收入的波动主要来自投资的变动。

④ 投资由利率和资本边际效率决定，与利率呈反方向变动关系，与资本边际效率呈同方向变动关系。

⑤ 利率决定于流动偏好与货币数量。

⑥ 资本边际效率由预期收益和资本资产的供给价格或者说重置成本

决定。

(3) 根据其国民收入决定理论,凯恩斯认为,形成资本主义经济萧条的根源是由于消费需求和投资需求所构成的总需求不足以实现充分就业。

2. 解析:

(1) 该案例较好地说明了凯恩斯理论中对萧条的解释。按照凯恩斯的宏观经济理论,总支出 Y 由消费 C、投资 I 和政府购买 G 以及净出口($X-M$)四部分组成。上述四个分需求的减少都有可能使得总需求减少,从而使得有效需求不足。

(2) 日本为摆脱衰退采取了不少政策措施,但都收效甚微。同时,这些政策也引起了争论。一些经济学家建议,日本政府要大幅度减税,以鼓励消费者更多地支出。但日本政府中的决策者却不愿意大幅度减税,因为他们想避免预算赤字。另外一些经济学家建议,日本的银行体系要更迅速地扩大货币供给。在名义利率下降余地很小的情况下,迅速扩大货币供给也许能提高预期的通货膨胀,降低实际利率,并刺激投资支出。无论如何,日本的衰退是由于总需求不足而引起的,而"解铃还须系铃人",办法还是要从扩张总需求的措施中去寻找。

第一,造成日本经济衰退的原因之一是消费支出减少。这部分归因于股票价格的大幅度下降。在日本,1998 年的股票价格不到之前 10 年间达到的顶尖水平的一半。与股市一样,日本的土地价格在 20 世纪 80 年代也是天文数字。当 90 年代股市和土地价格崩溃后,日本民众眼看着自己的财富都消失了,而财富和收入的减少使得人们减少了消费支出。

第二,造成日本经济衰退的原因之一是投资支出减少。这部分归因于银行系统出现的"信用危机"。在 20 世纪 90 年代,随着泡沫经济的破灭,银行陷入了困境,并加剧了经济活动的衰退。80 年代日本银行发放了许多以股票或者土地为担保的贷款。当这些抵押品价值下降之后,债务人开始拖欠贷款,从而使银行形成了大量的不良贷款。以商业银行为例,截至 2002 年 3 月底,美国高盛公司估算日本金融机构持有的不良资产为 236 万亿日元。这种不良贷款降低银行发放新贷款的能力,所引起的"信用危机"使企业为投资项目筹资更难，从而压缩了投资支出。

第三，上述两个分需求的减少使得总需求不足。同时我们观察到，在日本的衰退中，表现为经济产出的减少，同时利率降低。1998 年的日本和 1935 年的美国一样，名义利率不到 1%。这一事实说明，衰退的主要原因是 IS 曲线的紧缩性移动。因为这种移动既减少了收入又降低了利率。

3. 解析：

(1) 20 世纪 90 年代推动美国需求增加的主要因素有：居民消费支出增加；政府的退税政策；预期收益增加，消费预期看好。

(2) 总供求均衡点决定均衡国民收入和均衡价格总水平，自发投资支出、自发储蓄、货币供给的变化会使总需求曲线移动，货币工资率、劳动供给的变化以及技术进步的作用会使总供给曲线移动。① 在短期内，居民消费支出增加使总需求曲线向右移动，与短期总供给曲线相交于新的均衡点。这样会使国民收入水平增加并使价格水平上升。② 在长期中，总供给曲线是一条垂直线。新的需求曲线与新的短期供给曲线交于长期供给曲线之上，国民收入水平为充分就业的国民收入，因而价格水平上升。

4. 解析：

(1) 导致总需求曲线变动的因素主要有：① 消费需求尤其是对于耐用品的购买变化；② 投资需求的变化；③ 政府支出和税收的变化；④ 净出口的变化。

导致总供给曲线变动的因素主要有：① 自然灾害和战争等；② 技术变化；③ 风险承担偏好，如果市场风险增加，而厂商恰恰是风险回避者，则可能会减少供给；④ 进口商品价格的变化；⑤ 劳动意愿的变化，即人们在闲暇和工作之间进行选择的偏好。

(2) 总供求均衡点决定均衡国民收入和均衡价格总水平，均衡点的位置又取决于 AD 曲线和 AS 曲线的位置，AD 曲线和 AS 曲线位置的任何移动都将导致均衡点的变动，而凡是价格总水平以外的其他因素所引起的总供求的变动都会引起 AD 曲线或 AS 曲线的移动，从而导致均衡国民收入的变动。自发投资支出、自发储蓄、货币供给的变化会使总需求曲线移动，货币工资率、劳动供给的变化以及技术进步的作用则会使总供给曲线移动。

(3) 在短期内,政府通过扩张性的财政政策或货币政策,增加了总需求,从而使总需求曲线从向右上方平行地移动与短期总供给曲线相交于新的均衡点。这样,总需求的增加使国民收入水平增加并使价格水平上升。但是,价格的上升必然引起工资增加,总供给减少,短期总供给曲线向左上方平行移动与新的需求曲线相交于另一个新的均衡点。这样,国民收入水平减少、价格水平进一步上升。

(4) 在长期中,总供给曲线是一条垂直线。新的需求曲线与新的短期供给曲线相交于长期供给曲线之上,国民收入水平为充分就业的国民收入。如果长期中,因为科技技术进步等原因,长期供给曲线会向右平移,也就是说潜在产出水平进一步提升。因此,需求曲线的右移会与新的短期供给曲线交于新的长期供给曲线之上,产出水平上升,而价格不一定上升,甚至有时候还会下降。

第6章

失业、通货膨胀与经济波动

一、习　题

（一）名词解释

1. 失业率
2. 摩擦失业
3. 结构性失业
4. 自然失业率
5. 奥肯定律
6. 通货膨胀
7. 结构性通货膨胀
8. 菲利普斯曲线
9. 经济周期
10. 基钦周期
11. 库兹涅茨周期
12. 加速原理
13. 产出缺口
14. 加速系数
15. 乘数—加速原理
16. 周期性失业

(二) 选择题

1. 通货膨胀的受益者有(　　)。

A. 工资收入者　　B. 利润收入者

C. 政府　　D. 养老金获得者

2. “货币工资上涨一定会导致工资推进通货膨胀。”这句话(　　)。

A. 肯定对　　B. 肯定不对

C. 对错由具体情况而定　　D. 无法确定

3. 在充分就业条件下,最有可能导致通货膨胀的是(　　)。

A. 劳动生产率提高但工资不变　　B. 出口增加

C. 出口减少　　D. 税收减少但政府支出不变

4. 成本推动型通货膨胀是由于(　　)。

A. 货币发行量超过流通中的黄金量

B. 货币发行量超过流通中的价值量

C. 货币发行量太多引起物价水平普遍持续上升

D. 以上都不是

5. 在通货膨胀中利益没有受损的人是(　　)。

A. 债权人　　B. 债务人　　C. 固定收入者　　D. 雇工

6. 成本推动型通货膨胀不包括(　　)。

A. 工资推动通货膨胀

B. 原材料价格上涨推动通货膨胀

C. 利润推动通货膨胀

D. 部门间生产率增长差别导致通货膨胀

7. 预期不到的通货膨胀会给下列哪些人带来好处?(　　)

A. 政府　　B. 领固定工资者

C. 持有现款的人　　D. 身负重债的人

8. 非均衡的和预期到的通货膨胀(　　)。

A. 仅影响收入分配

B. 既影响收入分配也影响就业与产量

C. 仅影响就业和产量

D. 既不影响收入分配也不影响就业与产量

9. 造成通货膨胀的原因不包括(　　)。

A. 需求拉动　　B. 成本推动

C. 经济结构因素的变动　　D. 消费不足

10. 引起结构性通货膨胀的主要原因在于(　　)。

A. 各部门工资相继上升　　B. 货币需求过大

C. 部门间生产率提高快慢不同　　D. 国际市场上的不稳定

11. 对通货膨胀在经济上的影响表述不正确的是(　　)。

A. 对产量、就业量的影响　　B. 对收入分配的影响

C. 对物价的影响　　D. 对货币供给的影响

12. 导致需求拉上型通货膨胀的因素有(　　)。

A. 投资需求增加　　B. 货币供给增加

C. 政府税收增加　　D. 政府收入增加

13. 价格调整方程 $\pi_t=[(Y_{t-1}-Y^*)/Y^*]f$，式中，$\pi_t$ 为 t 时期的通货膨胀率，Y^* 为潜在的 GDP 水平，Y_{t-1} 为上年 GDP，f 是常数。$(Y_{t-1}-Y^*)/Y^*$ 定义为上一年的通货膨胀压力。若要降低通货膨胀率可以(　　)

A. 人为制造衰退　　B. 减少货币发行量

C. 增加出口　　D. 以上都不对

14. 收入政策的主要手段是(　　)。

A. 税收　　B. 工资价格管制

C. 工资价格指导　　D. 道德规劝

15. 不属于根据通货膨胀的起因进行的分类的是(　　)。

A. 平衡的和非平衡的通货膨胀　　B. 需求拉上型通货膨胀

C. 成本推进型通货膨胀　　D. 结构性通货膨胀

16. 在长期中，菲利普斯曲线是(　　)。

A. 向右下倾斜的　　B. 向右上倾斜的

C. 水平的　　D. 垂直的

17. 滞胀指的是以下何种情况?(　　)

A. 高通胀与高失业并存　　B. 高通胀与低失业的并存

C. 低通胀与高失业并存　　D. 低通胀与低失业并存

18. 非自愿失业是这样一种失业:(　　)。

A. 失业者缺乏新创造的工作所需技能所导致的失业

B. 寻找工作的人放弃觅职的希望时会增加

C. 工人愿在现行工资水平下工作但不能找到工作

D. 作为从一工作地点转换到另一地点而出现的暂时性失业

19. 以下最有可能从通货膨胀中受损的是(　　)。

A. 纳税人　　B. 债务人

C. 借款人　　D. 固定财产所有者

20. 有一种观点认为,人们的理性行为抵消了政府行为的影响。与这一思想相关的理论是(　　)。

A. 新凯恩斯主义　　B. 理性预期主义

C. 新古典宏观经济学　　D. 供应学派经济学

21. 经济周期的中心是(　　)。

A. 利率波动　　B. 通胀率波动

C. 国民收入波动　　D. 就业率波动

22. 一国在一段时期内 GNP 的增长率在不断降低,但是总量却在不断提高,从经济周期的角度看,该国处于(　　)阶段。

A. 复苏　　B. 繁荣　　C. 衰退　　D. 萧条

23. 约瑟夫·熊彼特提出的外因理论认为经济周期产生于(　　)。

A. 战争和收成不好　　B. 乘数和加速数的相互作用

C. 技术革新　　D. 太阳黑子

24. 反对经济增长的经济学家认为(　　)。

A. 国家贫穷是分配问题而不是生产问题

B. 国家贫穷是生产问题而不是分配问题

C. 增长是高生活水平的必要因素

D. 在通胀时期必须执行人口零增长政策

25. 经济波动周期的四个阶段依次为（　　）。

A. 扩张、峰顶、衰退、谷底

B. 峰顶、衰退、谷底、扩张

C. 谷底、扩张、峰顶、衰退

D. 以上各项均对

26. 当某一社会经济处于经济周期的扩张阶段时，（　　）。

A. 经济的生产能力超过它的消费需求

B. 总需求逐渐增长，但没有超过总供给

C. 存货的增加与需求的减少相联系

D. 总需求超过总供给

27. 根据关于经济周期的现代定义，经济周期是指（　　）。

A. *GDP* 上升和下降的交替过程

B. 人均 *GDP* 上升和下降的交替过程

C. *GDP* 增长率上升和下降的交替过程

D. 以上均对

28. 朱格拉周期是一种（　　）。

A. 短周期　　B. 中周期　　C. 长周期　　D. 不能确定

29. 基钦周期是一种（　　）。

A. 短周期　　B. 中周期　　C. 长周期　　D. 不能确定

30. 康拉捷夫周期是一种（　　）。

A. 短周期　　B. 中周期　　C. 长周期　　D. 不能确定

31. 下面关于经济波动的叙述中，正确的为（　　）。

A. 经济波动在其衰退阶段时总需求和经济活动下降的时期，表现为 *GNP* 值的下降

B. 在一定时期内，经济波动是围绕着长期的经济增长趋势而上下波动的

C. 乘数作用导致总产出的增加,加速作用导致总产出的减少,乘数和加速数的交织作用造成经济的周期性波动

D. 如果政府不加以政策调控,经济波动将无限地扩张与收缩

32. 根据经济统计资料,经济周期性波动最大的一般是( )

A. 资本品的生产

B. 农产品的生产

C. 日用消费品的生产

D. 没有一定的规律

33. 导致经济周期性波动的投资主要是( )。

A. 存货投资

B. 固定资产投资

C. 意愿投资

D. 重置投资

34. 所谓资本形成是指( )。

A. 总投资 B. 重置投资 C. 净投资 D. 存货投资

35. 下列正确表述加速原理的是( )。

A. 投资的变动引起国民收入数倍变动

B. 消费支出随着投资的变动而数倍变动

C. 投资的变动引起国民收入增长率数倍变动

D. 消费需求的变动引起投资的数倍变动

36. 加速原理发生作用的条件是( )。

A. 国民收入或消费支出持续增长时

B. 经济活动由衰退转向扩张时

C. 社会上没有剩余生产能力时

D. 任何时候均可

37. 经济之所以会发生周期性波动,是因为( )。

A. 乘数作用

B. 加速数作用

C. 乘数和加速数的交织作用

D. 外部经济因素的变动

38. 当国民收入在乘数和加速数的作用下趋于下降时，其减少的速度将因下列哪项因素而放慢？（ ）

A. 失业增加

B. 边际消费倾向下降

C. 加速系数上升

D. 总投资降为零

39. 乘数原理和加速原理的关系是（ ）。

A. 乘数原理说明国民收入的决定，加速原理说明投资的决定

B. 两者都说明投资的决定

C. 乘数原理解释经济如何走向繁荣，加速原理说明经济怎样陷入萧条

D. 只有乘数作用时国民收入的变化比乘数、加速数作用相结合时的变动要更大一些

（三）辨析题

1. 非平衡的通货膨胀是指每种商品价格上升的比例并不完全相同。（ ）

2. 由于不同部门劳动生产率增长快慢不同导致的通货膨胀被称为需求拉上型通货膨胀。（ ）

3. 成本推动型通货膨胀是指工资推动通货膨胀。（ ）

4. 平衡和预期不到的通货膨胀，会影响人们的收入分配以及产量和就业。（ ）

5. 非平衡和预期到的通货膨胀，不影响产量和就业，但会影响收入分配。（ ）

6. 非利普斯曲线反映了通货膨胀率与失业率之间的反向关系。（ ）

7. 以衰退来降低通货膨胀率不会引起失业率上升。（ ）

8. 通货膨胀是指一般物价水平的显著上涨。（ ）

9. 通货膨胀的唯一原因是经济社会中货币投放过多。(　　)

10. 对于结构性通货膨胀,完全可以通过收入政策来解决。(　　)

11. 在经济周期的收缩阶段,失业率上升。(　　)

12. 经济之所以会发生周期性波动,是因为加速数的作用。(　　)

13. 乘数原理说明投资的决定,加速原理说明国民收入的决定。(　　)

14. 经济周期是可以预测的,因为它的发生常常是很有规律的。(　　)

15. 若实际产量每年以净增长 3.5%的速度持续增长,在 15 年后实际产量将翻一番。(　　)

16. 在经济衰退阶段,消费者购买会上升。(　　)

17. 朱格拉周期是一个中周期,其时间长度为 20 年左右。(　　)

18. 熊彼特以重大创新为标志划分为长周期。(　　)

19. 在一定时期内,经济波动是围绕着长期的经济增长趋势而上下波动的。(　　)

20. 如果加速系数小于 1,则资本存量所需要的增加必须超过产量的增加。(　　)

(四) 简答题

1. 简述通货膨胀的分类。
2. 治理通货膨胀有哪些方法?
3. 简析结构性通货膨胀及其原因。
4. 乘数和加速原理有什么联系和区别?
5. 简述需求拉上型通货膨胀的形成原因。应如何治理?
6. 简述菲利普斯曲线的政策含义。
7. 简述凯恩斯主义的就业理论。
8. 简述经济周期的货币原因说。
9. 试述存货投资与经济周期的关系。
10. 简述经济周期内生成因说。

（五）计算题

1. 若充分就业时的国民收入 $Y=5\ 000$ 亿元，某年的实际总需求为 5 600 亿元，求该年的通货膨胀压力。

2. 某社会的预期通货膨胀率为 $\pi^e=5\%$，$h=0.4$，通货膨胀压力为 8%，求该社会的通货膨胀率 π。

3. 若价格水平在 2004 年为 107.9，2005 年为 111.5，2006 年为 114.5，试求：

(1) 2005 年和 2006 年通货膨胀率各是多少？

(2) 如果以前两年通货膨胀率的平均值作为第三年通货膨胀率的预期值，计算 2007 年的预期通货膨胀率。

4. 已知劳动力供给方程为：$L=100+2\ W/P$，劳动力需求方程为：$L=200-8\ W/P$。求：

(1) 均衡状态下的实际工资和就业水平；

(2) 假定劳动力需求有所下降，其方程变为：$L=190-8\ W/P$。问：均衡工资下降多少？就业减少多少？解释为什么工资下降的百分数要比就业下降的百分数大？

5. 如货币供给增加 8%，实际产出增长 7%，货币流通速度加快 3%，通货膨胀率为多少？

6. 假设自然失业率为 5%，实际失业率为 7%，现在的潜在 GDP 以 2% 增长，要使失业率在 2 年后回到 5%，则每年的 GDP 增长率应为多少？

7. 设某国价格水平在 1998 年为 107.9，1999 年为 111.5，2000 年为 114.5。求：

(1) 该国 1999 年和 2000 年的通货膨胀率各为多少？

(2) 若以前两年的通货膨胀的平均值作为第三年通货膨胀的预期值，计算 2001 年的通货膨胀率。

(3) 若 2001 年的利率为 6%，计算该年的实际利率。

8. 假定某经济社会的菲利普斯曲线为 $g_p=36/U-10$，其中 g_p 表示价

格上涨率,U 表示失业率,均以百分数表示。求:

(1) 失业率为 2%时的价格上涨率;

(2) 价格水平不变时的失业率;

(3) 使失业率下降 20%时的价格上涨率的表达式。

9. 假定某国经济边际消费倾向 $\beta=0.75$,加速数 $V=2$,每年自发投资 $I=900$ 亿元,2000 年国民收入水平 6 000 亿元,比上一年增加 400 亿元,求 2001 年该国的总投资和国民收入水平。

10. 某个国家共有 1 亿人,16 岁以下儿童 2 000 万人,65 岁以上老年人 1 000 万人。除此之外,全日制学校有学生 1 400 万人,家庭妇女 500 万人,残疾人和其他没有劳动能力者 100 万人,失业者 500 万人,其余为就业者。这个国家的劳动力参工率与失业率分别为多少?

(六) 案例分析题

1. 中国正面临世界上最大的就业问题

国情问题专家、清华大学教授胡鞍钢讲过:"中国正面临世界上最大的就业战争。"把就业视作一场战争,当然不只是一个简单的比喻,而是有事实依据的。据他计算,中国以占世界 9.6%的自然资源,9.4%的资本资源,1.85%的知识技术资源,以及 1.83%的国际资源等,来为占世界人口 26%的劳动力创造就业机会。换句话说,世界上还没有哪个国家要像中国这样提供 7 亿多个工作岗位,整个西方发达国家才不过提供 4.3 亿个岗位。因此,说中国正面临世界上最大的就业战争是一点也不为过的。至少在未来10 年,中国的人口还呈增加的趋势,劳动力供大于求的矛盾将长期存在。中国劳动和社会保障部的数据称,中国 2006 年 12 月末城镇登记失业率为 4.1%,与 2006 年 9 月末持平,但低于 2005 年末的 4.2%。2006 年全国实现城镇新增就业 1 184 万人,完成全年目标的 132%。中国城镇登记失业率为中国唯一的官方就业指标。2006 年末的失业率 3.3%也低于年初设定的 4.6%以内的目标。可以说,在整个"十一五"及以后的若干年,中国将进入严酷的高失业率和就业结构大调整时期,这是一个已经超越了经济范畴的严峻挑战，世界上没有任何一个国家面临着像中国这样的就业挑战。这种情况值得人们严重关注和谨慎对待。

请解释失业与就业的含义，说明失业率的衡量标准，分析我国目前失业率居高不下的原因。

2. 中国2007—2008年的通货膨胀

2007年居民消费价格*CPI*达到了4.8%，2008年*CPI*达到了5.9%。上升幅度取决于以下几个因素：首先，肉价尤其是猪肉价格的持续上升。从2006年底猪肉价格上涨以来，母猪存栏量已开始恢复，但受到时间制约，本轮肉价偏高和供应偏紧的状况至少将持续至2008年5月。其次，中国粮食价格上涨。2006年中国不少地区遭受洪涝灾害，对夏粮作物生长产生一定影响，粮食价格出现上涨。受到粮价上涨因素影响，下半年秋粮耕种面积将有所增长，按此趋势，中国粮食价格上涨势头在2007年秋季便可稍获缓解，但由于粮食价格上涨到肉蛋等食品价格上涨之间存在滞后期，2007年全年中国食品价格将保持较快上涨幅度。再次，近年来持续上涨的房地产售价正逐渐向租赁价格传递。2007年第一季中国普通住宅租赁价格较去年同期上涨2.3%，达到近年来的最高涨幅，由于房地产销售价格不直接计入消费价格，但租赁价格计入消费价格，租赁价格的上涨将会对消费价格产生一定的推动作用。最后，价格预期的因素也将促使*CPI*维持上涨态势。中国央行调查的结果显示，44.3%的受访者认为中国物价会继续上行，较去年同期提高15.6个百分点，国内外理论和实践经验表明，在居民和企业对价格上涨预期心理未消除的情况下，价格上涨势头极可能再持续一段时间。

请分析：

(1) 从物价上涨的因素来看，你认为我国经济领域的通货膨胀是何种类型的？为什么？

(2) 通货膨胀和经济增长的关系如何？其关系由何种因素决定？

(3) 可采取哪些经济手段防止通货膨胀？

3. 通货膨胀的原因

1921年1月的德国，一份报纸为0.3马克。而不到两年时间后的1922

年 11 月,一份同样的报纸价格为 7 000 万马克。而当时整个德国所有的物价也都疯狂地上升。这是历史上最惊人的通货膨胀事件。而类似的情况在 20 世纪 40 年代的中国也发生过。那么,什么是通货膨胀?简单地说就是经济中物价总水平发生大幅度的持续性的上升。那是什么原因引起了通货膨胀呢?在大多数严重或持续的通货膨胀情况下,罪魁祸首都是相同的——货币量的增长。当一个政府发行了大量本国货币时,货币的价值就下降了。政府有各种各样的理由多印钞票,比如,在一些税制不健全的国家,政府为了负担开支,就要通过增印钞票来暗中征税;另外,政府为了增加教育、基础建设或国防的开支,或为了援助灾民,也会增印钞票。增印钞票的理由数之不尽,有些是正当的,有些是不正当的——更准确地说,对某些人来说是正当的,而对另外一部分人来说是不正当的。增印钞票的理由正当与否,经济学无法做出"科学的"判断。但不管怎样,经济学要指出的是,通货膨胀的成因,就是政府发行了过量的钞票。由于高通货膨胀会给社会带来各种各样影响社会福利的成本与代价,所以世界各国都把保持低通货膨胀作为经济政策的目标之一。

请解释通货膨胀的含义,说明通货膨胀产生的深刻原因。

4. 宏观经济政策与失业率

近年来,美国失业率保持一种相对稳定状态,而欧洲的失业率却急剧上升而且保持在 30 年前的水平之上。

导致两地劳动力市场差别的部分原因在于它们的宏观经济政策不同。美国只有一个中央银行,即联邦储备系统,它严格监控着美国经济。当失业率提高影响到居民对经济的信心时,美联储会放松银根,实行积极的货币政策,刺激总需求和提高产出,并防止失业率的进一步提高,实际上这是通过提高通货膨胀率来降低失业率的方法。

而今天的欧洲还不存在这样的机构,欧洲是个国家联盟,它的货币政策由欧洲中央银行统一制定,由于考虑到各国情况的复杂性,欧洲中央银行的目标主要是保持物价的稳定,奉行强有力的货币政策,全力保持低利率和低通胀。在这样的情况下,就无法利用通货膨胀政策来降低失业率。

请说明什么是失业问题，造成失业率高的原因有哪些？说明失业和通货膨胀之间的关系。

二、参考答案

（一）名词解释

1. 解析：

失业率是与就业率相对应的一个经济指标，指某一时期社会失业人口占社会劳动力总量的比重。失业率＋就业率＝1。

2. 解析：

摩擦失业是指由于经济运行中各种因素的变化和劳动力市场的功能缺陷所造成的临时性失业，一般是由于求职的劳动者与需方提供的岗位之间存在着时间滞差而形成的失业。

3. 解析：

结构性失业是指由于经济结构、体制、增长方式等的变动，使劳动力在包括技能、经验、工种、知识、年龄、性别、主观意愿、地区等方面的供给结构与需求结构不相一致而导致的失业。

4. 解析：

自然失业率是指在社会经济发展正常的条件下仍然存在的失业率。可以理解为：在没有货币因素影响下，仅有劳动市场和商品市场自发力量自发作用时，处于均衡状态的失业率。因此，自然失业率也可以称为充分就业情况下的失业率。

5. 解析：

奥肯定律是由美国经济学家阿瑟·奥肯提出的，用来近似地描述失业率和实际 *GDP* 之间交替关系的经验规律。奥肯定律认为失业率每高于自然失业率1%，实际 *GDP* 便低于潜在 *GDP* 3%。

6. 解析：

通货膨胀是指在纸币流通的条件下，因货币供给大于实际货币需求，从而导致货币贬值,引起一段时间内物价持续而普遍地上涨的现象。其实质是社会总需求大于社会总供给。

7. 解析:

结构性通货膨胀是指在没有需求拉动和成本推动的情况下,只是由于经济结构因素的变动,而出现的一般价格水平的持续上涨。

8. 解析:

菲利普斯曲线是表示失业与通货膨胀之间存在着的此消彼长关系的曲线,其内容主要是:通货膨胀率高时,失业率低;通货膨胀率低时,失业率高。

9. 解析:

经济周期也称商业周期,经济周期一般是指经济活动沿着经济发展的总体趋势所经历的有规律的扩张和收缩。是国民总产出、总收入和总就业的波动,是国民收入或总体经济活动扩张与紧缩的交替或周期性波动变化。

10. 解析:

基钦周期又称短波周期,指周期长度为40个月左右的经济循环,一般认为短波周期起因于库存调整的循环。基钦认为,这种周期是由于心理原因所引起的有节奏的运动结果,而这种心理原因又是由于受农业歉收影响的粮食价格变动所造成的。

11. 解析:

库兹涅茨周期是指美国经济学家库兹涅茨在1930年提出的一种与房屋建筑业相关的经济周期。这种周期长度在15～25年,平均长度为20年左右。

12. 解析:

加速原理是指产量水平的变动和投资支出数量之间的关系。其内容是:产出的增加会引起消费品需求的增加,而消费品要靠资本品生产出来,因为消费增加又会引起针对资本品需求的增加,从而必将引起投资的增加。生产一定数量产品需求的资本越多,即资本—产出比率越高,则产量水平的变动对投资变动影响越大。因此,一定技术条件下的资本—产出比率被称为加速系数。

13. 解析：

产出缺口是指总产量（实际产出）偏离潜在产出的水平，产出缺口＝潜在产出－实际产出。在经济周期中，相对于潜在经济增长，经济活动总是围绕着它上下波动，总产出可能低于也可能高于潜在产出水平，经济周期的波浪式曲线显示出了这种偏离趋势。

14. 解析：

加速系数是指增加 1 单位产量所需要增加的资本量。

15. 解析：

乘数—加速原理是要说明，最初由于总支出（也可以是注入量或漏出量）引起的变化，可在乘数和加速数的相互作用下发生一系列的连锁反应。

16. 解析：

周期性失业是指经济周期中衰退或萧条时因需求下降而造成的失业。

（二）选择题（略）

（三）判断题

1. 解析：

正确。依据对不同商品价格影响的差别，可划分为平衡的通货膨胀和非平衡的通货膨胀。平衡的通货膨胀是指所有商品的价格每年上涨速率相同的通货膨胀，非平衡的通货膨胀是指不同的商品的价格每年上涨速率不相同的通货膨胀。

2. 解析：

错误。由于不同部门劳动生产率增长快慢不同导致的通货膨胀被称为结构性通货膨胀。

3. 解析：

错误。引起成本推动型通货膨胀的原因有工资成本增长、利润增长和进口原料成本增加。

4. 解析：

错误。非平衡和预期不到的通货膨胀，会影响人们的收入分配以及产量和就业。

5. 解析：

正确。非平衡和预期到的通货膨胀，不影响产量和就业，但会影响收入分配。

6. 解析：

正确。菲利普斯曲线反映了通货膨胀率与失业率之间的反向关系。

7. 解析：

错误。以衰退来降低通货膨胀率会引起失业率上升。

8. 解析：

错误。通货膨胀是指一般物价水平的持续和显著的上涨。

9. 解析：

错误。货币投放过多只是通货膨胀的原因之一。

10. 解析：

错误。对于结构性的通货膨胀，不能完全通过收入政策来解决。

11. 解析：

正确。在经济周期的收缩阶段，失业率上升。

12. 解析：

错误。经济之所以会呈现周期性波动，是因为乘数和加速数的交织作用。

13. 解析：

错误。乘数原理说明国民收入的决定，加速原理说明投资的决定。

14. 解析：

错误。经济周期的形成是不规则的。没有两个完全相同的经济周期，也没有精确公式可以用来预测经济周期的发生时间和持续时间。相反，经济周期的变化是无常的。

15. 解析：

错误。若实际产量每年以净增长 3.5% 的速度持续增长，在 20 年后实际产量将翻一番。

16. 解析：

错误。在经济衰退阶段，通常消费者购买会急剧下降。

17. 解析：

错误。朱格拉周期是一个中周期，其时间长度为 9～10 年。

18. 解析：

正确。熊彼特对朱格拉周期、基钦周期和坎德拉季耶夫周期进行了综合分析，认为每一个长周期包括 6 个中周期，每一个中周期包括三个短周期。短周期约 40 个月，中周期约为 9～10 年，长周期为 48～60 年。

19. 解析：

正确。经济发展的历史表明，经济的增长方式从来都不是按部就班、一成不变的。经济在沿着经济发展的总体趋势的增长过程中，常常伴随着经济活动的上下波动，且呈现出周期性变动的特点。

20. 解析：

错误。当加速系数大于 1，资本存量所需要的增加必须超过产量的增加。

(四) 简答题

1. 解析：

通货膨胀是指一般物价水平的持续和显著的上涨。通货膨胀的程度用通货膨胀率来衡量。通货膨胀率被定义为从一个时期到另一个时期的一般价格水平变动的百分比。对于通货膨胀，西方学者有三种区分方式：

第一种，按价格上升的速度区分。西方学者认为存在三种类型：一种是温和的通货膨胀，每年的物价上涨率不超过 10%；一种是奔腾式的通货膨胀，每年的物价上涨率不超过 100%；还有一种是超级通货膨胀，每年的物价上涨率超过 100%。

第二种，按对价格影响的差别区分。可分为平衡的通货膨胀和非平衡的通货膨胀。

第三种,按人们的预期程度区分。可分为预期到的和未预期到的通货膨胀。

2. 解析:

通常的做法包括:以较高失业率和较短时间治理通货膨胀的方法称为冷火鸡式的方法;以较低失业率和较长时间治理通货膨胀的方法称为渐进式的方法。其他方法还有:

(1) 指数化。指以条文规定的形式把工资和某种物价指数联系起来,当物价上升时,工资也随之上升。西方学者认为,指数化可以部分消除通货膨胀在收入分配上的影响。指数化分为两种,一种是百分之百指数化,一种是部分指数化。前者指工资按物价上升的比例增长,后者指工资上升的比例仅为物价上升的一部分。

(2) 收入政策。指政府为了降低一般价格水平的上升速度而采取的强制性的或非强制性的限制货币工资和价格的政策。收入政策的目的在于,影响或控制价格、货币工资和其他收入的增长率。二战后,美国等一些国家都曾经实行过收入政策。

(3) 以税收为基础的收入政策。这种政策的基本设想是,国家规定一个被认为是恰当的工资或物价上涨率,然后,以税收的方式惩罚价格和工资的上涨超过恰当的上涨率的企业和个人,同时以津贴来奖励价格和工资的上涨少于恰当的上涨率的企业和个人。

3. 解析:

结构性通货膨胀是指在没有需求拉动和成本推动的情况下,只是由于经济结构因素的变动,也会出现一般价格水平的持续上涨。在整体经济中,不同的部门有不同的劳动生产率增长率,但却有相同的货币工资增长率。因此,当劳动生产率增长率较高的部门货币工资增长时,就给劳动生产率增长率较低的部门形成了一种增加工资成本的压力,因为尽管这些部门劳动生产率的增长率较低,但各部门的货币工资增长率却是一致的,在成本加成的定价规则下,这一现象必然使整个经济产生一种由工资成本推进的通货膨胀。这一理论实际上仍是对前两种理论的修改与综合。引发结构性通货膨胀一般有以下三种情况：

(1) 一个国家中一些经济部门的劳动生产率比另一些经济部门的劳动生产率提高得快；

(2) 一个国家中，与世界市场联系紧密的开放经济部门的劳动生产率比与世界市场没有直接联系的封闭经济部门的劳动生产率提高得快；

(3) 一个国家中各部门的产品供求关系不同，也会造成通货膨胀的发生。

4. 解析：

乘数原理和加速原理从不同角度说明了投资、收入、消费之间的相互作用。将两者结合起来，才能全面地、准确地考察收入、消费与投资三者之间的关系，并从中找出经济依靠自身的因素发生周期性波动的原因。乘数原理说明投资的变动可以引起国民收入的加倍变动，加速原理表述了随着国民收入的变动，投资的加速增加的现象。两者结合起来可以解释在国民收入中，投资、消费和收入是相互影响、相互加速的，这就解释了经济中扩张与衰退的交替并形成经济周期的现象。乘数原理和加速原理不同的是，投资的乘数作用是投资的变动导致收入的数倍变动，而投资的加速作用则是收入或消费需求的变动导致投资的数倍变动。

5. 解析：

需求拉上型通货膨胀是指由于总需求的增长超过了现行价格条件下社会可能的供给量，造成强大的货币购买力对应较少的商品和劳务，导致物价总水平上涨。

货币供给的扩张是需求拉上型通货膨胀的根源之一。正如货币主义学派代表人物弗里德曼所说，“太多的货币追逐太少的商品”。除此之外，还有以下原因：① 政府财政支出超过财政收入而形成赤字，靠透支来弥补。如改革开放过程中的中国体制性通货膨胀的形成原因：由于体制的不健全，地方政府和企业存在过旺的投资需求，而中央银行又缺乏独立性来抵制这种过旺的需求，从而导致货币供给和信贷的失控，引发了通货膨胀。② 国内投资总需求超过国内总储蓄和国外资本流入之和。③ 国内消费总需求超过消费品供给和进口消费品之和,形成所谓的“消费膨胀”。因此必须严格控制政府和个人消费支出,控制投资和进口需求以综合治理此类通货膨胀问题。

6. 解析:

菲利普斯曲线揭示了失业与通货膨胀存在着此消彼长的替代关系。即:通货膨胀率的增加可以换取一定的失业率的减少;反之亦然。这就是凯恩斯主义的观点。根据这一理论,一个经济社会先确定一个临界点,确定一个失业与通货膨胀的合理组合区域。在区域内,不采取任何措施。在该区域外,则可以根据菲利普斯曲线进行调节。

7. 解析:

凯恩斯以前的经济学理论是建立在充分就业的基础上的,认为经济体系本身存在一种会自动达成充分就业的均衡力量。而凯恩斯并不这样认为,他提出了“非自愿失业”,认为充分就业的具体意义是指没有“非自愿失业”;他还提出了有效需求理论。凯恩斯就业理论的基本观点主要有以下两方面:

(1) 充分就业的概念

资本主义在没有政府干预的情况下,不能通过市场作用的自我调节达到“充分就业”,他要求实现的目标就是要使资本主义经济达到并保持“充分就业”。“充分就业”的含义是生产资源(人力、物力等)得到充分利用。

(2) 有效需求原理

有效需求就是总供给价格和总需求价格相等时的总需求价格,也就是企业家的生产能获得最大利润时的总需求价格。因而有效需求是指市场上有支付能力的需求。社会的总就业量决定于总需求量。

在这些理论基础上,凯恩斯提出了国家干预的政策主张,政府通过采取一系列的财政货币政策即增加公共开支、降低利息率来刺激消费,增加投资,以提高有效需求,实现整个社会的充分就业。

8. 解析:

货币学派的代表人物、美国经济学家弗里德曼认为,经济波动的基本原因是信用的扩张和收缩。他解释说,20 世纪 30 年代大危机以前,信用的过度膨胀造成过度繁荣，而后出现贷款拖欠，存款人信心下降，银行挤兑，信用扩张突然中止。信用恐慌造成工商业活动的急速下降和一系列的倒闭风潮。当信用开始恢复后，信贷资金的困难缓解，人们的信心开始恢复，经济随之回升，直至信用的过度膨胀再度引起衰退。他认为在二战后的美国，正是由于依据凯恩斯主义滥用政策，才导致了经济的不稳定和不规则的波动。

9. 解析：

存货的调整有一个很重要的因素，就是厂商对未来的预期，根据预期使存货达到合理水平。但这种预期在经济周期中往往是不正确的，从而使存货波动大于 *GDP* 水平的波动。具体过程如下，在经济繁荣开始时，*GDP* 水平增长很快，销售量也增加。这意味着厂商正在逐步用完从前的存货。这时厂商对未来抱乐观态度，要大幅度增加存货。当衰退开始时，销售量开始下降，但生产水平仍很高。这时产品超过其销售额，存货开始积累并增加。在初期，由于预期有“惯性”，厂商还未从前期的繁荣中清醒过来，厂商预期有高销售额，就决定积累存货准备将来销售。随着存货的积累，厂商逐渐意识到存货已太多；另外，随着销售量下降，根据意愿存货—销量比基本不变原则，意愿存货水平要下降，厂商抱悲观态度，大量非意愿存货需要减少，从而就减缩产量。存货投资在经济周期中的作用正是非意愿存货和意愿存货变动相结合的结果，它加剧了经济的周期性波动。

10. 解析：

(1) 纯货币理论。该理论主要是由英国经济学家霍特里在 1913—1933 年的一系列著作中提出的。纯货币理论认为货币供应量和货币流通度直接决定了名义国民收入的波动，而且极端地认为，经济波动完全是由于银行体系交替地扩张和紧缩信用所造成的，尤其以短期利率起着重要的作用。现代货币主义者在分析经济的周期性波动时，几乎一脉相承地接受了霍特里的观点。但应该明确肯定的是，把经济周期性仅仅归因为货币信用扩张与收缩是欠妥的。

(2) 投资过度理论。投资过度理论把经济的周期性循环归因于投资过度。由于投资过多，与消费品生产相对比，资本品生产发展过快。资本品生产的过度发展促使经济进入繁荣阶段,但资本品过度生产从而导致的过剩又会促进经济进入萧条阶段。

(3) 消费不足理论。消费不足理论的出现较为久远。早期有西斯蒙第和马尔萨斯,近代则以霍布森为代表。该理论把经济的衰退归因于消费品的需求赶不上社会对消费品生产的增长。这种消费不足的思想又根源于国民收入分配不公所造成的过度储蓄。该理论一个很大的缺陷是,它只解释了经济周期危机产生的原因,而未说明其他三个阶段。因而在周期理论中,它并不占有重要位置。

(4) 心理理论。心理理论和投资过度理论是紧密相连的。该理论认为经济的循环周期取决于投资,而投资的多少主要取决于企业主对未来的预期。而预期却是一种心理现象,而心理现象又具有不确定性。因此,经济波动的最终原因取决于人们对未来的预期。当预期乐观时,增加投资,经济步入复苏与繁荣;当预期悲观时,减少投资,经济则陷入衰退与萧条。随着人们情绪的变化,经济也就周期性地发生波动。

(五) 计算题

1. 解析:

(5 600－5 000)/5 000×100%＝12%。

2. 解析:

由 $\pi=\pi^{e}+h\dfrac{Y_{-1}-Y^{*}}{Y^{*}}$,得:

$\pi=5\%+0.4\times8\%=8.2\%$。

3. 解析:

$\pi_{2005}=(111.5-107.9)/107.9\times100\%=3.33\%$。

$\pi_{2006}=(114.4-111.5)/114.5\times100\%=2.62\%$。

$\pi_{2007}^{e}=(3.33\%+2.62\%)/2=2.975\%$。

4. 解析:

由劳动力供给方程 $L=100+2\,W/P$ 和劳动力需求方程 $L=200-8\,W/P$

解得 $W/P=10$，$L=120$。

若劳动力需求变为 $L=190-8\ W/P$，则 $W/P=9$，$L-118$，即实际工资下降 10%，而就业下降 1.7%。其原因是：劳动供给弹性小，就业变化对工资变动不敏感。

5. 解析：

根据费雪方程 $P=MV/Y$，取对数得 $\ln P=\ln M+\ln V-\ln Y$，所以，通货膨胀率 $\pi=8\%+3\%-7\%=4\%$。

6. 解析：

奥肯定律说明了实际 *GDP* 与失业率变动间的关系，其公式为：

实际 *GDP* 变动百分比＝3%－2×失业率变动率。

要使实际失业率从 7%要变到 2 年后的 5%，则每年平均下降 1%。

所以，每年的 *GDP* 应该增长 $3\%-2\times(-1\%)=5\%$。

7. 解析：

(1) $g_p^{1999}=(111.5-107.9)/107.9\times100\%=3.34\%$；

$g_p^{2000}=(114.5-111.5)/111.5\times100\%=2.69\%$。

(2) $g_p^{2001}=(3.34\%+2.69\%)/2=3.015\%$。

(3) 2001 年的实际利率＝6%－3.015%＝2.985%。

8. 解析：

(1) $g_p=36/2-10=8$。

(2) 令 $g_p=0$，即 $36/U-10=0$。解得 $U=3.6$。

(3) $U_1=U(1-20\%)=0.8U$，代入 $g_p=36/U_1-10$，得 $g_p=45/U-10$。

9. 解析：

(1) 根据乘数—加速数模型可知：

$C_{2001}=\beta\times Y_{2000}=0.75\times6\ 000=4\ 500$ 亿元。

$C_{2000}=5\ 600\times0.75=4\ 200$ 亿元。

$I_{2001}=V(C_{2001}-C_{2000})$。

则 $I_{2001}=600$ 亿元。

所以总投资 $I_{2001总}$＝引致投资＋自发投资＝900＋600＝1 500 亿元。

(2) $Y_{2001}=C_{2001}+I_{2001总}=6\ 000$ 亿元。

10. 解析：

(1) 该国劳动力人数为：7 000－2 000＝5 000 万，劳动力参工率为：5 000/7 000＝0.714。

(2) 该国的失业率为 500/5 000＝0.1，即该国的失业率为 10%。

(六) 案例分析题

1. 解析：

按照经济学家的观点，凡在一定的年龄段愿意工作而没找到工作的人就是失业人员。充分就业并非人人都有工作，经济中 3%～5%的失业率属于充分就业。评价一个国家失业率的主要指标是失业率。失业率是指失业人数占就业人数与失业人数之和的百分比。市场经济发达国家对失业率"度"的掌握大体标准是：3%以内的失业率属劳动力供给紧张型，5%左右属劳动力供给宽松型，7%以上为失业问题严重型。我国在建设社会主义市场经济的过程中，面临的就业问题比其他国家更复杂，任务更艰巨。我国目前的失业率水平不仅高于发达国家，与转型国家相比也算比较高的。例如，2002 年欧盟的失业率为 7.6%，美国为 5.6%，加拿大为 7.6%，转型国家为 13.5%。因此，扩大就业和治理失业应成为我国政府各项社会经济政策的优先目标。

我国可以采取以下措施应对失业问题：创造更多的就业岗位，力争社会的低失业率，促进充分就业的实现；构筑统一、高效的劳动力市场，对所有的求职者平等地提供包括职业介绍、技能培训等在内的必要的服务；采取一系列积极的劳动力市场政策调节劳动力市场的需求；在就业服务过程中扶助劳动力市场上条件较差的社会成员就业，消除对性别、年龄、残疾的歧视；通过立法和监督，维护就业竞争的公平性，保护劳动者的合法权益；通过与社会保障制度的协调保证失业的社会成员的生活；运用经济政策和社会政策促进劳动力市场的流动性。

2. 解析：

通货膨胀一般是指商品和劳务价格水平的普遍、持续上升。从案例中

CPI 的涨幅来看，已经达到了4.8%，可以判定我国经济领域存在通货膨胀现象。从物价上涨的因素来看，案例中的通货膨胀属于混合型通货膨胀，即由成本推动和需求拉动共同作用造成的通货膨胀。这是因为构成居民消费价格指数的肉价和粮食价格的上涨，势必引起以其作为原料的食品成本上升，而食品成本的上升又引起食品销售价格的全面上涨；同时，居民上涨的住房需求不断推动房地产租赁价格的升高；再加上消费者对价格上升的预期，又引起他们对现实消费的强烈需求。这样，成本推动和需求拉动的共同作用导致了通货膨胀的产生。从世界范围来看，通货膨胀和经济增长的关系有两种：正向关系和反向关系。当然，从经济发展角度分析，理想的状态是无通货膨胀的经济增长，但这一点是几乎不可能做到的。从资源配置的角度看，经济的持续增长取决于社会上是否有充足的资源可供配置，例如原材料和能源等。如果资源出现短缺，产生供给不足，势必引起资源价格的上涨。那么，经济增长就会伴随着通货膨胀，反之亦然。防止通货膨胀可采取货币政策和财政政策手段，如果通货膨胀严重，可以二者双管齐下，政策的效果就更加及时和明显。

3. 解析：

通货膨胀的唯一成因就是“货币总量”相对“物品总量”不断增大的现象，简单地说，就是货币“过多”的现象。人们所说的通货膨胀的成因，往往五花八门：有人说是因为房地产商抬高了地价，有人说是因为股市里的赌风太盛，有人说是因为石油等原材料涨价，有人说是因为政府的开支太大或债务太重等等。这些众说纷纭的通货膨胀成因，都是错误的。并不是说这些现象不会发生，而是这些现象本身并不会导致通货膨胀。更确切地说，这些现象有时是通货膨胀所导致的结果（有时则是其他原因造成的），而不是通货膨胀的成因。人们为什么经常产生类似的误解呢？这是因为，当政府发行了过量的钞票，从而诱发了通货膨胀时，各种物价的上升并不是“齐头并进”的。总有一些物品要率先涨价，即使根本不存在通货膨胀，也有一些物品要涨价。于是，人们就误以为这种碰巧率先涨价的物品，就是后来“大规模涨价”的始作俑者。实际上，这种率先涨价的物品，只不过是“大规模涨价”最早的表现罢了。

4. 解析:

(1) 失业问题就是由失业所引起的一系列问题。失业不仅是个经济问题,而且是个政治问题。失业是个经济问题,是指失业意味着浪费有价值的资源,不利于经济的迅速发展;失业是个政治问题,是指它使成千上万的人失去工作、收入减少或丧失收入的来源,使人们整天无所事事,生活在痛苦和无奈中,会引起社会动荡。

(2) 失业的原因概括起来主要有三种:

① 摩擦性失业,是指人们在各地区之间、各种工作职位之间变动所形成的失业。② 结构性失业,是指因劳动力的供给和需求不匹配所形成的失业。③ 周期性失业,是由于经济周期的变化而产生的对劳动总体需求不足所形成的失业。

(3) 通货膨胀率与失业率之间存在着相互交替的关系。在失业率较低时,就业较为充分,经济活动比较频繁,从而工资上涨速度加快,因而引起通货膨胀加剧,通货膨胀率增加;反之,当失业率较高时,就业不够充分,失业的压力增加,工人增加工资的欲望受到限制,从而货币工资增长放慢,甚至下降,从而导致价格总水平增长率下降,通货膨胀率降低。当通货膨胀率为0时,往往失业率大于0。经济学上一般用菲利普斯曲线来表示这种变动。

第 7 章

IS-LM 模型的政策含义

一、习　　题

（一）名词解释

1. 财政政策
2. 货币政策
3. 挤出效应
4. 货币幻觉
5. 古典主义的极端情形
6. 凯恩斯主义的极端情形
7. 自动稳定器
8. 功能财政
9. 货币数量论

（二）选择题

1. 如果净税收增加 10 亿美元，会使 *IS* 曲线（　　）。

A. 右移税收乘数乘以 10 亿美元

B. 左移税收乘数乘以 10 亿美元

C. 右移支出乘数乘以 10 亿美元

D. 左移支出乘数乘以 10 亿美元

2. 假定货币供给量和价格水平不变，货币需求为收入和利率的函数，则收入增加时(　　)。

A. 货币需求增加,利率上升　　B. 货币需求增加,利率下降

C. 货币需求减少,利率上升　　D. 货币需求减少,利率下降

3. 在 IS 曲线不变的情况下,货币量减少会引起(　　)。

A. 国民收入增加,利率下降　　B. 国民收入增加,利率上升

C. 国民收入减少,利率上升　　D. 国民收入减少,利率下降

4. 假定货币供给量不变,货币交易需求和预防需求的增加将会导致货币的投机需求(　　)。

A. 增加　　B. 不变

C. 减少　　D. 不确定

5. 水平的 LM 曲线表示(　　)。

A. 利息率对货币需求影响最大

B. 利息率对货币需求影响最小

C. 货币需求对利息率的影响最大

D. 货币需求对利息率的影响最小

6. 在 IS 曲线和 LM 曲线相交时,表示产品市场(　　)。

A. 均衡而货币市场非均衡　　B. 非均衡而货币市场均衡

C. 和货币市场均处于非均衡　　D. 和货币市场同时达到均衡

7. IS 曲线右上方、LM 曲线左上方的组合表示(　　)。

A. 产品供大于求、货币供大于求

B. 产品供大于求、货币求大于供

C. 产品求大于供、货币供大于求

D. 产品求大于供、货币求大于供

8. IS 曲线左下方、LM 曲线右下方的组合表示(　　)。

A. 产品供大于求、货币供大于求

B. 产品供大于求、货币求大于供

C. 产品求大于供、货币供大于求

D. 产品求大于供、货币求大于供

9. *IS* 曲线右上方、*LM* 曲线右下方的组合表示( )。

A. 产品供大于求、货币供大于求

B. 产品供大于求、货币求大于供

C. 产品求大于供、货币供大于求

D. 产品求大于供、货币求大于供

10. *IS* 曲线左下方、*LM* 曲线左上方的组合表示( )。

A. 产品供大于求、货币供大于求

B. 产品供大于求、货币求大于供

C. 产品求大于供、货币供大于求

D. 产品求大于供、货币求大于供

11. 假定 *IS* 曲线和 *LM* 曲线的交点所表示的均衡国民收入低于充分就业的国民收入。根据 *IS-LM* 模型,如果不想让利率上升,政府应该( )。

A. 增加投资

B. 在增加投资的同时增加货币供给

C. 减少货币供给量

D. 减少投资的同时减少货币供给量

12. 如果投资对利率完全无弹性,货币供给的增加引起 *LM* 曲线移动会使( )。

A. 收入不变,利率下降　　B. 收入增加,利率下降

C. 收入增加,利率下降　　D. 收入减少,利率下降

13. 在 *IS-LM* 模型中,均衡利率的决定取决于( )。

A. 储蓄和投资　　B. 货币供给和货币需求

C. 货币市场和产品市场的关系　　D. 以上说法均不准确

14. 当经济处于凯恩斯陷阱中时,( )。

A. 财政政策无效,货币政策有效

B. 财政政策有效,货币政策无效

C. 财政政策和货币政策均有效

D. 财政政策和货币政策均无效

15. 如果 LM 曲线不变,紧缩性的财政政策会使(　　)。

A. 利率上升、收入上升　　B. 利率上升、收入下降

C. 利率下降、收入上升　　D. 利率下降、收入下降

16. 挤出效应越大,扩张性财政政策(　　)。

A. 乘数越大　　B. 越难以实施

C. 越有效　　D. 越无效

17. 货币政策如果(　　),那么货币政策效应较大。

A. 对利率变动影响较大,且利率变动对投资变动影响较大

B. 对利率变动影响较小,且利率变动对投资变动影响较小

C. 对利率变动影响较大,且利率变动对投资变动影响较小

D. 对利率变动影响较小,且利率变动对投资变动影响较大

18. 财政政策如果(　　),那么财政政策效应较小。

A. 对利率变动影响较大,且利率变动对投资变动影响较大

B. 对利率变动影响较小,且利率变动对投资变动影响较小

C. 对利率变动影响较大,且利率变动对投资变动影响较小

D. 对利率变动影响较小,且利率变动对投资变动影响较大

19. 扩张性财政政策对经济的影响是(　　)。

A. 缓和了经济萧条但增加了政府债务

B. 缓和了经济萧条也减轻了政府债务

C. 加剧了通货膨胀但减轻了政府债务

D. 缓和了通货膨胀但增加了政府债务

20. "挤出效应"之所以发生是由于(　　)。

A. 货币供给减少使利率提高,挤出了对利率敏感的私人部门支出

B. 私人部门增税,减少了私人部门的可支配收入和支出

C. 所得税的减少引起可支配收入增加,进而提高利率,挤出了对利率敏感的私人部门支出

D. 政府支出减少,引起消费支出较少

21. 政府支出增加使 IS 曲线右移,若要均衡收入变动接近于 IS 曲线

的移动量，则必须是（　　）。

A. *LM* 曲线平缓而 *IS* 曲线陡峭　B. *LM* 曲线垂直而 *IS* 曲线陡峭

C. *LM* 曲线和 *IS* 曲线一样平缓　D. *LM* 曲线陡峭而 *IS* 曲线平缓

22. 能够起到紧缩货币作用的政策是（　　）。

A. 提高贴现率　B. 增加货币供给

C. 降低法定存款准备金率　D. 中央银行增加购买政府债券

23. 市场利率提高，银行的准备金会（　　）。

A. 增加　B. 减少

C. 不变　D. 以上几种情况都可能

24. 在（　　）的情况下，增加货币供给不会影响均衡收入。

A. *LM* 曲线陡峭而 *IS* 曲线平缓　B. *LM* 曲线垂直而 *IS* 曲线陡峭

C. *LM* 曲线平缓而 *IS* 曲线垂直　D. *LM* 曲线和 *IS* 曲线一样平缓

25. 货币供给增加使 *LM* 曲线右移，若要均衡收入变动接近于 *LM* 曲线的移动量，则必须是（　　）。

A. *LM* 曲线陡峭，*IS* 曲线也陡峭　B. *LM* 曲线和 *IS* 曲线一样平缓

C. *LM* 曲线陡峭而 *IS* 曲线平缓　D. *LM* 曲线平缓而 *IS* 曲线陡峭

26. 投资需求增加会引起 *IS* 曲线（　　）。

A. 向右移动投资需求曲线的移动量

B. 向左移动投资需求曲线的移动量

C. 向右移动投资需求曲线的移动量乘以乘数

D. 向左移动投资需求曲线的移动量乘以乘数

27. 引起 *LM* 曲线变得平缓的原因可能是（　　）。

A. 货币需求对收入变动的反应程度和货币需求对利率变动的反应程度同比例增强

B. 货币需求对收入变动的反应程度和货币需求对利率变动的反应程度同比例减弱

C. 货币需求对收入变动的反应程度增强，货币需求对利率变动的反应程度减弱

D. 货币需求对收入变动的反应程度减弱，货币需求对利率变动的反应程度增强

28. *IS* 曲线与 *LM* 曲线相交时表示：(　　)。

A. 产品市场处于均衡状态，而货币市场处于非均衡状态

B. 产品市场处于非均衡状态，而货币市场处于均衡状态

C. 产品市场与货币市场都处于均衡状态

D. 产品市场与货币市场都处于非均衡状态

29. 如果利率和收入都能按供求状况自动调整，那么，当利率和收入的组合点出现在 *IS* 曲线右上方、*LM* 曲线左上方时，下面情况将会发生(　　)。

A. 利率上升，收入减少　　B. 利率上升，收入增加

C. 利率下降，收入增加　　D. 利率下降，收入减少

30. 在 *IS* 曲线和 *LM* 曲线的交点(　　)。

A. 经济一定处于充分就业的状态

B. 经济一定不处于充分就业的状态

C. 经济有可能处于充分就业的状态

D. 经济资源一定得到了充分利用

31. 在 *IS-LM* 模型中，*IS* 曲线和 *LM* 曲线的位置(　　)。

A. 由政府货币当局决定

B. 由政府财政当局决定

C. 需政府货币当局和财政当局共同决定

D. 在价格水平确定后才能确定

32. 导致 *LM* 曲线向右移动的因素有(　　)。

A. 投机货币需求减少　　B. 交易货币需求减少

C. 货币供给量减少　　D. 货币供给量增加

33. 如果利率和收入都能按供求情况自动得到调整，则利率和收入的组合点出现 *IS* 曲线左上方、*LM* 曲线的右下方的区域中时，有可能(　　)。

A. 利率上升，收入增加　　B. 利率上升，收入不变

C. 利率上升，收入减少　　D. 以上三种情况都可能发生

34. 按照凯恩斯的货币需求理论，利率上升，货币需求量将(　　)。

A. 增加　　B. 减少

C. 不变　　D. 可能增加，也可能减少

35. *LM* 曲线表示(　　)。

A. 产品市场均衡时，收入与利率之间同方向的变动关系

B. 产品市场均衡时，收入与利率之间反方向的变动关系

C. 货币市场均衡时，收入与利率之间同方向的变动关系

D. 货币市场均衡时，收入与利率之间反方向的变动关系

36. 在凯恩斯区域，*LM* 曲线(　　)。

A. 水平　　B. 垂直

C. 向右上方倾斜　　D. 不一定

37. 如果流动性偏好使 *LM* 曲线接近于水平状，这意味着(　　)。

A. 利率稍有变动，货币需求就会大幅度变动

B. 利率变动很大时，货币需求也不会有很多变动

C. 货币需求不受利率变动影响

D. 以上三种情况均可能存在

38. 货币乘数的大小与多个变量有关，但与下列变量不相关的是(　　)。

A. 法定存款准备金率　　B. 现金存款比率

C. 超额准备金率　　D. 再贴现率

（三）辨析题

1. *LM* 曲线斜率保持不变，*IS* 曲线斜率绝对值越大，即 *IS* 曲线越陡峭，移动 *IS* 曲线时收入变化越大，财政政策作用效果越明显。(　　)

2. *LM* 曲线斜率越大，即 *LM* 曲线越陡峭，财政政策效果越小。(　　)

3. 因为政府增加支出与增加税收对国民收入的影响是相反的，所以政府增加同样的支出和税收对国民收入没有影响。(　　)

4. *IS* 曲线保持不变，*LM* 曲线斜率越大，即 *LM* 曲线越陡峭，货币政策效果越明显。(　　)

5. 垂直的 IS 曲线与水平的 LM 曲线相交,财政政策完全无效,而货币政策完全有效。( )

6. 古典主义极端情形是指水平的 IS 曲线与垂直的 LM 曲线相交。( )

7. 在固定汇率制下,如果资本完全不流动,扩张性货币政策在长期能提高国民收入水平,短期内无法改变国民收入水平,货币政策无效。( )

8. 只要挤出效应小于100%,政府支出的增加就能刺激国民收入的增长。( )

9. 货币需求对利率变动越敏感,财政政策效果就越大。( )

10. 当收入变化对货币需求的影响系数增加时,财政政策效果不明显。( )

11. 投资对利率变动的反应系数越大,财政政策的挤出效应就越大。( )

12. IS 曲线越平坦,货币政策作用效果越小。( )

13. 在固定汇率制和资本完全流动条件下,扩张性财政政策短期会提高一国国民收入水平,长期无法提高国民收入水平,只能提高利率水平。( )

14. LM 曲线垂直于横轴,说明货币需求的利率系数为无穷大。( )

15. IS 曲线为垂直线,说明投资需求的利率系数为零。( )

(四) 简答题

1. 运用 IS-LM 模型分析产品市场和货币市场失衡的调整过程。

2. 试述财政政策和货币政策配合使用的综合效果。

3. 说明影响"挤出效应"的主要因素。

4. IS 曲线向右下倾斜的假定条件是什么?

5. 为什么要讨论 IS 曲线和 LM 曲线的移动?

6. 为什么政府支出增加会使利率和收入均上升,而中央银行增加货币供给会使收入增加而利率下降?

7. 假定政府要削减税收，试用 IS-LM 模型表示以下两种情况下减税的影响，并作比较：(1) 用适应性货币政策保持利率不变。(2) 货币存量不变。

（五）计算题

1. 假定货币需求函数为 $L=kY-hr$ 中的 $k=0.5$，消费函数 $C=a+bY$ 中的 $b=0.5$，假设政府支出增加 10 亿美元，试问货币供给量（假定价格水平为 1）要增加多少才能使利率保持不变？

2. 假设 LM 方程为 $Y=500+25r$，货币需求 $L=0.2Y-r$，货币供给为 100，消费需求 $C=40+0.8Y_D$，税收 $T=50$，政府支出 $G=50$。计算：

(1) 当 IS 方程为 $Y=950-50r$，投资 $I=140-10r$ 时的均衡收入、利率和投资。

(2) 当 IS 方程为 $Y=800-25r$，投资 $I=110-5r$ 时的均衡收入、利率和投资。

(3) 政府支出从 50 增加到 80 时，(1) 和 (2) 中的均衡收入和利率各为多少？

(4) 说明政府支出从 50 增加到 80 时，为什么 (1) 和 (2) 中的收入增加有所不同？（本题单位均为亿美元）

3. 假设货币需求为 $L=0.2Y$，货币供给量为 200，$C=90+0.8Y_D$，$T=50$，$I=140-5r$，$G=50$。（单位：亿美元）

(1) 导出 IS 和 LM 方程，求均衡收入、利率和投资。

(2) 若其他情况不变，政府支出增加 20，均衡收入、利率和投资各为多少？

(3) 是否存在挤出效应？

(4) 用草图表示上述情况。

4. 假设某经济体系的消费函数为 $C=600+0.8Y$，投资函数为 $I=400-50r$，政府购买为 $G=200$，货币需求函数为 $L=250+0.5Y-125r$，货币供给 $M_S=1\ 250$，价格水平 $P=1$。试求：

(1) IS 和 LM 的方程。

(2) 均衡收入和利率。

(3) 财政政策乘数和货币政策乘数。

(4) 如充分就业收入为 $Y^*=500$,若用增加政府购买实现充分就业,要增加多少购买?

(5) 若用增加货币供给的政策实现充分就业,要增加多少货币供给量?

(6) 画图表示(4)和(5)。(单位:亿美元)

5. (1) 如果消费需求 $C=100+0.8Y_D$(这里 Y_D 为可支配收入),投资需求 $I=150-6r$,税收 $T=50$,政府支出 $G=40$,求解产品市场均衡的 IS 方程。

(2) 如果名义货币供给为 150,货币需求为 $L=0.2Y-4r$,在 $P=1$ 时,LM 方程为 $Y=750+20r$;在 $P=1.5$ 时,LM 方程为 $Y=500+20r$。解在这两种价格水平下使产品市场和货币市场同时到达均衡的国民收入水平和利率水平。

(3) 如果在 $P=1$ 的价格水平下,名义货币供给从 150 下降到 125 和 100,货币市场与产品市场的均衡有何变化?

(六) 案例分析题

1. 政策选择不可能三角

20 世纪 50 年代,詹姆斯·米德提出,在保证货币政策有效性的前提下,资本自由流动和固定汇率制度不能共存。20 世纪 60 年代,罗伯特·蒙代尔和马库斯·弗莱明认为,在没有资本流动和资本有限流动的情况下,货币政策在固定汇率下能够有效影响一国经济,在浮动汇率下则更为有效;而在资本自由流动的情况下,货币政策在固定汇率下不能有效影响一国经济,但在浮动汇率下则是有效的。

20 世纪 90 年代,亚洲金融危机爆发后,保罗·克鲁格曼用一个三角形清晰地展示了"不可能三角"的内在原理。其中,三角形的三个顶点分别表示资本自由流动、货币政策独立性和汇率稳定,这三个目标不能同时实现,最多只能同时实现其中的两个。

此后,有关“不可能三角”的扩展分析表明,资本自由流动、货币政策独立性和汇率稳定不一定都是完全的,而是可以根据一国的政治、经济、金融等诸多因素,在有限的资本流动、有限的货币政策独立性和有限的汇率稳定之间进行权衡。

请问:“不可能三角”存在的条件是什么?

2. 1982 年美国衰退中的货币政策

由于低失业率和第二次石油价格的冲击,1979 年美国的年通货膨胀率上升到 13%,对经济产生了不良影响,所以,美国联邦储备当局决定利用紧缩性货币政策来抑制这次通货膨胀。与以往不同的是,美联储倾向于关注准备金和货币供给的增长,而不是利率,以便能够迅速降低通货膨胀。

通过这个政策,美国的货币供给量大幅度减少,利率上升到自南北战争以来的最高水平。随着利率的上升,投资及其他利率敏感性支出显著减少。这个政策确实对抑制通货膨胀产生了很好的效果,到 1982 年为止,通货膨胀率已降低到 4%。

但是,随后经济的进一步发展表明,紧缩性货币政策过于严厉,导致了经济的衰退,失业率超过了 10%。

请问:

(1) 什么是货币政策?

(2) 中央银行实施货币政策主要有哪些手段?

(3) 中央银行货币政策有何局限性?

3. 财政政策的实践

20 世纪 60 年代,肯尼迪总统采用凯恩斯主义经济学的观点,使财政政策成为美国对付衰退和通货膨胀的主要武器之一。肯尼迪提出削减税收来帮助经济走出低谷。这些措施实施以后,美国经济开始迅速增长。但是,由于减税再加上 1965—1966 年在越战中财政扩张的影响,又使得产出增长过快,超过了潜在水平,于是通货膨胀开始升温。为了对付不断加剧的通货膨胀,并抵消越战所增开支的影响,1968 年美国国会批准开征了一项临时性收入附加税。不过,在许多经济学家看来,这项增加税收的政策力度太小、也太迟了一些。

80 年代的美国是另一个典型例子。1981 年国会通过了里根总统提出的一揽子财政政策计划,包括大幅度降低税收、大力扩张军费开支而同时并不削减民用项目。这些措施将美国经济从 1981—1982 年的严重衰退中拯救出来,并进入 1983—1985 年的高速扩张。

克林顿总统一上台,就面临着一个两难困境:一方面高赤字依然顽固地存在着,另一方面经济不景气且失业率高得难以接受。他必须决定财政政策应从何处着手,是应该先处理赤字,通过增加税收、降低支出来增加公共储蓄,进而靠储蓄水平提高来带动国民投资的增长呢?还是应该关注财政紧缩会减少并排挤投资,而税收增加和投资的减少又会降低产出?最后,他还是决定优先考虑削减财政赤字。1993 年预算法案决定,在其后 5 年中落实减少赤字 1 500 亿美元的财政举措。

请问:

(1) 什么是财政政策?

(2) 根据资料,说明利用财政政策对付经济衰退的手段有哪些?

(3) 财政政策在实施中有哪些制约因素?

4. 我国的财政政策

早在 2001 年,理论界有过所谓积极财政政策“淡出”的热烈讨论,但是 2002 年年底的中央经济工作会议做出了继续实施积极财政政策的重大决策。2003 年底,在当年中央经济工作会议召开的前夕,由于 2003 年前三季度不仅 *GDP* 的增长高达 8. 5%,而且投资增长也高达 30. 2%。可以说,经济形势发生了重大变化,积极财政政策言退的呼声再次鹊起。2004 年上半年,财政部提出要实施中性财政政策,为积极财政政策转型打下舆论基础,但据说这种说法很快引起了其他中央部委的不满,于是中性财政政策的提法不久就销声匿迹。事情终于在 2004 年底有了转机,中央经济工作会议做出决定,终止已经实施 7 年的积极财政政策,将 2005 年的财政政策定调为稳健。

我国实行稳健的财政政策最主要的理由有两个：一是担心长期实施积极财政政策，大规模发行国债，会使中国财政赤字增加，债务余额增加。自从 1998 年第二季度开始实施积极财政政策后，我国已经积累了高达 2 万多亿的国债规模，长期下去，会不会引发由于国债的偿付风险而引发财政的整体风险一直是一个令人担忧的问题。第二个担心是，长期实施积极财政政策，会使中国的经济增长形成对财政支出扩张的日益严重的依赖。事实上，有学者做过计算显示，在中国每年的经济增长中约有 1.8 个百分点来源于积极财政政策的支撑。这种依赖性一旦固化，那么我国将很难摆脱积极财政政策。而任何一项政策实施久了都难免会出现诸多弊端。就如上面所担心的，中国的经济增长已经在事实上形成了对财政支出扩张的某种依赖，而当财政支出扩张的力度一旦减弱，中国的经济又要到哪里去找寻能够替代的新的动力源呢？

请问：

(1) 扩张型与紧缩型的财政政策的含义是什么？

(2) 我国将积极的财政政策调整为稳健的财政政策的意义是什么？

二、参考答案

(一) 名词解释

1. 解析：

财政政策是指政府变动税收和支出以影响总需求，进而影响就业和国民收入的政策。

2. 解析：

货币政策是指政府货币当局即中央银行通过银行体系变动货币供给量来调节总需求的政策。

3. 解析：

挤出效应是指政府支出增加所引起的私人消费或投资降低的效果。

4. 解析:

货币幻觉是指人们不是对货币的实际价值做出反应,而是对用货币表示的名义价值做出反应。

5. 解析:

古典主义的极端情形是指 IS 曲线水平、LM 曲线垂直,货币政策十分有效,财政政策完全无效的情形。

6. 解析:

凯恩斯主义的极端情形是指 IS 曲线垂直、LM 曲线水平,财政政策十分有效,货币政策完全无效的情形。

7. 解析:

自动稳定器亦称内在稳定器,是指经济系统本身存在的一种会减少各种干扰对国民收入冲击的机制,能够在经济繁荣时期自动抑制通货膨胀,在经济衰退时期自动减轻萧条,无需政府采取任何行动。

8. 解析:

功能财政是指国家关于财政活动不能仅以预算平衡为目的,而应以充分发挥财政的经济职能,保持整个经济稳定发展为目的的理论。

9. 解析:

货币数量论认为在货币数量变动与物价及货币价值变动之间存在着一种因果关系的理论。其核心思想是:假定其他因素不变,商品价格水平涨落与货币数量成正比,货币价值的高低与货币数量的多少成反比。

(二) 选择题(略)

(三) 辨析题

1. 解析:

正确。IS 曲线的斜率会受到投资对利率变动的反应系数 d 的影响。d 越大,投资对利率变动越敏感,IS 曲线越平坦,利率稍微提高很小的幅度,会导致投资大幅下降,对国民收入增加的抑制作用就越大,即挤出效应就越大。反之，d 越小，投资对利率变动越不敏感，*IS* 曲线越陡峭，利率提高较大的幅度才会导致投资变动较小幅度，对国民收入增加的抑制作用较小，即挤出效应就越小。

2. 解析：

正确。*LM* 曲线斜率变大，变得更加陡峭，当政府采用扩张性财政政策使国民收入增加，会导致交易预防性货币需求大幅增加，在货币供给量不变的情况下就必须大幅提高利率水平减少投机需求以维持货币市场均衡，而利率的大幅增加会明显抑制国民收入的增加，因此财政政策效果不明显，挤出效应较大。

3. 解析：

错误。虽然政府增加支出与增加税收对国民收入的影响是相反的，但对国民收入的影响程度不同，政府增加同样的支出和税收会使国民收入增加相同的幅度。

4. 解析：

正确。*LM* 曲线斜率较大，意味着货币需求对利率的反应系数较小，当货币供给量增加导致利率下降时，只有大幅降低利率才能增加货币需求以吸纳增加的货币供给，而利率大幅下降会导致投资大幅增加，进而导致国民收入大幅增加。

5. 解析：

错误。垂直的 *IS* 曲线与水平的 *LM* 曲线相交，财政政策完全有效，而货币政策完全失效。

6. 解析：

错误。古典主义极端情形是指垂直的 *IS* 曲线与水平的 *LM* 曲线相交，水平的 *IS* 曲线与垂直的 *LM* 曲线相交被称为凯恩斯主义极端情况。

7. 解析：

错误。根据 *IS-LM-BP* 模型，在固定汇率制下，如果资本完全不流动，扩张性货币政策仅仅在短期内能提高国民收入水平，长期内无法改变国民收入水平，货币政策无效。

8. 解析:

错误。国民收入是否增加取决于财政政策和货币政策共同作用的结果。政府支出的增加未必一定增加国民收入。

9. 解析:

错误。货币需求对利率变动越敏感,*IS* 曲线就越平坦,挤出效应就越大,财政政策的效果就越小。

10. 解析:

正确。当收入变化对货币需求的影响系数增大时,*LM* 曲线斜率变大,变得更加陡峭,当政府采用扩张性财政政策使国民收入增加,会导致交易预防性货币需求大幅增加,因此必须大幅提高利率水平才能减少投机需求以维持货币市场均衡,而利率的大幅增加会明显抑制国民收入的增加,因此财政政策效果不明显,挤出效应较大。

11. 解析:

错误。投资对利率变动的反应系数越大,投资对利率变动越敏感,*IS* 曲线越平坦,利率稍微提高很小的幅度,会导致投资大幅下降,对国民收入增加的抑制作用就越大,从而挤出效应就越大。

12. 解析:

错误。*IS* 曲线斜率绝对值越小,曲线越平坦,意味着投资对利率变动的反应系数越大,投资对利率的变动越敏感。当政府增加货币供给量使利率小幅下降,会导致投资大幅度增加,从而使得国民收入也大幅增加,因此,货币政策的效果越明显。

13. 解析:

错误。根据 *IS-LM-BP* 模型,正确的表述应为:在固定汇率制和资本完全不流动条件下,扩张性财政政策短期会提高一国国民收入水平,长期内无法提高国民收入水平,只能提高利率水平。

14. 解析:

错误。*LM* 曲线垂直,说明货币需求的利率系数等于零,即利率已经很高,一方面使人们持有货币的成本或者说损失极大;另一方面又使人们看到债券价格低到了只会上涨而不会再跌的程度。

15. 解析：

正确。*IS* 曲线为垂直线，说明投资需求的利率系数为零，即不管利率如何变动，投资都不会变动。在经济停滞时期，利率即使发生了变化，也不能对投资发生明显的影响。

（四）简答题

1. 解析：

按照 *IS-LM* 模型的解释，当产品市场和货币市场同时达到均衡时，其均衡点正好处于 *IS* 曲线和 *LM* 曲线的交点上。任何偏离 *IS* 曲线和 *LM* 曲线交点的利息率和国民收入的组合，都不能达到产品市场和货币市场的同时均衡。

在实际经济中，若出现国民收入与利息率的组合在 *IS* 曲线的左下方，有 $I>S$，即存在对产品的超额需求；在 *IS* 曲线的右上方，有 $S>I$，即存在对产品的超额供给。若出现国民收入与利息率的组合点在 *LM* 曲线的左上方，有 $M>L$，即存在货币的超额供给；在 *LM* 曲线的右下方，有 $L>M$，即存在货币的超额需求。

当实际经济中出现以上失衡状态时，市场经济本身的力量将使失衡向均衡状况调整，直至恢复到均衡。$I>S$ 时，国民收入会增加；$I<S$ 时，国民收入会减少；$L>M$ 时，利息率会上升；$L<M$ 时，利息率会下降，调整结果会使两个市场同时达到均衡。

2. 解析：

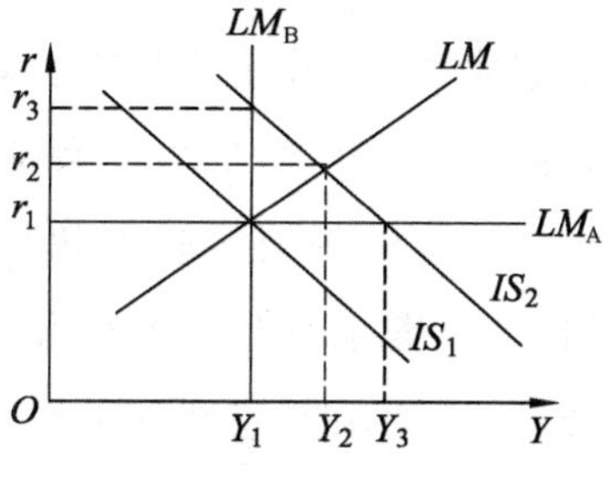

图 7-1

政府的财政政策主要包括两大类：改变政府支出和改变（净）税收。

在给定 *IS* 曲线的情况下，财政政策的效力取决于 *LM* 曲线的斜率。*LM* 曲线越陡，财政政策对利率的影响越大，对产量的影响越小；*LM* 曲线越平坦，财政政策对产量的影响越大,对利率的影响越小。如图7-1所示。

在给定LM曲线的条件下,IS曲线越平坦,扩张性的财政政策对利率和收入水平的影响越小;IS曲线越陡峭,财政政策对利率和收入水平的影响越大。

中央银行实施政策以后首先影响到货币供给的数量,进而影响到利率和收入水平。中央银行控制货币的三大工具:公开市场业务、法定存款准备金率和贴现率政策,其中最主要的、最常用的便是公开市场业务。

在给定斜率为负的IS曲线的前提下,LM曲线愈平坦,货币政策对产出和利率的效应愈小;反之,LM曲线愈陡峭,货币政策对产出和利率的效应愈大。换言之,利率的货币需求弹性系数(Interest Elasticity of the Demand for Money)愈大,即L_2曲线愈平坦,LM曲线也更平坦,货币政策对产出和利率的影响愈小;利率的货币需求弹性系数愈小,即L_2曲线愈陡峭,LM曲线也更陡峭,货币政策对产出和利率影响愈大。

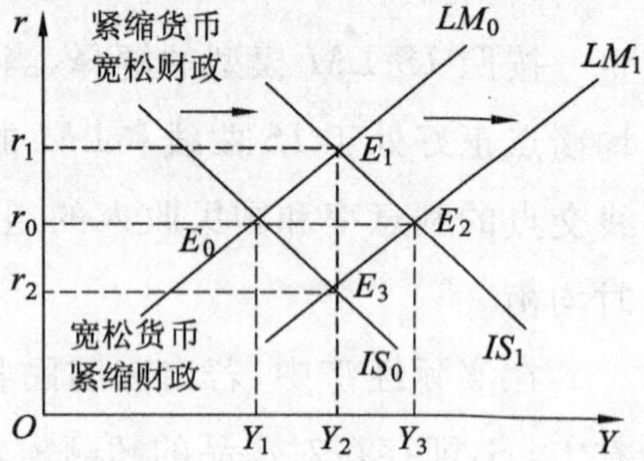

图 7-2

扩张性的财政政策和紧缩性货币政策混合会导致利率的上升,产生"挤出效应"。当经济萧条但又不太严重时可采取这种组合,一方面用扩张性的财政政策刺激需求,另一方面用紧缩性货币政策抑制通货膨胀。

紧缩性的财政政策和紧缩性的货币政策混合会使总需求减少,国民收入水平下降,导致国民经济发展缓慢,甚至开始衰退,当经济发生严重的通货膨胀时,可采用这种组合,一方面用紧缩性的财政政策压缩总需求,另一方面用紧缩性的货币政策提高利率,抑制通货膨胀。

紧缩性的财政政策和膨胀性的货币政策混合会引起利率的下降,投资增加,总需求减少。当经济出现通货膨胀但又不太严重时,可采用这种组合,一方面用紧缩性的财政政策压缩总需求,另一方面用膨胀性的货币政策降低利率,刺激投资,遏制经济的衰退。

扩张性的财政政策和膨胀性的货币政策混合会引起总需求增加，从而促使经济的复苏、高涨。当经济严重萧条时，可采用这种组合，一方面用扩张性的财政政策增加总需求，只一方面用膨胀性货币政策降低利率，减少“挤出效应”。

3. 解析：

(1) K_G：乘数的双刃剑作用：G 上升时，k_G 变大→Y 大幅度上升→利率大幅度提高→I 大幅度下降→挤出效应大；

(2) k：$G\uparrow \rightarrow Y\uparrow \rightarrow L_1\uparrow$、$k$ 大→L_1 大幅度↑→挤出效应大；

(3) h：$G\uparrow \rightarrow Y\uparrow \rightarrow L_1\uparrow \rightarrow L_2\downarrow$、$h$ 小→r 必须大幅度上升，才能满足 L_2 下降的要求→挤出效应大；

(4) d：$d\uparrow$、$r\uparrow \rightarrow I$ 大幅度下降→挤出效应大；

(5) 总结：k_G，k，d 与挤出效应呈正向变动；h 与挤出效应呈反向变动。

4. 解析：

IS 曲线向右下倾斜的假定条件是投资需求是利率的减函数，以及储蓄是收入的增函数。即利率上升时，投资要减少，利率下降时，投资要增加，而当收入增加时，储蓄要随之增加，收入减少时，储蓄要随之减少。如果这些条件成立，那么，当利率下降时，投资必然增加，为了达到产品市场的均衡，或者说储蓄和投资相等，则储蓄必须增加，而储蓄又只有在收入增加时才能增加。这样，较低的利率必须和较高的收入配合，才能保证产品市场上总供给和总需求相等。于是当坐标图形上纵轴表示利率，横轴表示收入时，*IS* 曲线就必然向右下倾斜。如果上述前提条件不存在，则 *IS* 曲线就不会向右下倾斜。例如当投资需求的利率弹性无限大时，即投资需求曲线为水平状时，则 *IS* 曲线将成为一条水平线。再如，如果储蓄不随收入而增加，即边际消费倾向如果等于 1，则 *IS* 曲线也成为水平状。由于西方学者一般认为投资随利率下降而增加，储蓄随收入下降而减少，因此一般可假定 *IS* 曲线为向右下倾斜的。

5. 解析：

在 *IS-LM* 模型中，引起 *IS* 和 *LM* 曲线移动的因素很多，如政府购买、转移支付、税收、进出口等等的变动都会使 *IS* 曲线移动，而实际货币供给和货币需求变动都会使 LM 曲线移动,这些移动都会引起均衡收入和利率的变动。例如,政府减税使人们可支配收入增加,在其他情况不变时,消费支出水平就会上升。再如,汇率变动时,比如说本国货币贬值,在其他情况不变时会使出口增加,进口减小,从而使净出口增加。IS 曲线也会向右上方移动。同样,在价格水平不变时增加名义货币供给或减少名义货币需求,或者在货币名义供求不变时价格水平下降,都会使 LM 曲线向右下方移动。在诸多使 IS 曲线和 LM 曲线移动的因素中,西方学者特别重视财政政策和货币政策的变动。政府实行扩张性财政政策,IS 曲线向右上方移动,收入和利率同时上升,并且通过与不同斜率的 IS 和 LM 曲线相交可清楚表现出财政政策的效果。同样,政府实行扩张性货币政策,LM 曲线向右下方移动,利率下降,收入增加,并且通过与不同斜率的 IS 和 LM 曲线相交可清楚表现出货币政策的效果。因此,西方学者常常用 IS-LM 模型作为分析财政政策和货币政策及其效果的简明而直观的工具。这也可以说是西方学者讨论 IS 曲线和 LM 曲线移动的主要目的之一。

6. 解析:

政府支出的增加意味着总需求(或总支出)的增加,这将使产量和收入增加,从而增加对货币的交易需求量,在货币供给量不变的条件下(或 LM 曲线不变),新增加的货币需求会使利率上升,最终引起投机动机的货币需求的下降来保证货币市场均衡。这个过程在 IS-LM 模型上,表现为在 LM 曲线不变,IS 曲线向右移动,总需求的增加引起收入和利率的同时增加。中央银行增加货币供给量,而货币需求不变的话,利率将会下降,从产品市场看,在 IS 曲线上,在既定投资函数上,利率的下降会导致投资和国民收入的增加,这个过程表现为在 IS 曲线不变条件下,LM 曲线向右移动,并导致利率下降和国民收入上升。

7. 解析:

(1) 政府减税,会使 IS 曲线向右上方移动至 IS',这使得利率上升至 r_1,国民收入增加至 Y_1,为了使利率维持在 r_0 水平,政府应采取扩张性货币政策使 LM 曲线向右移至 LM',此时均衡收入为 Y_2。

(2) 货币存量不变,表示 LM 曲线不变,减税使 IS 曲线向右移至 IS' 的效果是利率上升至 r_1,国民收入增至 Y_1。这两种情况的区别是:在政府减税的情况下,同时政府采取了扩张性的货币政策,从而使利率水平保持不变,国民收入达到 Y_2,扩张得更明显。而在货币存量不变的情况下,利率随着减税而提高了,国民收入虽然也扩张了,但扩张幅度较小。如图 7-3 所示。

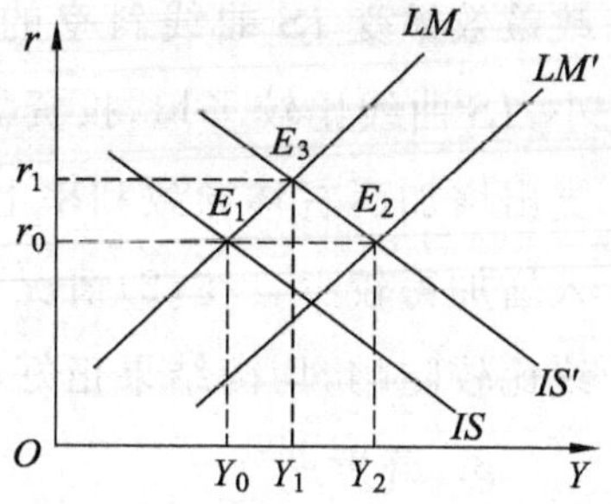

图 7-3

(五) 计算题

1. 解析:

在利率不变的情况下,政府支出增加 10 亿元,Y 增加 $10\times k_G=20$ 亿元。根据货币需求函数,货币需求增加 $k\Delta y=0.5\times 20=10$ 亿元。要使利率水平不变,货币供给相应要增加 10 亿美元。

2. 解析:

(1) 由 IS 方程 $Y=950-50r$ 和 LM 方程 $Y=500+25r$ 联立方程组,解得均衡利率为 $r=6$,均衡收入为 $Y=650$,此时的投资 $I=140-10\times 6=80$。

(2) 由 IS 方程 $Y=800-25r$ 和 LM 方程 $Y=500+25r$ 联立方程组,解得均衡利率为 $r=6$,均衡收入为 $Y=650$,此时的投资 $I=110-5\times 6=80$。

(3) 若政府支出从 50 增加到 80,对于情况(1),由 $Y=C+I+G$ 可以得到:$Y=40+0.8(Y-50)+140-10r+80$,解得 IS 方程为 $Y=1\ 100-50r$。

与 LM 方程 $Y=500+25r$ 联立方程组,解得均衡利率为 $r=8$,均衡收入为 $Y=700$。

用同样的方法可以求(2):

$Y=40+0.8(Y-50)+110-5r+80$,解得 IS 方程为 $Y=950-25r$。

与 LM 方程 $Y=500+25r$ 联立方程组,解得均衡利率为 $r=9$,均衡收入为 $Y=725$。

(4) 收入增加之所以不同,是因为在 LM 曲线斜率一定的情况下,财政

政策效果受 IS 曲线斜率的影响。在(1)情况下,IS 曲线斜率的绝对值较小,IS 曲线比较平坦,投资需求对利率的变化比较敏感,因此当 IS 曲线在支出增加而右移导致利率上升,引起的投资下降也较大,从而使均衡国民收入增加得较少。在(2)情况下,由于 IS 曲线斜率的绝对值相对较大,IS 曲线比较陡峭,均衡结果正好相反。

3. 解析:

(1) 由 $C=90+0.8Y_D$, $T=50$, $I=140-5r$, $G=50$ 和 $Y=C+I+G$ 可得 IS 曲线方程:

$$Y=C+I+G=[90+0.8(Y-50)]+(140-5r)+50。$$

即:

$$Y=1\ 200-25r。$$

由 $L=0.2Y$, $M_S=200$ 和均衡条件 $L=M$ 得 $0.2Y=200$,即 LM 方程为 $Y=1\ 000$。

联立 IS,LM 方程解得均衡收入 $Y=1\ 000$,均衡利率为 $r=8$,代入投资函数得 $I=100$。

(2) 在其他条件不变的情况下,政府支出增加 20 将会使 IS 曲线向右移动,此时由 $Y=C+I+G$ 可得:

$$Y=[90+0.8(Y-50)]+(140+5r)+70=0.8Y+260-5r。$$

新的 IS 方程为:$Y=1\ 300-25r$。

与 LM 方程 $Y=1\ 000$ 联立方程组,解得均衡利率为 $r=8$,代入投资函数得 $I=80$,投资下降了 20,此时的均衡收入仍为 $Y=1\ 000$。

(3) 可见,政府支出增加正好等于投资的减少,产生了完全的挤出效应,这正是 LM 曲线在垂直的古典区域财政政策完全无效的原因。

(4) 草图如图 7-4 所示。

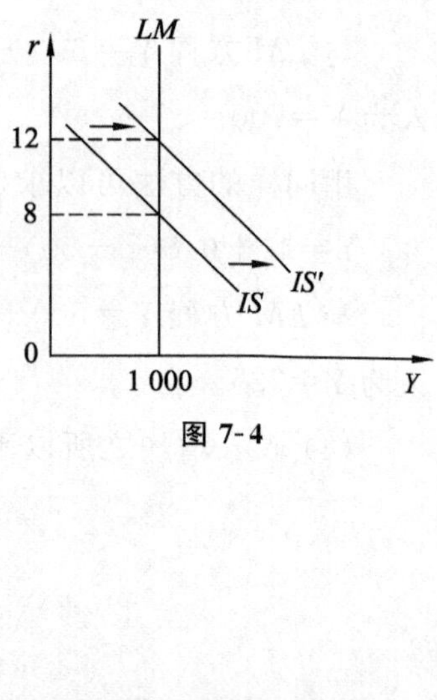

图 7-4

4. 解析:

(1) 从收入恒等式 $Y=C+I+G$ 得:

$$Y=600+0.8Y+400-50r+200$$
$$=1\,200+0.8Y-50r。$$

解得 IS 方程：$Y=6\,000-250r$。

从$\frac{M_s}{P}=L$ 得：

$$\frac{1\,250}{1}=250+0.5Y-125r。$$

解得 LM 方程：$Y=2\,000+250r$。

(2) 将 IS 和 LM 方程联立，得：

$$\begin{cases}Y=6\,000-250r\\Y=2\,000+250r\end{cases}$$

解得：$r=8$，$Y=4\,000$。

即均衡的收入和利率分别为 4 000 亿美元和 8%。

(3) 财政政策乘数为：

$$\frac{dY}{dG}=\frac{1}{(1-\beta)+\frac{dk}{h}}=\frac{1}{(1-0.8)+\frac{50\times0.5}{125}}=\frac{1}{0.4}=2.5。$$

货币政策乘数为：

$$\frac{dY}{dM}=\frac{d}{(1-\beta)h+dk}=\frac{50}{(1-0.8)\times125+50\times0.5}=1。$$

(4) 由于 $Y^*=5\,000$，而实际收入为 $Y=4\,000$，因此 $\Delta Y=1\,000$，若采用增加政府购买实现充分就业的政策，则要增加的政府购买为：

$$\Delta G=\Delta Y/\frac{dY}{dG}=\frac{1\,000}{2.5}=400(\text{亿美元})。$$

(5) 若用增加货币供给量实现充分就业，则要增加的货币供给为：

$$\Delta M=\Delta Y/\frac{dY}{dG}=\frac{1\,000}{1}=1\,000(\text{亿美元})。$$

(6) 第(4)和第(5)小题的草图如图 7-5 和图 7-6 所示：

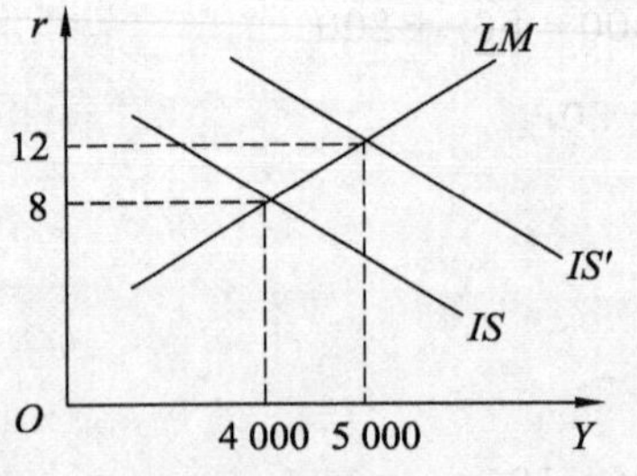

图 7-5

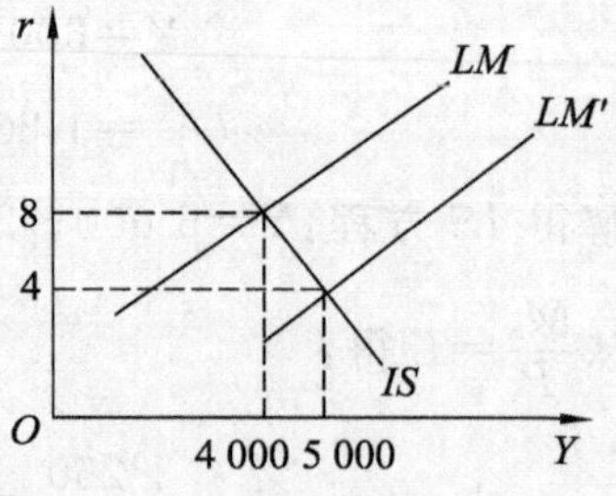

图 7-6

5. 解析:

(1) 当产品市场均衡时,有:$Y=C+I+G$,即 $Y=100+0.8\times(Y-50)+150-6r+40$,整理后得到 IS 方程为:$Y=1\,250-30r$。

(2) 当 $P=1$ 时,IS 和 LM 方程分别为:

$$\begin{cases}Y=1\,250-30r\\Y=750+20r\end{cases}$$

联立 IS 和 LM 方程求解可得:$Y=950$,$r=10$。

(3) 当 $P=1.5$ 时,IS 和 LM 方程分别为:

$$\begin{cases}Y=1\,250-30r\\Y=500+20r\end{cases}$$

求解可得:$Y=800$,$r=15$。

(4) 如果在 $P=1$ 的价格水平下,名义货币供给从 150 下降到 125 和 100,实际货币供给水平也就相应从 150 下降到 125 和 100。

当实际货币供给为 125 时,LM 方程为:$125=0.2Y-4r$。

将上述 LM 方程与 IS 方程 $Y=1\,250-30r$ 联立求解,可得:$Y=875$,$r=12.5$。

因此,货币市场利率水平从 10 上升为 12.5,国民收入水平将从 950 下降到 875。

当实际货币供给为 100 时,LM 方程为:$100=0.2Y-4r$。同样,联立 IS,LM 方程求解可得:$Y=800$,$r=15$。

因此,货币市场利率水平从 10 上升为 15,国民收入水平将从 950 下降到 800。

（六）案例分析题

1. 解析：

蒙代尔—弗莱明模型或“不相容三位一体”成立必须具备两个最重要的条件：

其一，货币政策必须独立于财政政策，即二者必须是相互独立的货币政策工具。唯有如此，两个货币政策工具才能分别发挥不同的功能。假若财政政策决定货币政策或服从于货币政策，二者本质上就成为一个政策工具，无法独立实现不同的政策目标，宏观经济政策组合也就是空中楼阁了。事实上，当代大行其道的中央银行货币政策独立性，其智慧源泉正是蒙代尔的开创性论文。诺贝尔经济学奖委员会对他的颁奖词说：“通过仔细分析政策当局分权的条件，蒙代尔率先提出了这个思想，中央银行应当被赋予实现价格稳定的独立权威。许多年以后，中央银行独立的思想已经被全世界广泛接受。”

其二，本国必须具备发达的资本市场和货币市场，本国的个人和企业能够以本币进行国际借贷和汇率风险对冲。假若本国没有发达的资本市场和货币市场，本国企业（尤其是进出口企业）无法有效对冲汇率风险，那么，国际资本流动（尤其是国际投机热钱）对本国货币需求、货币供应量、资产价格，必将造成巨大冲击，从而极大地削弱宏观政策效果，“蒙代尔—弗莱明模型”的基本结论也就不再成立。多数发展中国家（尤其是中国）当然不具备发达的资本市场和货币市场，自然不能简单照搬“蒙代尔—弗莱明模型”来分析和制定中国的宏观经济政策组合。

2. 解析：

(1) 货币政策是政府根据既定的政策目标，通过中央银行对货币的供给进行管理，从而影响经济运行的宏观政策。货币政策是通过银行制度来实现的。

(2) 货币政策的目的在于通过控制货币供给影响利率，从而影响投资，并最终影响国民收入。中央银行调节货币供给量的目的主要通过调整法定准备金率、变更贴现率和公开市场业务三大手段来实现。

① 调整法定存款准备金率。中央银行可以通过改变商业银行的法定准备金率来控制货币供给量。

② 变更再贴现率。中央银行可以利用变更再贴现率的手段影响商业银行的贷款数量,并最终控制货币供给量。

③ 公开市场业务。公开市场业务是指中央银行在金融市场上公开买卖政府债券以影响货币供给量的货币政策手段。中央银行可以根据经济运行的状况,在公开的金融市场上买卖政府的债券等有价证券。

除了上述三大手段之外,中央银行还可以采取其他手段。例如,道义劝说、严格或放宽信贷条件、贴现配额等。

(3) 货币政策对收入的影响会受到下列因素的制约:

① 流动偏好陷阱。当经济处于流动偏好陷阱状态时,货币政策通过降低利率来刺激投资的作用是有限的。

② 时滞的影响。与财政政策一样,货币政策的效果也受到政策时滞的影响。

③ 货币政策手段本身的局限性。变更再贴现率是中央银行间接控制商业银行准备金的重要手段,但这种手段的效果受到商业银行行为的制约。

3. 解析:

(1) 财政政策是指政府为了实现宏观经济目标而对政府支出、税收和借债水平所进行的选择,或对政府财政收入和财政支出水平所作出的决策。

(2) 财政政策主要是通过对政府财政收支的调节,影响经济中的总需求,从而实现政策目标的。政府调整财政收支的手段主要有三个:一是增加政府购买水平;二是增加政府的转移支付;三是调低税率。这三种手段不仅可以单独对经济运行产生影响,而且也可以共同发生作用,在实践中三种手段往往会搭配使用。

(3) 财政政策在实际执行过程中会受到很多因素的制约,主要有:

① 相机抉择的财政政策会产生政策滞后问题。

② 相机抉择的财政政策会遇到“挤出效应”问题。

③ 相机抉择的财政政策也会遇到政治上的阻力。

4. 解析：

财政政策就是要运用政府开支与税收来调节经济。具体来说，在经济萧条时期，总需求小于总供给，物价水平低，存在着失业，政府就要通过扩张性的财政政策来刺激总需求，以实现充分就业。扩张性财政政策是通过政府增加支出和减少税收来刺激经济的政策。政府公共工程支出与购买的增加有利于刺激私人投资，转移支付的增加可以增加个人消费，这样就会刺激总需求。减少个人所得税（主要是降低税率）可以使个人可支配收入增加，从而消费增加；减少公司所得税可以使公司收入增加，从而投资增加，这样也会刺激总需求。

在经济繁荣时期，总需求大于总供给，物价水平高，经济中存在通货膨胀，政府则要通过紧缩性的财政政策来压抑总需求，以稳定物价。紧缩性财政政策是通过减少政府支出与增加税收来抑制经济的政策。政府公共工程支出与购买的减少有利于抑制投资，转移支付的减少可以减少个人消费，这样就压抑了总需求。增加个人所得税（主要是提高税率）可以使个人可支配收入减少，从而消费减少；增加公司所得税可以使公司收入减少，从而投资减少，这样也会压抑总需求。这几年中国的经济增长主要靠积极的财政政策促进了三驾马车即投资、出口、消费的扩张。净出口将是经济增长的主动力。在近几年的投资中，由于一直实施的是积极的财政政策，发行了大量的国债，政府投资一直起着主导作用。

据有关媒体报道，2005 年实施稳健财政政策后，随着入世承诺的逐步兑现，贸易顺差可能会更小。显然，净出口将不会再是经济增长的主动力。发行的国债将会比 2004 年减少 300 亿元。直接减少的国债投资是 300 亿元，但由于国债投资都有很强的带动效应，由这减少的 300 亿元国债连带而减少的其他相关的银行投资、民间投资数量也不可小视。只有真正启动民间投资，让企业自主投资，才可能使得投资依然能够成为拉动经济增长的动力之一。

第 8 章

AS-AD 模型的政策含义

一、习　题

(一) 名词解释

1. 货币扩张短期效应
2. 货币扩张中期效应
3. 货币扩张长期效应
4. 货币政策无效性
5. 总需求冲击
6. 总供给冲击
7. 适应性政策
8. 支出转换政策
9. 劳动成本加成定价法
10. 潜在产出水平

(二) 选择题

1. 当其他条件不变时，总需求曲线将在(　　)。

A. 政府支出减少时向右移　　B. 价格水平上升时向左移

C. 税收减少时向左移　　D. 名义货币供给增加时向右移

2. 出口增加可以使(　　)。

A. 总支出曲线向上移，总需求曲线向左移

B. 总支出曲线向上移，总需求曲线向右移

C. 总支出曲线向下移，总需求曲线向右移

D. 总支出曲线向下移，总需求曲线向左移

3. 其他条件不变时，降低个人和企业所得税会（　　）。

A. 增加总需求，而减少总供给　　B. 使总需求和总供给都增加

C. 使总需求和总供给都减少　　D. 减少总需求，而增加总供给

4. 在总需求和总供给的短期均衡中，总需求的减少会引起（　　）。

A. 国民收入增加，价格水平上升

B. 国民收入增加，价格水平下降

C. 国民收入减少，价格水平上升

D. 国民收入减少，价格水平下降

5. 在总需求与总供给的长期均衡中，总需求增加会引起（　　）。

A. 国民收入不变，价格水平上升

B. 国民收入增加，价格水平不变

C. 国民收入减少，价格水平上升

D. 国民收入增加，价格水平上升

6. 在总需求不变时，短期总供给的增加会引起（　　）。

A. 国民收入增加，价格水平上升

B. 国民收入增加，价格水平下降

C. 国民收入减少，价格水平上升

D. 国民收入减少，价格水平下降

7. 下列哪种情况会使单位生产成本提高，从而使总供给曲线向左移？（　　）

A. 减少企业税　　B. 当经济过分高涨遇到“瓶颈”约束

C. 进口经济资源的价格上升　　D. 放松对企业的管制

8. 假定利润和劳动生产率不变，以下会造成供给曲线向左上方移动的有（　　）。

A. 原材料实际价格上涨　　B. 石油价格下降

C. 实际工资水平下降　　D. 名义工资水平上升

9. 总支出模型和总需求曲线是一致的,因为在其他条件不变的情况下,在总支出模型中(   )。

A. 价格水平的变化对均衡 *GDP* 水平没有影响

B. 价格水平上升将提高财富的实际价值

C. 总支出水平(相应的实际 *GDP* 水平)与价格水平呈反方向变动关系

D. 总支出水平(相应的实际 *GDP* 水平)与价格水平呈正方向变动关系

10. 由于外方价格水平因素的变化而导致的总支出增加相当于(   )。

A. 在 *AS-AD* 模型中总供给减少

B. 在 *AS-AD* 模型中需求量沿着某一条固定的总需求曲线向下移动

C. 在 *AS-AD* 模型中总需求曲线向右移

D. 在 *AS-AD* 模型中总需求曲线向左移

11. 如果其他条件不变时,生产力的提高将(   )。

A. 使总需求曲线向左移　　B. 使总供给曲线向左移

C. 使总供给曲线向右移　　D. 使价格水平上升

12. 使供给曲线向右移最可能是由什么情况引起的?(   )

A. 企业税增加　　B. 生产力降低

C. 名义工资率提高　　D. 进口经济资源的价格下降

13. 如果其他条件不变,生产可能性线向外移动将会使(   )。

A. 总供给曲线向右移　　B. 总供给曲线向左移

C. 总需求曲线向左移　　D. 价格水平提高

14. 需求增加并因此导致实际产出和就业增加,但价格水平保持不变,由此可知(   )。

A. 货币供给减少了

B. 总需求曲线在总供给曲线的水平部分与之相交

C. 总需求曲线在总供给曲线的垂直部分与之相交

D. 总需求曲线在总供给曲线的中间(正斜率)部分与之相交

15. 实际产出增加而价格水平下降,这可能是由(   )引起的。

A. 总需求曲线向右移动　　B. 总需求曲线向左移动

C. 总供给曲线向右移动　　　　D. 总供给曲线向左移动

16. 需求增加而总供给减少，则价格水平（　　）。

A. 会下降，但实际产出可能增加也可能减少

B. 会上升，但实际产出可能增加也可能减少

C. 和实际产出都会上升

D. 和实际产出都会下降

17. 个人所得税和公司所得税降低，则（　　）。

A. 会使总需求曲线向右移　　　　B. 会使消费和投资支出增加

C. 会增加实际产出　　　　D. 以上都可能

18. 如果个人所得税降低，同时投入品的生产效率提高，则（　　）。

A. 均衡产出会增加　　　　B. 均衡价格必然下降

C. 均衡产出会减少　　　　D. 均衡价格必然上升

19. 当前价格水平上总需求量超过总供给量，则（　　）。

A. 总需求曲线将会向左移　　　　B. 总需求曲线将会向右移

C. 会出现通货膨胀　　　　D. 棘轮效应会发生作用

20. 下列哪种情况下，一定会发生通货膨胀？（　　）

A. 总供给和总需求都增加　　　　B. 总供给和总需求都减少

C. 总供给减少，而总需求增加　　　　D. 总供给增加，而总需求减少

21. 供给曲线向右移动的原因是（　　）。

A. 工资提高　　B. 价格提高　　C. 技术进步　　D. 需求增加

22. 在其他条件不变的情况下，经济中名义工资下降而生产率提高，会使（　　）。

A. 总需求曲线向左移　　　　B. 总供给曲线向左移

C. 总供给曲线向右移　　　　D. 总支出曲线向下移

23. 其他条件不变时，如果我国主要的贸易伙伴国的国民收入增加了，则会使我国的（　　）。

A. 总供给曲线向左移　　　　B. 总供给曲线向右移

C. 总需求曲线向右移　　　　D. 总需求曲线向左移

24. 根据 AS-AD 模型,扩张性财政政策能使价格水平(　　)。

A. 提高　　B. 减少　　C. 不变　　D. 难以确定

25. 根据 AS-AD 模型,扩张性货币政策能使价格水平(　　)。

A. 提高　　B. 减少　　C. 不变　　D. 难以确定

26. 总需求政策的产出效应最大,则表明总供给曲线是(　　)。

A. 水平的　　B. 向右方倾斜　　C. 垂直的　　D. 难以确定

27. 总需求政策的价格效应最大,则表明总供给曲线是(　　)。

A. 水平的　　B. 向右方倾斜　　C. 垂直的　　D. 难以确定

28. 需求政策使价格提高的总供给曲线区域,不可能是(　　)。

A. 水平区域　　B. 向右方倾斜区域

C. 垂直区域　　D. 难以确定

29. 紧缩性的财政政策能使总需求曲线(　　)。

A. 向左移动　　B. 向右移动　　C. 不变　　D. 难以确定

30. 实行紧缩财政政策和扩张货币政策搭配能使总需求曲线(　　)。

A. 向左移动　　B. 向右移动　　C. 不变　　D. 难以确定

31. 实行紧缩性的货币政策会引起(　　)。

A. 总供给冲击,通货膨胀率上升　　B. 总供给冲击,通货膨胀率下降

C. 总需求冲击,通货膨胀率上升　　D. 总需求冲击,通货膨胀率下降

32. 假定经济实现充分就业,总供给曲线是垂直线,对消费者减税将(　　)。

A. 提高价格水平和实际产出

B. 提高价格水平但不影响实际产出

C. 提高实际产出但不影响价格水平

D. 对价格水平和实际产出均无影响

33. 假定经济实现充分就业,总供给曲线是垂直的,对生产者减税将(　　)。

A. 提高价格水平和实际产出

B. 提高价格水平但不影响实际产出

C. 提高实际产出且降低价格水平

D. 对价格水平和实际产出均无影响

34. 假定经济已经实现了充分就业且总供给曲线是垂直线，扩张性的货币政策的效应是(　　)。

A. 提高实际产出但不影响价格水平

B. 提高价格水平但不影响实际产出

C. 提高价格水平和实际产出

D. 对价格水平和实际产出均无影响

35. 假定经济未实现充分就业且总供给曲线是水平的，扩张性的货币政策的效应是(　　)。

A. 提高实际产出但不影响价格水平

B. 提高价格水平但不影响实际产出

C. 提高价格水平和实际产出

D. 对价格水平和实际产出均无影响

36. 假定总供给曲线为正斜率，单位原材料的实际成本增加时，总供给曲线会移向(　　)。

A. 右方，价格水平下降，实际产出增加

B. 左方，价格水平下降，实际产出增加

C. 右方，价格水平上升，实际产出减少

D. 左方，价格水平上升，实际产出减少

37. 假设经济处于低于充分就业均衡水平，那么，总需求增加会引起(　　)。

A. 物价水平上升和实际国民生产总值增加

B. 物价水平上升和实际国民生产总值减少

C. 物价水平下降和实际国民生产总值增加

D. 物价水平下降和实际国民生产总值减少

38. 假设一个经济体的边际消费倾向为 0.75，存在 200 亿元的衰退缺口，并处于总供给曲线的水平部分，如果要使该经济达到充分就业必须(　　)。

A. 使其总需求曲线向右移 200 亿元

B. 使其总需求曲线向左移 200 亿元

C. 使其总供给曲线向左移 200 亿元

D. 使其总需求曲线向右移 800 亿元

39. 假设一个经济体的 MPS 为 0.20,存在 500 亿元的通货膨胀缺口,并处于总供给曲线的垂直部分,如果要使该经济体内价格降回到原来的水平,必须(　　)。

A. 使总需求曲线向右移 500 亿元

C. 使总需求曲线向左移 500 亿元

C. 使总需求曲线向左移 2 500 亿元

D. 使总需求曲线向左移 100 亿元

40. 在完全预期条件下,如果货币发行量增加 5%,那么物价和产出将如何变动?(　　)

A. 通货膨胀 5%,产出增加 5%　C. 通货膨胀 5%,产出不变

C. 物价下跌 5%,产出增加 5%　D. 物价下跌 5%,产出不变

(三) 辨析题

1. 在凯恩斯供给条件下,名义货币存量增加会使总需求曲线向右(或上)移动,由此导致产量增加、但价格水平不变。(　　)

2. 依据凯恩斯的 AS-AD 模型,在短期内,财政政策是有效的。(　　)

3. 在古典供给条件下,名义货币的增加将同比例提高价格水平,但不会改变真实的产出水平。(　　)

4. 依据古典观点,财政政策是有效的。(　　)

5. 新古典宏观经济学派认为,货币存量的变化仅仅导致价格水平的变化,而真实的变量(如产量、就业率、利率)均不会改变。(　　)

6. 依据新古典的 AS-AD 模型,在短期中,货币扩张会导致产出增加、价格上升。(　　)

7. 依据新古典的 AS-AD 模型，在长期中，货币扩张会导致产出增加、价格上升。（　）

8. 依据凯恩斯的 AS-AD 模型，在短期中，货币扩张一定会导致产出增加、价格上升。（　）

9. 依据新凯恩斯的 AS-AD 模型，在短期中，货币扩张一定会导致产出增加、价格上升。（　）

10. 新古典宏观经济学认为，只有未预期到的货币供给的变化才影响实际产量。（　）

11. 新古典宏观经济学认为，预期到的货币供给的变化最终会导致价格变化。（　）

12. 新凯恩斯主义认为，用政策来刺激总需求是必要的，不能等待工资和价格向下的压力带来经济恢复，因为这是一个长期的痛苦的过程。（　）

13. 新古典宏观经济学认为，用政策来刺激总需求是徒劳的，最终只会引起物价的上涨而不会引起产量的增加。（　）

14. 不利的供给冲击使总供给曲线上移，经济体的均衡产出左移。（　）

15. 不利的供给冲击的直接效应是提高了价格水平和降低了产量。（　）

16. 其他条件不变，生产力的提高会使总供给曲线向右移。（　）

17. 提高企业所得税会使总供给曲线向左移。（　）

18. 单位生产成本下降会使总供给曲线向左移。（　）

19. 凯恩斯的扩张政策会导致经济出现“滞胀”。（　）

20. 凯恩斯的扩张政策可以解决经济中出现的“滞胀”。（　）

（四）简答题

1. 作图论述 AS-AD 框架下的货币扩张效应。

2. 作图论述新古典的货币政策无效性主张。

3. 简述新古典宏观经济学认为货币政策无效性的意义。

4. 作图比较凯恩斯和古典的财政政策效果。

5. 作图论述新凯恩斯主义的稳定化政策。

6. 作图说明凯恩斯 *AS-AD* 模型对总需求冲击的解释。

7. 作图说明新古典 *AS-AD* 模型对总需求冲击的解释。

8. 作图说明凯恩斯 *AS-AD* 模型对总供给冲击的解释。

9. 作图说明新古典 *AS-AD* 模型对总供给冲击的解释。

10. 简述开放条件下内外均衡的形成及调整政策。

(五) 案例分析题

1. 总需求冲击与供需均衡

震惊世界的"9·11"之后,美英两国对阿富汗发动了军事打击。战争对经济产生了一些积极影响:不少人希望美国军火商能得到大量的坦克和飞机订单,通过军事支出的增加,引起总需求的增加,就业情况也会因许多人应征上前线而得到缓解,美国股市乃至经济借此一扫晦气。专家分析认为,此次战争对美国经济的影响与越战和海湾战争不同。20 世纪 60 年代末期,美国联邦政府的巨额国防开支和非国防开支,使本来已很强劲的私营部门总需求进一步增强,并积聚了很大的通货膨胀压力,这种压力在整个 70 年代也未能得到充分缓解。此后一直到 80 年代末期,大部分经济决策的主要任务就是抑制通货膨胀。与此相反,海湾战争却引发了一次经济衰退,这是在"沙漠盾牌行动"初期由于消费者信心急剧下降所导致的结果。但由于当时军队所需的大部分物资并不是依靠投资在未来实现的,所以并没有产生通货膨胀。但阿富汗战争与以往不同。首先,这次战争不太可能像海湾战争那样动用大规模地面部队。更重要的是,这场对抗隐蔽敌人的战争将主要通过非常规手段进行,与此相关的国防资源大多是军备库存中所没有的,因而需要新的开支计划,这对经济中的总需求会产生积极的影响。

请问:

(1) 一国的总需求主要是由哪几部分构成的?

(2) 军费支出的增加对总需求会产生什么影响? 影响总需求变动的因素主要有哪些?

2. 总供给冲击与供需均衡

原油是生产许多物品和劳务的关键投入，它已经成为一国经济发展中不可缺少的因素，所以石油价格的变化对许多国家的经济产生了很大的影响。对于一个主要利用石油生产许多产品的国家，该国经济中一些大的波动就主要源于石油价格的变化。20 世纪 70 年代中期，为了阻止石油价格的不断降低，中东地区的主要产油国组成了一个卡特尔组织——欧佩克。欧佩克成功地提高了石油价格：从 1973 年到 1975 年，石油价格几乎翻了一番；从 1978 年到 1981 年，石油价格上涨了一倍还多。石油输入国情况就不同了，由于石油供给的减少和石油价格的上升，这些国家生产汽油、轮胎和许多其他产品的企业成本迅速上升，而产品的价格不能同步迅速做出反应，所以这些企业都大量减少产量，或者干脆停业甚至破产。

问题：

(1) 解释什么是总供给曲线，说明影响总供给曲线变动的各种因素。

(2) 说明上述石油价格上升对总供给的影响机制。

3. 需求政策与供需均衡

最近 50 年中，西方经济学中发生了若干争论。仅就造成经济波动的原因而言，凯恩斯主义和货币主义从理论分析到实证分析都进行了广泛的论证和争论。争论似乎远没有结束，因为争论既没有证明谁是谁非，也没有使得那些坚定的人士改变自己的立场。倒是有一个方面值得注意，那就是争论之后两大经济阵营更倾向于综合。事实上，两大对立的阵营试图在维护自己“核心”的同时，争取到更多的理论观点。凯恩斯主义与货币主义的大论战再次表明，当面临经济问题与理论的矛盾时，经济学家首先会通过调整围绕基本信念核心的辅助性假设，本能地护卫他们的基本信念的核心；只要有可能，他们将一直这样做。只有没有任何理由再维护这一核心时，他们才会反思自己的信念。

问题：

(1) 简述货币主义与凯恩斯主义的理论分歧。

(2) 简述货币主义与凯恩斯主义分歧日益缩小的表现。

二、参考答案

(一) 名词解释

1. 解析:

货币扩张短期效应是指在短期中,货币扩张导致产出上升,价格提高,这归因于产出和就业水平上升带来的劳动成本的增加。

2. 解析:

货币扩张中期效应是指从中期来看,价格和产出会适当调整。产出高于潜在的产出水平,价格将持续上涨。

3. 解析:

货币扩张长期效应是指在长期中,价格和产出会进一步调整。只要经济体的产出水平仍高于充分就业的产出水平,*AS* 曲线就将进一步上移。最终的结果是,*AS* 曲线不断上移直到总供给曲线与总需求曲线相交。交点的产出水平回归到充分就业的产出水平为止,价格则持续上升。

4. 解析:

货币政策无效性是指新古典宏观经济学认为,能预期到的货币供给的变化将只改变价格水平,而对实际产量和就业没有影响;只有未预期到的货币供给的变化才影响实际产量。因而,货币政策是无效的。

5. 解析:

总需求冲击是指当政府为控制通货膨胀而实行提高利率等紧缩性货币政策时,将直接导致私人消费和企业融资成本上升,促使消费需求和企业投资需求减少,继而导致社会总需求下降。

6. 解析:

总供给冲击是源自生产成本的变化而产生的对经济体的一种扰动,其首要的影响是移动总供给曲线。在 20 世纪 70 年代,全球一些主要经济体总供给曲线就被两次大的石油危机所扰动。

7. 解析：

如果在原材料价格上涨之时政府通过扩张性的政策使总需求曲线上移经济体的均衡点在潜在产出水平上，这时我们将看到货币工资维持不变，经济体继续处于充分就业的状态。当然，真实工资已经下降了。这种调整政策被称为适应性政策。

8. 解析：

支出转换政策是指能够通过影响本国贸易商品的国际竞争力，改变支出构成而使本国收入相对于支出增加的政策，如汇率调整，关税，出口补贴、进口配额等。

9. 解析：

劳动成本加成定价法是指劳动成本（和加成比例）是决定产出价格的唯一因素；但是当投入品价格发生重大变化时，在产品总成本的构成中劳动成本所占的比例无疑会发生变化。具体的做法是使总成本不仅包括劳动成本、加成比例，而且还包括原材料价格。我们用 P_m 来表示原材料价格，则有如下新的价格决定方程：$P=\frac{W(1+Z)}{\alpha}+\theta P_m$。

10. 潜在产出水平是指一国在一定时期内可供利用的经济资源在充分利用的条件下所能生产的最大产量，也就是该国在充分就业状态下所能生产的产出水平，反映了在该时期内的最大产出能力。

（二）选择题（略）

（三）辨析题

1. 解析：

正确。在短期中，凯恩斯的总供给曲线是一条水平线，货币扩张引起总需求曲线右移，在水平的短期总供给曲线的条件下，产出增加，但价格保持不变。

2. 解析：

正确。在短期中，凯恩斯的总供给曲线是一条水平线，财政扩张引起总需求线右移,在水平的短期总供给曲线的条件下,产出增加。

3. 解析:

正确。在古典供给条件下,长期总供给线是一条垂直线,货币扩张引起总需求线右移,但是产出不增加,只是价格上升。

4. 解析:

错误。古典的总供给曲线是一条垂直线,政府支出增加或减税使需求曲线向右上方移动,但由于厂商不能雇用到更多的劳动力来扩大产量,供给无法满足扩大了的需求,因而仅仅是价格水平上升而产出水平不变。

5. 解析:

正确。在长期中,货币扩张引起总需求线右移,但是长期总供给线是一条垂直线,所以产出不增加,只是价格上升。

6. 解析:

正确。在短期中,新古典的总供给线是一条向右上方倾斜的曲线,货币扩张引起总需求线右移,在短期总供给曲线不变的条件下,产出增加、价格上升。

7. 解析:

错误。在长期中,货币扩张引起总需求线右移,但是,长期总供给线是一条垂直线,所以产出不增加,只是价格上升。

8. 解析:

错误。在短期中,凯恩斯的总供给曲线是一条水平线,货币扩张引起总需求线右移,在水平的短期总供给曲线的条件下,产出增加,但价格保持不变。

9. 解析:

正确。在短期中,新凯恩斯的总供给曲线是一条向右上方倾斜的曲线,货币扩张引起总需求线右移,在新凯恩斯短期总供给曲线条件下,产出增加、价格上升。

10. 解析:

正确。基于理性预期假设,人们会对预期到的货币供给变化采取规避措施，从而抵消货币供给变化的影响，最终引起价格上升但产量保持不变。只有未预期到的货币意外才对真实产量有短期的影响，这种影响主要表现为增大产量和就业超过其自然水平。

11. 解析：

正确。基于理性预期假设，人们会对预期到的货币供给变化采取规避措施，从而抵消货币供给变化的影响，最终引起价格上升但产量保持不变。

12. 解析：

正确。新凯恩斯主义在政策主张方面所持有的观点是，由于价格和工资的刚性，经济在遭受到总需求冲击后（例如导致经济衰退），从一个非充分就业的均衡状态回复到充分就业的均衡状态是一个缓慢的过程，因此用政策来刺激总需求是必要的。

13. 解析：

正确。在长期中，政策刺激引起总需求线右移，但是，长期总供给线是一条垂线，所以产出不增加，只是价格上升。

14. 解析：

正确。不利的供给冲击使总供给曲线上移，在总需求曲线不变的条件下，均衡产出左移、价格上升。

15. 解析：

正确。不利的供给冲击使总供给曲线上移，在总需求曲线不变的条件下，均衡产出左移、价格上升。

16. 解析：

正确。生产力的提高可以理解为正向的总供给冲击，会使总供给曲线右移。

17. 解析：

正确。提高企业所得税可以理解为反向的总供给冲击，会使总供给曲线右移。

18. 解析：

错误。生产力的提高可以理解为正向的总供给冲击，会使总供给曲线右移。

19. 解析:

正确。在短期中,货币扩张引起总需求线右移,导致产出增加。但在长期中,长期总供给线是一条垂线,所以,政策刺激只会导致价格上升。就新的短期而言,如果经济处于非充分就业状态,那么形成“滞胀”。

20. 解析:

错误。如果经济处于“滞胀”状态,在短期中,货币扩张引起总需求线右移,导致产出增加。但在长期中,长期总供给线是一条垂线,所以,政策刺激只会导致价格上升,从而“滞胀”加剧。

(四) 简答题

1. 解析:

(1) 货币的扩张在短期、中期和长期上都会产生不同的效应。如图 8-1 所示,在短期内货币扩张使总需求曲线由 AD_0 移至 AD_1,AD_1 与 AS 相交于 E_1 点,均衡产出与下一期的价格水平都将上升。在短期中,货币扩张导致产出上升,价格提高归因于产出和就业水平上升带来的劳动成本的增加。

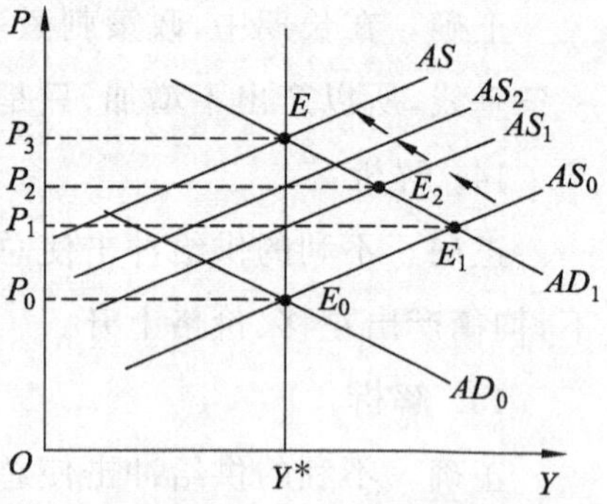

图 8-1 货币扩张的短期、中期和长期效应

(2) 从中期来看,价格和产出会适当调整。在 E_1 点,产出高于潜在的产出水平 Y^*,价格将持续上涨,新的供给曲线在价格水平为 P_1 时,通过充分就业的产出水平,即总供给曲线上移至 AS_1。AS_1 与 AD_1 相交于 E_2 点,不难发现产出水平已经开始下降但价格水平继续上升。因此,从第二期开始,经济体进入了一个由初始扩张到逆转的调整阶段,虽然产出水平仍高于充分就业状况下的产出水平 Y^*。

(3) 在长期中,价格和产出会进一步调整。只要经济体的产出水平仍高于充分就业的产出水平 Y^*,AS 曲线就将进一步上移。最终的结果是,

AS 曲线不断上移直到总供给曲线与总需求曲线相交，交点的产出水平回归到充分就业的产出水平为止，价格则持续上升。在长期中，一旦工资和价格进行了充分的调整，货币存量的增加不产生真实效应，即在长期中，货币是中性的——它没有真实效应，只有价格水平的上升。此处的货币中性与古典论点中的货币中性的重要区别在于：在这个更为现实的 *AS-AD* 框架内，货币在长期中才是中性的，在短期中却不是。在古典情形中，货币的一次性扩张立即引起价格水平等比例的上升，并没有真实的扩张。而此处的情形是，短期和中期的产出水平、价格水平都上升了，只有在长期中，才与古典情形一致。

2. 解析：

(1) 由公众所预期到的总需求的变动，不能导致整个经济产量和就业量的变动。只有未预期到的货币供给量(总需求)的变化才能使产出水平偏离其长期增长路径。预期到的和未预期到的总需求变化都能影响价格。结合两者可知，完全预期到的总需求增加只会使价格水平上升。

(2) 按照新古典宏观经济模型，造成波动的根源是货币冲击，而这种冲击一般是由中央银行的货币政策引起的。

(3) 根据新古典宏观经济模型，货币冲击首先影响到一般价格水平，经济当事人需要经过一段时间才能看清楚这种变化不是相对价格变化而是总需求变化，在这段时期里货币冲击的确能够影响产出。但是理性预期的经济当事人能够利用有关货币政策规则的知识，很快形成对未来价格的正确预期，纠正错误的产量决策，使社会总产量恢复到自然率水平。这就是说，只要货币当局的政策具有系统性，它就不能改变产出增长的长期路径。如果要长期影响产量，货币当局只能随机地改变货币政策，不让经济当事人掌握其规律，其代价是产出的剧烈波动。

(4) 上述政策含义可以进一步用图 8-2 来加以说明。在图 8-2 中，经济起初在 *A* 点处运行，该点是总需求曲线 AD_0、总供给曲线 $SRAS_0$ 和 $LRAS$ 三条线的交点。在 *A* 点，价格水平 P_0 被完全预见到(即实际和预期的价格水平一致)，产出和就业在其长期均衡的水平上。假设货币当局宣布打算提高货币供给,理性的经济当事人在形成他们的预期时会考虑这个信息,并完全预见到货币供给的提高对一般价格水平的影响,结果,产量和就业会停留在自然率水平上不发生变动。当货币工资在一个向上的价格预期之下提高时,总需求曲线从 AD_0 向右移到 AD_1 的效果就被总供给曲线从 $SRAS_0$ 到 $SRAS_1$ 向左的移动所抵消。在这种情况下,经济将从 A 点直接移动到 C 点,停留在垂直的长期供给曲线 $LRAS$ 上,即使在短期,产量和就业也没有变化,即货币是中性的。

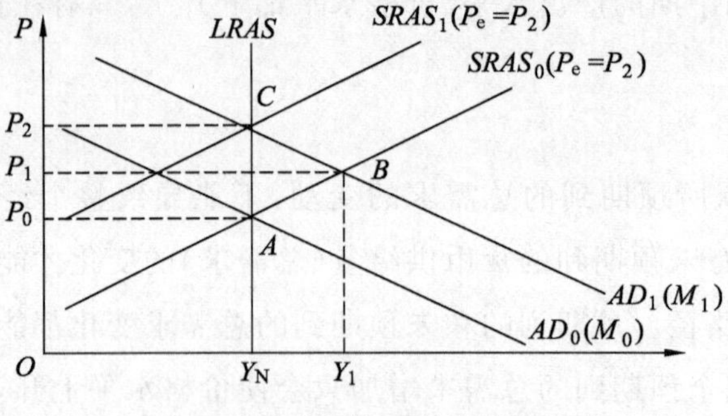

图 8-2 "政策无效性"主张

(5) 另一方面,设想货币当局出乎经济当事人的意料,在未宣布其打算的情况下增加货币供给。这时,拥有不完全信息的厂商和工人把一般价格水平上升的结果错误地当作相对价格的上升,他们做出的反应是提高产量和增加劳动供给。换言之,工人和厂商错误地把这些看作是对他们劳务和产品需求的实际增长,从而增加劳动和产品的供给。根据所给图形,总需求曲线将从 AD_0 移动到 AD_1,在 B 点与 $SRAS_0$ 相交。从图 8-2 中可以看出,这时经济的产量为 Y_1,它偏离了产出的自然率水平 Y_N,这被认为是经济当事人预期误差的结果。按照新古典宏观经济学的说法,产量和就业的任何偏离自然水平的变化都只被看作是暂时的。一旦经济当事人意识到相对价格并没有变化,产量和就业就回到它们的长期均衡(自然率的)水平。根据图 8-2,一旦经济当事人充分调整了他们的价格预期,总供给曲线就会从 $SRAS_0$ 向左移动到 $SRAS_1$,与 AD_1 在 C 点相交。

(6) 总之,新古典宏观经济学的观点是:第一,能预期到的货币供给的变化将只改变价格水平，而对实际产量和就业水平没有影响；第二，只有未预期到的货币供给的变化才会影响实际产量。

3．解析：

（1）新古典宏观经济学认为货币政策无效性的观点是：第一，能预期到的货币供给的变化将只改变价格水平，而对实际产量和就业水平没有影响；第二，只有未预期到的货币供给的变化才会影响实际产量。

（2）这种货币政策无效主张对于宏观经济政策的稳定作用及实施的争论有重要意义。如果货币供给是由当局依照一些“已知”的规则决定的，那么即使在短期中，当局也不可能通过系统性的货币政策影响产量和就业，因为这可能被经济当事人预见到。例如，当局采用一项货币规则，每年确定 6 个百分点的货币增长率。在形成通货膨胀预期时，理性的经济当事人会把他们对这 6％的货币扩张造成的影响的预见包括进去。结果这一货币规则的系统性分量（即 6％）对真实变量没有影响。如果实际上货币供给每年以 8％的比率增长，货币扩张的非系统性（未预见到的）分量（也就是每年 2％）会使产量和就业暂时提高到它们的长期均衡（自然）水平之上。在另外一种情况下，当局可能通过反馈规则（例如对失业和产出变化的反应）来决定货币供给。同理，众所周知的反馈政策规则引起的货币增长率的变化也会被经济当事人预见到，这使反馈政策规则失效。只有对众所周知的货币规则的未被预见的偏离（例如货币当局的政策误差或未被预见的政策变化）才影响产量。

4．解析：

（1）如图 8-3 所示，凯恩斯财政政策是：政府支出增加或减税使 AD 曲线向右上方移动至 AD'，新的均衡位于 E' 点，价格不变、产出增加。政府的财政政策具有充分的政策效应。

（2）如图 8-4 所示，古典的财政政策是：政府支出增加或减税使 AD_1 曲线向右上方移动至 AD_2。在初始的价格水平 P_0，经济体的总需求上升至 E' 点的 Y'，但由于厂商不能雇用到更多的劳动力来扩大产量，供给无法满足扩大了的需求，因而仅仅是价格水平上升而产出水平不变。

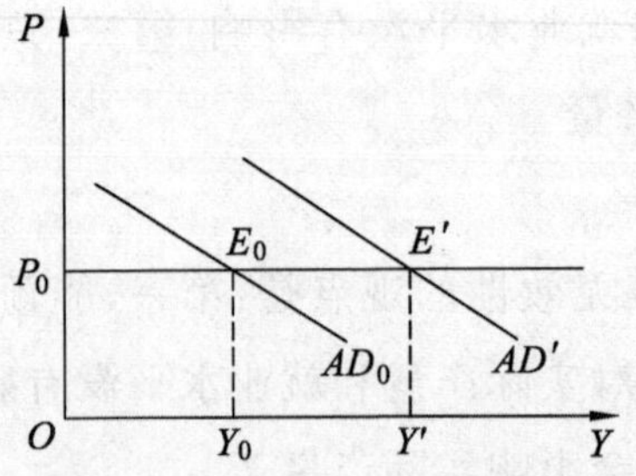

图 8-3　财政扩张:凯恩斯观点

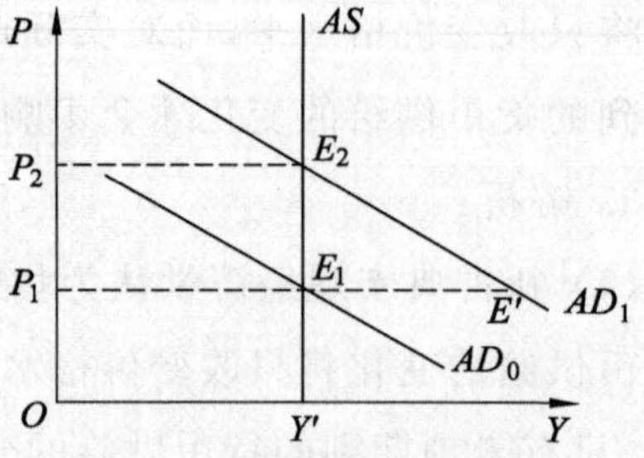

图 8-4　财政扩张:古典观点

5. 解析:

(1) 新凯恩斯主义在政策主张方面所持有的观点是,由于价格和工资的刚性,经济在遭受到总需求冲击后(例如导致经济衰退),从一个非充分就业的均衡状态回复到充分就业的均衡状态是一个缓慢的过程,因此用政策来刺激总需求是必要的,不能等待工资和价格向下的压力带来经济恢复,因为这是一个长期的痛苦过程。如图 8-5 所示。

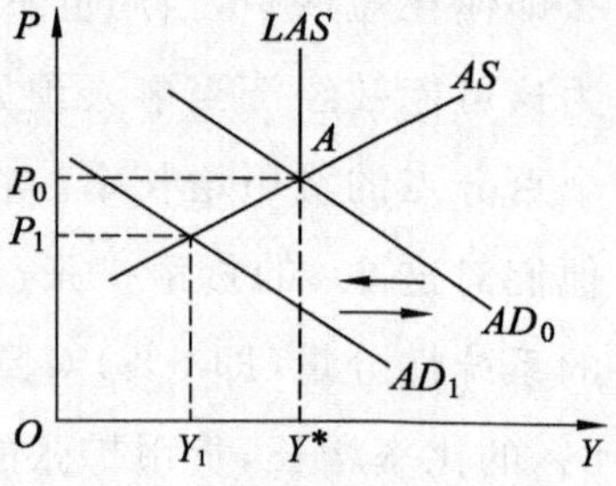

图 8-5　新凯恩斯主义稳定化政策

(2) 假定经济最初处于由总需求曲线 AD_0 和总供给曲线 AS 的交点 A 所确定的充分就业状态,这时的收入和价格水平分别为 Y^* 和 P_0。在为期一年的劳动合同被签订后的某一天,由于经济遭受总需求冲击,使总需求曲线移动到 AD_1,实际收入下降到 Y_1,价格水平下降到 P_1。这时政府有两种选择:一是使该经济停留在价格水平为 P_1,收入水平为 Y_1 的萧条状态(至少短期如此);二是政府采取旨在刺激需求的政策。新凯恩斯主义主张第二种方案,按照这一方案,总需求曲线又从 AD_1 回到原来的 AD_0 的位置,从而经济又恢复到原来充分就业的状态上。由于直到这一年的年末,尽管厂商和工人都有理性预期,但原有的劳动合同没到期,这样就没有新的劳动合同签订,这意味着 AS 曲线并没有变动,从而上述稳定化政策是必要的。

6. 解析:

(1) 总需求的冲击往往会使宏观经济的短期均衡偏离长期均衡,导致经济波动的产生。影响总需求变动的因素有很多,我们仅考虑货币政策这一因素。假定政府认为目前经济可能要转入衰退阶段,决定增加货币供应量以"刺激"经济。我们知道,货币供应量的增加会扩大总需求,使总需求曲线向右移动。

(2) 为了清楚地考察这一政策变量对宏观经济的影响,假定在货币供应量增加之前,经济处在图 8-6 中 A 点所示的长期均衡状态。在图 8-6 中,由总需求曲线 AD_0 和短期总供给曲线 SAS_0 决定的短期均衡点 A 恰好等于长期总供给,所以 A 点是长期均衡点,均衡价格水平为 P_0,均衡产量为潜在总产量 $\overline{Y}$。现在假设政府突然增加货币供应量,总需求曲线由 AD_0 移动到 AD_1,均衡点将偏离长期均衡,从 A 点移动到 B 点,相应的均衡价格水平和均衡总产量分别为 P_1 和 Y_1。B 点和 A 点相比,价格水平上升,实际产出大于潜在产出,失业率要小于自然失业率,整个社会处在超充分就业均衡状态。

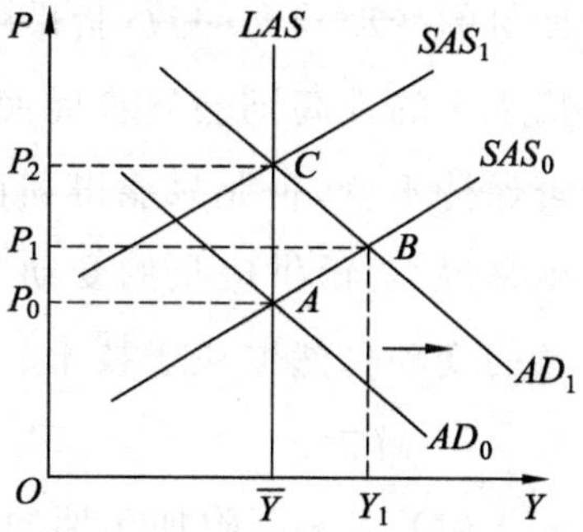

图 8-6 凯恩斯的总需求冲击

(3) 一个经济不可能长久保持在超充分就业均衡状态,因为随着时间的推移,工资、价格会对总需求的变动做出反应,使社会回到长期均衡状态。例如,在名义货币工资不变的情况下,价格的上升意味着工人实际工资(实际购买力)下降。当工人发现自己工资的实际购买力下降时,就会提出增加工资的要求,而厂商由于价格上升时得到了超额利润也会做出让步,这样在新的合同中,工人的工资会增加。工资的增加会增加成本,企业就会缩减生产从而减少总供给,短期总供给曲线会向左移动。由于人们对价格的变动有一个逐步适应的过程,而且工资的调整也不可能一步到位,因此在没有其他外部因素干预的情况下,宏观经济回到长期均衡将是一个缓慢的过程,这表现为短期总供给曲线 SAS_0 沿着总需求曲线 AD_1 逐步地由 B 点向左移动,一直到长期均衡点 C,此时短期总供给曲线为 SAS_1。在 C 点,总需求曲线 AD_1 和短期总供给曲线 SAS_1 在长期总供给曲线 LAS 上相交,宏观经济重新达到了长期均衡,此时均衡价格水平为 P_2,高于原先的长期水平 P_0,但均衡总产量保持不变,仍为潜在总产量 $\overline{Y}$。

(4) 总之,在短期中,由于某些名义变量不具备充分伸缩性,货币供应量的变动会造成实际产量的变动。但在长期中,市场机制的作用会使名义变量的变动趋向一致:货币供应量增加会带来价格水平同比例的提高,而价格水平的提高则会逐步促使名义货币工资同比例增加,因此长期内实际工资保持不变,企业只能得到正常利润,失业率会回到自然失业率的水平。也就是说,货币供应量的变动并不能改变一国潜在的长期总产量,潜在的总产量的变动仍然取决于技术、人口和资本存量等实际因素。

7. 解析:

(1) 下面用附加预期的总供给曲线来考察总需求冲击对宏观总量均衡的影响。图 8-7 显示了总需求和总供给曲线,其中,总供给曲线是附加了预期的总供给曲线 EAS,位置取决于预期价格水平的高低。图 8-7 中 EAS_0 曲线是初始的预期价格水平为 P_0 的短期总供给曲线,它与总需求曲线 AD_0 在实际价格水平为 P_0 的 E_0 点相交,并同时经过代表充分就业产量水平 $\overline{Y}$ 的长期总供给曲线 LAS。因此,在 E_0 点,实际价格等于人们的预期水平,经济处于充分就业的长期均衡状态。

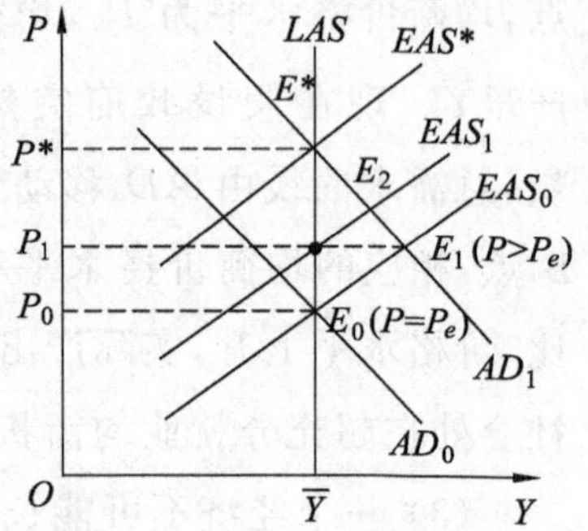

图 8-7 新古典的总需求冲击

(2) 现在假定政府实行扩张性货币政策。货币供应量增加了,总需求曲线肯定会向上移动,由 AD_0 移至 AD_1。短期内,人们没有预期到价格水平的变化,企业成本也不会发生变化,因而附加预期的总供给曲线 EAS 不会移动。结果是 EAS_0 曲线与 AD_1 曲线相交而形成新的短期均衡点 E_1,这时的实际价格为 P_1,而预期价格仍为 P_0,实际价格大于预期价格,即 $P>P_e$,所以产量增加了。因此预料之外的货币扩张会导致产量的增加。

(3) 值得注意的是,E_1 点的短期均衡不能持续很久。由于实际价格高于预期值,人们经济活动的结果与原来的设想并不一致,这样,居民和企业都会修正自己的预期。如果居民和企业都把上一期的价格作为这一期价格的预期值(这又被称为适应性预期),那么第二期的预期价格就是 P_1。按照这个预期价格,总供给曲线向上移至 EAS_1,EAS_1 在 P_1 的价格水平上经过代表充分就业产量水平的长期总供给曲线 LAS。

(4) 有了新的总供给曲线 EAS_1 和总需求曲线 AD_1,就形成了新的均衡点 E_2,这时产量已有所下降,而价格则进一步上升。虽然实际价格仍然高于人们的预期值,但差距已经缩小。居民和企业将不断调整对价格的预期,使预期价格与实际价格的差距不断缩小,最终将预期价格提高到 P^*。相应的,EAS 曲线向上移动到 EAS^*。EAS 曲线的向上移动在总需求曲线 AD_1 上给出了一系列均衡位置,从 E_1 开始直到 E^*。在整个调整过程中,总产量一直高于潜在水平,但从 E_1 点开始逐渐回复到潜在水平,价格则持续上升。总供给曲线移到 EAS 时与总需求曲线 AD_1 在 E 点相交,在 E 点,实际价格与人们的预期相符,实际产出与潜在水平一致,经济回到了充分就业状态,只是价格水平提高了。

(5) 因此,在短期内,扩张性货币政策如果没有被预期到,货币供给量的增加能使实际产出增加。但是货币供给量的增加不可能永远不被预期到,当人们完全预期到价格变动后,货币扩张就不再有实际影响,而只反映为价格的上升。根据上述总供给动态模型,在长期内,货币变动是中性的——它没有实际效应而只影响价格,尽管它在短期内确实会影响产量。

8. 解析:

(1) 政策制定者面临由于总供给波动而引起的滞胀时,一般有两种选择。第一个选择是保持总需求曲线不变,等待市场机制自行调节,如图 8-8(a)所示。石油提价会促使人们采取节能措施和寻找替代能源,以减少对石油的依赖。例如,石油危机后日本生产的小型省油汽车开始风靡美国,使美国的汽车耗油量大大下降;另一方面,核能、太阳能、水能也得到了更快的发展,在更大范围里实现了对石油的替代。这样,人们对石油的需求量会不断减少,从而促使世界市场上石油价格逐步下降。石油价格的下降导致企业成本的下降,企业会扩大生产使总供给增加,表现为短期总供给曲线沿

着总需求曲线 AD 逐步向原先的长期均衡点 A 移动,一直回到 A 点。但是,这个过程相当漫长,因为节能和开发新能源都需要时间,因此整个经济会面临一段较长时期的衰退。

(2) 第二个选择是扩大总需求。在图 8-8(b)中,政府可以采取扩张性宏观经济政策,将总需求曲线从 AD_0 推移至 AD_1,均衡点将会从 B 点移动到 C 点。在 C 点,均衡产量回到了原来的潜在的水平 $\overline{Y}$,但价格水平却进一步上升至 P_2。这样,可以避免长期经济衰退的痛苦,但必须付出通货膨胀的代价。

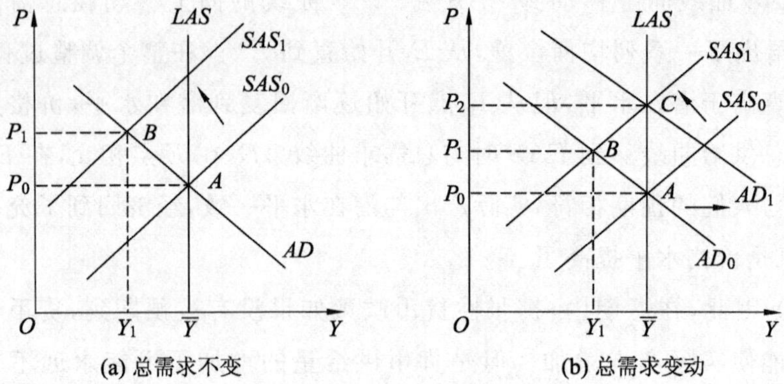

图 8-8 凯恩斯的总供给冲击

9. 解析:

(1) 假定石油价格上涨前经济处于长期均衡状态,如图 8-9 所示,短期总供给曲线 EAS_0 与总需求曲线 AD_0 在 A 点与长期总供给曲线 LAS 相交,均衡价格为 P_0,实际价格等于预期价格。石油价格的突然上升使总供给曲线向左上方移动,因为现在在每个产量水平上生产成本都提高了,居民和企业对价格水平的预期也提高了。在图 8-9 中,短期总供给曲线由 EAS_0 上移至

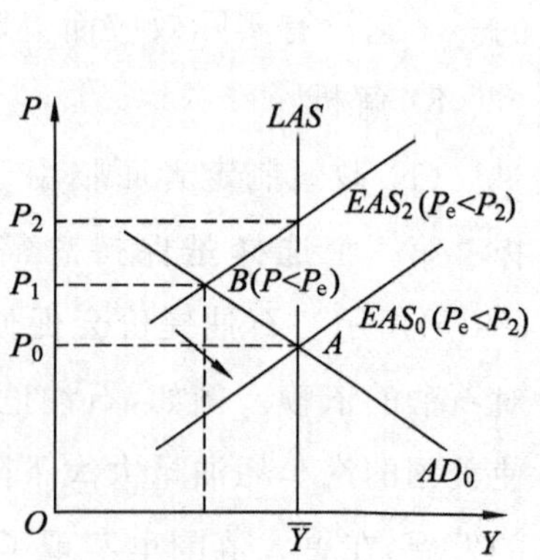

图 8-9 新古典的总供给冲击

EAS_2，经济均衡点从 A 点移到 B 点。因此，这种总供给冲击的直接效应是提高价格水平和降低产量。在这里，假定总供给的冲击不影响潜在产量水平 $\overline{Y}$。还可以发现，在 B 点预期价格水平为 P_2，实际的价格水平为 P_1，因此实际价格要低于人们的预期。

(2) 供给冲击发生以后经济将如何调整呢？在图 8-9 中，经济将从 B 点回到 A 点。经济处于 B 点时，人们会按照低于预期水平的实际价格调整预期，预期价格水平会下降，短期总供给曲线会向右下方移动，促使工资连同价格水平一起下降，这样失业率和产出水平会不断增加。向 A 点调整的速度取决于预期调整的速度。如果预期调整是缓慢的、整个经济的调整也将是缓慢的；如果预期调整较快，整个经济的调整也将较快。调整沿 AD_0 曲线进行，直至均衡点 A，此时人们的预期和现实达到一致，经济恢复到充分就业水平，价格水平也和冲击前一样。

10. 解析：

(1) 图 8-10 是在固定 P_f，M，G 和 E 之后绘制而成的。图示说明：

① $NX=0$ 表示经常项目平衡，在不考虑资本完全流动的情况下，$NX=0$ 代表着外部平衡，AS，AD，$NX=0$，$Y=Y^*$ 四条曲线相交于同一点 E_0，表明 E_0 是内外平衡同时实现的经济状态。

② 曲线 $NX=0$ 向右下方倾斜源于该曲线的性质。

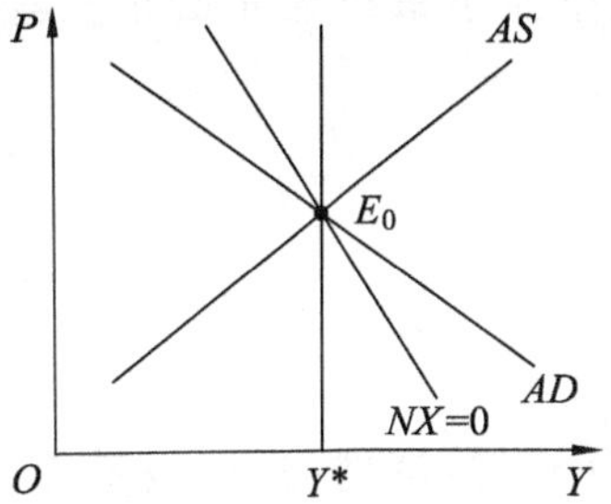

图 8-10　AS-AD 框架下的内外均衡

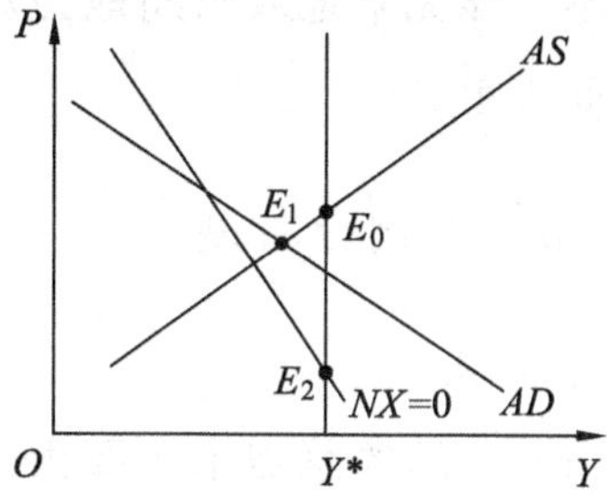

图 8-11　价格调整的开放经济均衡

因为 $NX=X\left(Y_f,\dfrac{eP_f}{P}\right)-Q\left(Y,\dfrac{eP_f}{P}\right)$。

所以，当 $NX=0$ 时，$X=Q$，P 下降时要维持外部平衡 Y 必然是上升的。

③ Y_f,P_f是方程 $NX=0$ 的参数,P_f下降曲线 $NX=0$ 左移,Y_f下降曲线 $NX=0$ 也会左移。

④ $NX=0$ 右上方的点表示国际收支(经常项目)赤字点,$NX=0$ 左下方的点表示国际收支(经常项目)盈余点。

⑤ 曲线 $NX=0$ 比曲线 AD 陡峭。

(2) 不利外部冲击的影响

当 Y_f或 P_f下降时,曲线 $NX=0$ 左移,表明本国的出口需求下降,AD 曲线也将左移。

不利的外部冲击将使得产出水平下降、内部的充分就业均衡被打破,同时外部均衡也被打破。E_1 点是失业与赤字并存的状态点。

(3) 失衡的可调整方式

在 E_1 点出现贸易赤字,原因不外乎是 P 太高或者 Y 太高。为实现贸易均衡,要么 P 下降,使本国产品变得具有竞争力,要么降低 Y,减少本国进口需求。

当然也可以为贸易赤字融资,具体途径有:央行出售外汇储备、私人部门出售国外资产、向国外部门借钱。但是,动用外汇储备显然要受到外汇储备存余的限制,出售国外资产和向国外借钱也并非长久之计。因此,一个经济体不可能无限地或长期地为赤字融资,调整赤字最终还是必须从经济的基本面入手。

(五) 案例分析题

1. 解析:

(1) 一国的总需求主要由以下几个部分构成:消费需求、投资需求、来自政府方面的需求以及国外的需求。

(2) 军费支出的增加会使总需求增加,总需求曲线发生向右上方的移动。

① 影响总需求变动的因素有以下几个:消费需求、投资需求和政府支

出以及来自国外需求的变化。其影响方式有：一是消费支出增加或储蓄减少，总需求曲线向右上方移动；二是厂商投资增加导致总需求曲线向右上方移动；三是政府购买增加或税收减少，总需求曲线向右上方移动。四是来自国外的需求增加，总需求曲线向右上方移动。反之，则反向移动。这些因素主要是以使需求曲线发生移动的方式影响总需求。

② 总体物价水平也对总需求产生影响，当总体物价水平上升时，会使总需求减少，反之会使总需求增加，价格水平变动对总需求的影响是在同一条需求曲线上的移动。

2. 解析：

(1) 总供给曲线表示一系列价格总水平下经济所提供商品和劳务的总量，即总供给曲线表示经济中厂商愿意并且能够供给的总产出量随价格总水平变动而变动的轨迹。一般地，如果以 Y 表示经济中的总产出，P 表示价格总水平，则总供给函数 S 可以表示为：$Y=F(P)$ 。

影响总供给曲线的因素主要有以下几个：① 自然的和人为的灾祸；② 技术变动；③ 资本存量的变动；④ 工资率等要素价格的变动。例如，石油价格、国家制定最低工资法等。此外，从短期来看，人们的预期也会影响到总供给。

(2) 石油价格的上升，导致总供给曲线向左移动，而同时总需求曲线不变，这样，新的经济均衡的结果必然是均衡产量下降，均衡价格上升。

3. 解析：

(1) 货币主义与凯恩斯主义之间的分歧可以用总需求和总供给分析简单地概括为：

① 在影响总需求的因素方面，货币主义认为货币是最关键的因素，而凯恩斯主义则强调自主支出尤其重要。

② 在总供给方面，凯恩斯主义认为由于经济中名义变量存在着刚性，因而总供给曲线 AS 较为平缓。而货币主义则认为，价格和工资变动具有相对灵活性，总供给曲线 AS 较为陡峭。

③ 在政策方面，凯恩斯主义认为由于在经济低于潜在产出水平时，总

供给曲线相对平缓,因而增加总需求的政策是有效的,其中尤其应以财政政策为主。货币主义则认为主要是货币政策才对总需求产生影响,同时由于总供给曲线相对陡峭,因而货币政策对产出的影响也是有限的,货币主义者建议采取单一货币规则。

(2) 从上述分析中可以看出,货币主义和凯恩斯主义都认为总需求中投资起到重要的作用,只是前者注重利率的稳定性,而后者更注重自主投资;在总供给方面,两种观点关键的差异无非是总供给曲线陡峭程度不同;在政策方面更可以认为是货币政策和财政政策的搭配使用而已。

第9章

宏观经济政策实践

一、习　题

（一）名词解释

1. 宏观经济政策
2. 充分就业
3. 价格稳定
4. 持续均衡增长
5. 对外经济平衡
6. 需求管理政策
7. 供给管理政策
8. 国际经济政策
9. 财政收入政策
10. 财政支出
11. 财政政策的自动调节
12. 财政政策的主动调节
13. 商业银行
14. 中央银行
15. 货币乘数
16. 再贴现率政策
17. 公开市场业务

18. 法定存款准备金率

(二) 选择题

1. 以下关于宏观经济政策目标说法错误的是(　　)。

A. 宏观经济政策目标并不总是一致的

B. 政府总是可以同时实现所有的经济政策目标

C. 充分就业和价格稳定在一定程度上是相互矛盾的

D. 国际收支平衡能反映一国经济的稳定程度

2. 以下项目中不属于自动(内在)稳定器的是(　　)。

A. 政府购买　　B. 税收

C. 政府转移支付　　D. 农产品价格维持制度

3. 自动稳定器的功能可以体现在(　　)。

A. 稳定收入,刺激价格波动　　B. 缓和经济波动

C. 保持经济的充分稳定　　D. 实现充分就业

4. 下列财政制度一般不会产生自动稳定效应的是(　　)。

A. 企业所得税　　B. 个人所得税

C. 遗产税　　D. 农产品价格的变化

5. 属于紧缩性财政工具的是(　　)。

A. 减少政府支出和减少税收　　B. 减少政府支出和增加税收

C. 增加政府支出和减少税收　　D. 增加政府支出和增加税收

6. 如果存在通货膨胀缺口,应采取的财政政策是(　　)。

A. 增加税收　　B. 减少税收

C. 增加政府支付　　D. 增加转移支付

7. 如果经济中存在着失业,应采取的财政政策工具是(　　)。

A. 增加政府支付　　B. 提高个人所得税

C. 提高公司所得税　　D. 增加货币发行量

8. 经济过热时,政府应该采取的财政政策是(　　)。

A. 增加财政支出　　B. 增加财政赤字

C. 减少财政支出　　D. 减少税收

9. 当政府购买支出的增加与转移支付的减少相同时，国民收入水平会(　　)。

A. 增加　B. 减少　C. 不变　D. 难以确定

10. 政府转移性支出与税收同步增加，均衡国民收入会(　　)。

A. 增加　B. 减少　C. 不变　D. 难以确定

11. 当所得税税率既定、政府预算平衡时，减少自主性投资会降低均衡收入水平，并且使政府预算(　　)。

A. 保持平衡　　B. 有盈余

C. 出现赤字　　D. 以上三种情况都有可能

12. 在经济衰退时期，如果政府不加干预的话，会引起(　　)。

A. 税收减少，政府支出增加

B. 税收减少，政府支出减少

C. 税收增加，政府支出减少

D. 税收增加，政府支出增加

13. 在下列财政政策中，将导致国民收入水平增长最大的是(　　)。

A. 政府增加购买 50 亿元的物品与劳务

B. 政府增加 50 亿元的税收并用于物品与劳务的购买

C. 政府减少征税 50 亿元

D. 政府增加 50 亿元的转移性支付

14. 如果通货膨胀过快，则应采取的财政政策是(　　)。

A. 增加税收　　B. 减少税收

C. 增加政府支出　　D. 增加转移支付

15. 当存在失业时，应采取的财政政策是(　　)。

A. 提高个人所得税　　B. 增加货币发行量

C. 增加政府支出　　D. 提高企业所得税

16. 财政政策包括(　　)。

A. 创造工作岗位的计划　　B. 最低工资安排

C. 失业保险计划　　D. 财政支出和税收安排

17. 属于扩张性财政政策工具的是(　　)。

A. 减少政府支出和税收　　B. 减少政府支出和增加税收

C. 增加政府支出和减少税收　　D. 增加政府支出和税收

18. 下列项目不属于政府购买的是(　　)。

A. 地方政府举办三所中学　　B. 政府给低收入者提供住房补贴

C. 政府订购一批军火　　D. 政府建造办公大楼

19. 挤出效应越大,则扩张性财政政策(　　)。

A. 越容易实施　　B. 越难于实施

C. 扩张效应越大　　D. 扩张效应越确定

20. 下列活动属于公开市场业务的是(　　)。

A. 商业银行信贷活动

B. 商业银行通过市场买卖政府债券

C. 中央银行通过市场买卖政府债券

D. 中央银行调整面向商业银行的贷款

21. 中央银行在公开的证券市场上买入政府债券,会使货币供给量(　　)。

A. 增加　　B. 减少　　C. 不变　　D. 难以确定

22. 中央银行在公开的证券市场上卖出政府债券的目的是(　　)。

A. 弥补政府财政赤字　　B. 增加商业银行在央行的存款

C. 减少基础货币紧缩货币供给　　D. 获取债券差价利益

23. 紧缩货币的政策是(　　)。

A. 降低法定存款准备金率　　B. 增加货币供给

C. 中央银行买入政府债券　　D. 提高再贴现率

24. 降低再贴现率的政策(　　)。

A. 通常导致债券价格下降

B. 将制约经济活动

C. 与提高法定存款准备金率的作用相同

D. 将增加银行的贷款意愿

25. 紧缩性货币政策的运用会导致(　　)。

A. 减少货币供给量,降低利率　　B. 增加货币供给量,提高利率

C. 减少货币供给量,提高利率　　D. 增加货币供给量,降低利率

26. 法定存款准备金率越高,(　　)。

A. 银行越不愿意贷款　　B. 货币供给量越大

C. 越可能引发通货膨胀　　D. 商业银行存款创造越困难

27. 在以下货币政策工具中,能对货币供给量进行微调的是(　　)。

A. 公开市场业务　　B. 再贴现率

C. 法定存款准备金率　　D. 消费信用控制

28. 商业银行之所以有超额准备,是因为(　　)。

A. 没有找到合适的贷款对象　　B. 吸收的存款太多

C. 向中央银行申请的贴现太多　　D. 前三种情况都可能发生

29. 在没有财政政策干预的情况下,国民收入水平的提高最有可能导致(　　)。

A. 政府支出减少　　B. 政府财政赤字增加

C. 政府税收减少　　D. 政府税收增加

30. 货币政策影响经济的最重要渠道是(　　)。

A. 直接影响收入　　B. 改变借款的成本

C. 直接影响价格　　D. 改变资金的周转率

31. 如果中央银行回购央行票据,则(　　)。

A. 商业银行的准备金会增加　　B. 货币供给量会增加

C. 货币的需求量会下降　　D. 利率会上升

32. 中央银行最常用的货币政策工具是(　　)。

A. 法定存款准备金率　　B. 再贴现率

C. 公开市场业务　　D. 道义劝告

33. 基础货币包括商业银行在中央银行的存款与(　　)。

A. 商业银行的库存现金　　B. 商业银行的超额准备金

C. 流通于银行体系之外的现金　　D. 商业银行吸收的活期存款

34. 代理政府债券的发行属于中央银行的(   )职能。

A. 发行银行　　B. 政府的银行

C. 银行的银行　　D. 管理金融的银行

35. 如果通货膨胀压力太大,那么中央银行的货币政策应(   )。

A. 在公开市场上购买政府债券

B. 在公开市场上出售政府债券

C. 降低法定存款准备金率

D. 要求财政部购买更多的政府债券

36. 对再贴现率的正确理解是(   )。

A. 商业银行对最有信誉的客户收取的贷款利率

B. 商业银行为其定期存款所支付的利率

C. 中央银行对商业银行的存款所支付的利率

D. 中央银行向商业银行贷款的利率

37. 在中央银行资产负债业务中,哪些项目变化会引起基础货币增加?(   )

A. 国外净资产增加　　B. 对政府债权净额增加

C. 对商业银行债权增加　　D. 以上选项都正确

38. 在其他条件不变的情况下,超额准备率降低会使货币乘数(   )。

A. 变小　B. 变大　C. 不变　D. 无法判断

39. 下列导致基础货币增加的行为有(   )。

A. 降低再贴现率　　B. 提高法定存款准备金率

C. 增税　　D. 在公开市场上正回购

(三) 辨析题

1. 财政政策可以影响总需求,因此它可以使就业和国民收入得到调节。(   )

2. 紧缩性的货币政策会使利率上升,收入减少。(   )

3. *IS* 曲线越平坦,政府扩大支出对私人投资的挤出效应就越小。(   )

4. 只要挤出效应小于 1,政府支出的增加就能刺激国民收入的增长。(　　)

5. 货币需求对利率变动越敏感,财政政策的效果就越大。(　　)

6. 货币需求对利率变动越不敏感,货币政策的效果就越小。(　　)

7. 投机需求的利率系数越大,货币政策的效果越大。(　　)

8. 法定存款准备金率越高,则货币创造乘数就越小。(　　)

9. 充分就业的预算盈余是指在充分就业(潜在的国民收入)水平上所产生的预算盈余。(　　)

10. 法定存款准备金率的公式是 $r_d = R/D$。式中,R 是存款准备金,D 是活期存款。(　　)

11. 银行系统创造存款货币的乘数小于 1。(　　)

12. 投资业务属于商业银行的负债业务。(　　)

13. 当超额准备金率降低时,货币乘数会变大。(　　)

14. 提高再贴现率将直接减少商业银行在中央银行的准备金。(　　)

15. 财政的自动调节是政府改变财政支出或收入,通过乘数效应对国民收入发挥调节作用。(　　)

16. 再贴现实质上是中央银行向商业银行提供融资支持的行为。(　　)

17. 公开市场业务是中央银行最常用的货币政策工具。(　　)

(四) 简答题

1. 试用 *IS-LM* 模型分析财政政策效果。

2. 试用 *IS-LM* 模型分析货币政策效果。

3. 画图并说明:同时实施扩张性的财政政策和扩张性货币政策的政策效果。

4. 宏观经济政策目标及主要工具有哪些?

5. 自动稳定器的内容和作用是什么?

6. 货币政策起作用的途径有哪些?

7. 简述货币政策工具发挥作用应注意的问题。

(五) 计算题

1. 已知某国的投资函数为 $I=300-100r$,储蓄函数为 $S=-200+0.2Y$,货币需求为 $L=0.4Y-50r$,该国的货币供给量 $M=250$,价格总水平 $P=1$。

(1) 写出 IS 和 LM 曲线方程。

(2) 计算均衡的国民收入和利率。

(3) 在其他条件不变情况下,政府购买增加 100,均衡国民收入增加多少? 挤出效应是多少?

2. 已知存款为 20 万亿元,商业银行存款准备金为 3 万亿元,法定准备率由 7%上调至 7.5%。请问:

(1) 法定准备率上调将使法定准备金变化多少?

(2) 这对货币供给有何影响?

3. 如果在法定存款准备金率为 20%,而且没有通货外流的情况下,某人将价值 1 000 元的政府债券出卖给中国银行,并将所得款项存入 A 银行。表 9-1 给出了这笔新增存款扩张货币的第一轮过程。

(1) 将表 9-1 填写完整。

(2) 计算货币乘数。

(3) 比较 6 轮之后与整个过程结束后的货币增加量。

表 9-1

轮次	新增存款	新增贷款	新增准备金	货币增加量	累计
1	1 000	800	200	1 000	1 000
2					
3					
4					
5					
6					
合计					

4. 已知一个宏观经济的消费函数为 $C=100+0.8Y_D$，自发投资 $I=50$，政府的财政政策包括：政府购买支出 $G=200$，征收 $T_0=60$ 的定量税和税率 $t=0.25$ 的比例税（单位均为亿元）。求：

(1) 宏观经济均衡时的国民收入 Y 是多少？

(2) 政府支出乘数是多少？

(3) 财政盈余是多少？

5. 一国经济中的平均税收占国民收入的比重为 27%，为达到充分就业的国民收入 9 800 亿美元的水平，政府必须保持其开支在 2 960 亿美元的水平。求：

(1) 充分就业时政府预算盈余或赤字额。

(2) 当充分就业的收入水平为 9 700 亿美元时的政府预算盈余。

6. 已知收入中的 90%用来消费，税收为收入总额的 25%，投资为 600 亿元，贸易逆差为 25 亿元，政府支出为 2 700 亿元，假定充分就业的国民收入为 10 600 亿元。求：

(1) 当前的财政赤字。

(2) 充分就业时的财政赤字。

7. 假定法定存款准备金率为 0.12，没有超额准备金，对现金的需求是 1 000 亿美元。如果总准备金为 400 亿美元，求：

(1) 货币供给是多少？

(2) 若法定存款准备金率提高到 0.2，货币供给变动多少？

(3) 若法定存款准备金率为 0.12 时，央行买进 10 亿美元政府债券，货币供给变动多少？

（六）案例分析题

1. 二战后到 20 世纪 70 年代末美国财政政策实践

从第二次世界大战后到 20 世纪 70 年代末，美国的财政政策大致可以分为三个阶段。

第一阶段是 1945—1960 年，杜鲁门和艾森豪威尔时期坚持平衡预算。

尽管二战时期的成就说明了赤字财政在一定条件下的积极作用,但杜鲁门和艾森豪威尔并没有简单地接受赤字财政思想。他们交替运用扩张性和紧缩性财政政策对付波动,然而,他们却没有放弃年度平衡预算或周期平衡预算的目标,因而在他们的任期内出现的财政赤字数额较小。

第二阶段是1961—1968年,肯尼迪和约翰逊时期实行赤字财政。20世纪60年代初,肯尼迪认为,艾森豪威尔时期失业率上升,国民生产总值增长不快,是因为财政政策过于保守,必须通过积极的财政政策促进经济发展,解决就业问题。不过他的侧重点不在扩大政府开支而在减税。在此期间,美国经济有了较快的发展,国民生产总值每年递增5.2%,失业率有了较大的下降,从1963年的5.7%的降到1964年的5.2%,1965年再降到4.5%,到了1966年失业率已降到了被认为是自然失业率的4%以下,出现了持续几年的经济增长。

第三阶段是1969—1980年,赤字财政政策遇到了麻烦。期间石油危机爆发,油价的大幅上涨迅速推高了生产成本,赤字财政政策的实施不但没有抑制经济增速的下滑,反而使经济陷入通货膨胀的泥潭。这个时期对美国来说是一个政治上动荡、经济上陷入"滞胀"的时期。70年代美国年平均失业率为6.2%,年平均通货膨胀率为7.4%,均居于很高的位置。

评述二战后到20世纪70年代末三个阶段的美国赤字财政政策的有效性,并运用宏观经济学理论分析说明赤字财政政策的局限性。

2. 东南亚金融危机后中国积极的财政政策

1998年东南亚各国相继爆发金融危机,从泰铢贬值开始,东南亚各国货币纷纷贬值,经济遭受重创。我国政府从维持亚洲地区经济稳定的大局出发,坚持人民币不贬值。由于周边国家货币贬值而我国货币不贬值,我国出口遭受严重的负面冲击,出口商品在国际市场上的竞争力下降。再从当时国内经济形势看,连续几年为治理通货膨胀而实行的适度从紧的财政政策和货币政策,其紧缩效应已强烈地显现出来,那就是市场低迷,物价下跌,内需严重不足。

面对内需和外需都不足,我国政府敏锐地把握了国际国内经济形势的变化，果断地把宏观调控的重点，从治理通货膨胀实行适度从紧的财政政策和货币政策，转为实施积极的财政政策和稳健的货币政策。积极财政政策的主要内容就是：通过发行国债，支持国家的重大基础设施建设，以此来拉动经济增长。

试评价我国积极财政政策的作用效果，并分析其发挥作用的原因。

3. 2001 年美联储多次降息

20 世纪 90 年代美国经济在克林顿政府时代经历了长达 8 年高涨以后，从 2000 年下半年开始出现衰退迹象，国内生产总值以年率表示的季度增长率从第一、第二季度的 4.8%和 5.6%下降到第三、第四季度的 2.2%和 1.4%。制造业存货从 2000 年 4 月开始连续 9 个月增加，而制造业活动指数和纳斯达克综合股票价格指数则逐月连续下降。

在这样的形势下，美国联邦储备系统连续采取行动：2001 年 1 月 3 日，把联邦基金利率（银行拆借存款准备金的利率）从 6.5%降到 6.0%，1 月 3 日和 4 日把贴现率从 6.0%降到 5.75%，再从 5.75%降到 5.5%；1 月 5 日，又实行临时性公开市场操作，3 天内净买进 55 亿美元的政府债券、联邦机构证券和抵押贷款证券，以增加货币供给。1 月 31 日，再把联邦基金利率从 6.0%降到 5.5%，把贴现率从 5.5%降到 5.0%。从 2001 年初到 6 月底，联储共有 6 次降息，降幅达 2.75 个百分点。

请分析美联储 2001 年后多次降息的政策效果，以及该政策与后来爆发的美国金融危机的联系。

4. 稳健货币政策中的“适度从紧”

1997 年以后，我国所实行的货币政策长期被称为稳健的货币政策，这一政策强调的是货币信贷增长与国民经济增长大体保持协调关系，但在不同时期有不同的特点和重点，因为经济形势的变化，就要求适度调整的政策实施的力度和重点。例如 2003 年我国钢铁、水泥、电解铝等行业投资分别增长 96.6%，121.9%和 92.9%，2004 年第一季度钢铁、水泥、电解铝投资增长又分别达到 107.2%，101.4%和 39.3%，而农业投资增长率只有 0.4%。其原因有：一是 1998 年以来我国多年实施积极财政政策，这些政策实施中的投资项目大多为基础设施建设项目,这必然带动钢铁、水泥等行业繁荣起来;二是地方政府的"投资冲动",各地搞"政绩工程";三是我国经济市场化程度提高后,利益主体也多元化,使地方政府与经济主体间形成默契与投资合力,再加上房地产行业在这几年的暴利引诱,造成钢铁、水泥等行业的异常投资冲动。

钢铁、水泥、电解铝和高档房产等几个行业投资增长如此迅猛,后患无穷。中央政府高度警惕地看到了这一矛盾,及时做出了调控决策。考虑到积极财政政策已到了必须淡出的时候,所以必须从货币政策方面考虑调控。央行采取了其他一系列措施:一是提高法定存款准备金率(从2003年9月21日起,把原来6.1%的法定存款准备金率提高到7%;从2004年4月25日起,再把法定存款准备金率从7%提高到7.5%)。二是实行差别存款准备金率,从2004年4月25日起,将资本充足率低于一定水平的金融机构的存款准备率提高0.5个百分点。三是建立再贷款浮动制度,2004年3月25日起,在再贴现基准利率基础上,适时确定并公布中央银行对金融机构贷款利率加点幅度。四是加大公开市场操作力度,2004年一季度,央行通过外汇公开市场操作投放基础货币2 916亿元,通过债券市场公开市场操作回笼基础货币2 810亿元,基本全额对冲外汇占款投放的基础货币。五是加强对商业银行贷款的窗口指导,促进优化贷款结构。

分析2003—2004年期间我国货币政策的特点,说明不同货币政策的优缺点。

二、参考答案

(一)名词解释

1. 解析:

宏观经济政策是指国家或政府为了增进社会福利而制定的解决经济问题的指导原则和措施,是为了达到一定的政策目标而有意识、有计划地运用一定的政策工具(手段),调节控制宏观经济的运行,对经济活动施行的有意识的干预。

2. 解析：

从广义的角度看，充分就业是指包含劳动在内的所有生产要素都能以自己愿意的价格参加生产而没有闲置或浪费。从狭义的角度看，充分就业主要是对劳动这一要素被充分利用所做出的反映或描述，基本指标就是失业率。

3. 解析：

价格稳定是一个宏观经济概念，指的是价格总水平的稳定，而不是指每种商品的价格固定不变。反映价格水平的变化一般采用价格指数来表示。经常使用的价格指数主要有消费物价指数 *CPI*、生产者价格指数 *PPI* 和 *GDP* 折算指数三种。价格稳定只是价格指数的相对稳定，也就是把通货膨胀率控制在一定水平，而不是降为零。

4. 解析：

持续均衡增长是指在一个特定时期内经济社会所生产的人均产量和人均收入的持续增长，其实质就是在经济增长中尽量减少周期性波动。持续均衡增长并不意味着没有经济波动。在不妨碍社会经济正常运行的限度内，“供给略大于需求”“需求略大于供给”，均可被理解为经济稳定。

5. 解析：

对外经济平衡即一国对外经济平衡与否可以从国际收支状况得到反映。国际收支是指一定时期内一个经济体与世界其他经济体之间发生的各项经济活动的货币价值之和，是在特定时期内衡量一国对所有其他国家的交易支付。国际收支平衡则是指一国国际收支净额即净出口与净资本流出的差额为零。

6. 解析：

需求管理政策是指通过对总需求的调节，实现总需求与总供给的平衡，达到既无失业又无通货膨胀的目标。在有效需求不足的情况下，也就是总需求小于总供给时，政府应采取扩张性的政策措施，刺激总需求增长；在有效需求过度增长的情况下，政府应采取紧缩性的政策措施，抑制总需求。具体包括实现充分就业的政策和保证物价稳定的政策两个方面。

7. 解析:

供给管理政策是通过对总供给的调节来达到相应政策目标的。在长期内,影响供给的主要因素是生产能力,即经济潜力的增长。而在短期内,影响总供给的因素主要体现在生产成本因素上,特别是生产成本中的工资成本。具体包括控制工资与物价的收入政策、指数化政策、人力政策、经济增长政策等。

8. 解析:

国际经济政策是对国际经济关系的调节。现实中每一个国家的经济都是开放的,各国经济之间存在着日益密切的往来与相互影响。一国的宏观经济政策目标中有国际经济关系的内容(即国际收支平衡),其他目标的实现不仅有赖于国内经济政策,而且也有赖于国际经济政策。

9. 解析:

财政收入政策是指对政府收入起调节作用的相关政策。政府收入的主要来源有税收和公债两个方面,因此,财政收入政策具体包括税收政策和公债政策等方面。

10. 解析:

财政支出是指整个国家各级财政支出的总和。从经济性质上区分,财政支出无非包括政府购买性支出和政府转移支付两类。政府购买性支出有着对应的商品和劳务的实际交易,会直接形成社会需求和购买力,它对于整个社会总支出水平具有十分重要的调节作用。政府转移支付作为单方面的无偿性的价值转移,没有产品或劳动的实质性交易,不直接影响社会总支出,但它仍然会改变社会成员的可支配收入水平,同样是政府财政政策的手段之一。

11. 解析:

财政政策的自动调节是指财政体系本身具有的自动地抑制经济波动的自动平衡作用,即经济系统本身存在着一种能够减轻各种周期性因素对国民收入产生冲击的内在机制,在经济扩张时自动抑制通胀,在经济衰退时自动减轻萧条,不需要外部的强行干预。

第 4 章 经济增长理论和总供给曲线

(二) 选择题

1	2	3	4	5	6	7	8	9	10	11	12	13	14	15	16	17	18	19	20
D	A	A	A	D	D	B	D	D	B	A	C	C	B	A	A	C	D	A	D
21	22	23	24	25	26	27	28	29	30	31	32	33	34	35	36	37	38	39	
C	B	B	A	C	B	A	A	D	D	B	D	A	C	B	A	B	D	D	

第 5 章 *AS-AD* 模型及其拓展

(二) 选择题

1	2	3	4	5	6	7	8	9	10	11	12	13	14	15	16	17	18	19	20
D	A	C	D	A	C	C	C	B	D	D	A	B	A	A	A	B	A	D	C
21	22	23	24	25	26	27	28	29	30	31	32	33	34	35	36	37	38		
D	B	D	D	D	B	B	A	C	D	A	C	A	A	D	B	B	B		

第 6 章 失业、通货膨胀与经济波动

(二) 选择题

1	2	3	4	5	6	7	8	9	10	11	12	13	14	15	16	17	18	19	20
C	D	B	D	B	D	D	A	D	C	D	A	A	A	A	D	A	C	D	B
21	22	23	24	25	26	27	28	29	30	31	32	33	34	35	36	37	38	39	
C	C	C	A	D	B	C	B	A	C	B	A	B	C	D	B	C	D	A	

参考答案

第 1 章 导 论

（二）选择题

1	2	3	4	5	6	7	8	9	10	11	12	13	14	15	16	17	18	19	20
A	B	A	C	B	A	D	B	D	A	D	B	B	B	C	C	D	B	A	A
21	22	23	24	25	26	27	28	29	30	31	32	33	34	35	36	37	38	39	40
C	C	A	A	D	D	D	C	C	A	A	C	D	A	B	C	D	B	D	A

第 2 章 国民收入的衡量与决定

（二）选择题

1	2	3	4	5	6	7	8	9	10	11	12	13	14	15	16	17	18	19	20
B	C	B	D	C	D	A	B	C	A	D	D	A	B	A	B	B	C	D	C
21	22	23	24	25	26	27	28	29	30	31	32	33	34	35	36	37	38	39	40
B	D	A	C	C	A	D	A	A	C	C	B	C	C	D	A	D	C	D	C

第 3 章 产品市场和货币市场均衡

（二）选择题

1	2	3	4	5	6	7	8	9	10	11	12	13	14	15	16	17	18	19	20
B	B	A	B	C	B	D	D	B	B	C	C	C	D	D	B	C	B	A	A
21	22	23	24	25	26	27	28	29	30	31	32	33	34	35					
B	D	A	C	B	A	D	A	A	C	A	B	A	B	B					

第 7 章　*IS-LM* 模型的政策含义

（二）选择题

1	2	3	4	5	6	7	8	9	10	11	12	13	14	15	16	17	18	19	20
B	A	C	C	A	D	A	D	B	C	B	A	C	B	D	D	A	B	A	C
21	22	23	24	25	26	27	28	29	30	31	32	33	34	35	36	37	38		
D	D	B	C	C	C	D	C	D	C	D	D	A	B	C	A	B	D		

第 8 章　*AS-AD* 模型的政策含义

（二）选择题

1	2	3	4	5	6	7	8	9	10	11	12	13	14	15	16	17	18	19	20
D	B	B	D	A	B	C	A	C	C	C	D	A	B	C	B	D	A	C	C
21	22	23	24	25	26	27	28	29	30	31	32	33	34	35	36	37	38	39	40
C	C	C	A	A	A	C	A	D	D	D	B	C	B	A	D	A	D	C	C

第 9 章　宏观经济政策实践

（二）选择题

1	2	3	4	5	6	7	8	9	10	11	12	13	14	15	16	17	18	19	20
B	D	A	B	B	A	A	C	A	C	C	B	A	A	C	D	C	B	B	C
21	22	23	24	25	26	27	28	29	30	31	32	33	34	35	36	37	38	39	
A	C	D	D	C	D	A	D	D	B	B	C	B	B	B	D	D	B	A	

第 10 章　宏观经济学流派与发展

(二) 选择题

1	2	3	4	5	6	7	8	9	10	11	12	13	14	15	16	17	18	19	20
C	C	D	B	B	A	D	D	B	C	B	D	A	D	B	A	B	C	A	C
21	22	23	24	25	26	27	28	29	30	31	32	33	34	35	36	37	38	39	40
A	D	B	C	D	A	A	D	B	B	A	A	B	D	A	D	D	B	A	A

12. 解析：

财政政策的主动调节是指政府有意识地实行相机抉择的积极财政政策，体现着政府抑制经济周期波动的主动干预意识。主动调节体现了政府主动改变其支出和收入水平，通过乘数效应对国民收入发挥调节作用。其使用原则是反周期的相机抉择原则。

13. 解析：

商业银行是以营利为目的，以多种金融负债筹集资金，多种金融资产为经营对象，具有信用创造功能的金融机构。其主要业务范围包括吸收公众、企业及机构的存款、发放贷款、票据贴现及中间业务等。

14. 解析：

中央银行不同于商业银行，它是一个国家的最高金融管理机构，又称“金融管理当局”，它的基本职责是统筹管理全国的金融活动，根据宏观经济管理需要实施货币政策以影响经济运行。

15. 解析：

货币乘数是指在现代银行体系下，商业银行活期存款的派生机制能够创造出存款货币。即原始存款经过银行系统的派生存款之后被放大了，这种存款放大倍数——派生存款与原始存款的比值就是货币乘数。

16. 解析：

再贴现是指中央银行通过买进商业银行持有的已贴现但尚未到期的票据，向商业银行提供融资支持的行为。再贴现率政策就是央行通过改变向商业银行或其他金融机构的贷款利率来调节货币供给量。

17. 解析：

公开市场业务是指中央银行通过买进或卖出有价证券，吸收或释放基础货币，以调节货币供应量的活动。与一般金融机构不同，中央银行买卖证券的目的不是为了盈利，而是为了调节货币供应量。

18. 解析：

法定存款准备金率是指法律授权中央银行要求商业银行对其存款必须保持的最低的准备金比例。中央银行可以在法定的范围内要求商业银行改变存款的准备率,以此来调节货币供给和信用水平。

(二) 选择题(略)

(三) 辨析题

1. 解析:

正确。财政政策是指改变政府财政支出或财政收入,进而引起社会总支出(总需求)以更大的幅度变化,使均衡产出水平(国民收入)发生变化。在产出水平较低、就业不充分时,政府可以采取增加财政支出(减少税收)的扩张性政策,促进社会总支出水平的增加;而在产出水平较高、出现通货膨胀时,政府可以采取缩减财政支出(增加税收)的紧缩性政策,压低社会总支出水平稳定物价。

2. 解析:

正确。货币政策是指货币当局主动改变货币供给量,以影响利率水平,进而对投资产生影响,最后使均衡的国民收入水平发生变化。紧缩性的货币政策会引进货币供给量下降,从而使货币市场上的利率水平随之上升,私人投资水平下降,引起均衡收入减少。

3. 解析:

错误。*IS* 曲线平坦,意味着利率水平的微小变化都会对收入水平产生较大的影响。此时,政府扩大支出会引起货币需求增加,使货币市场上的利率水平提高,进而使收入水平产生较大幅度的下降。也就是说,政府扩大支出对私人投资的挤出效应就越大。

4. 解析:

正确。挤出效应是对政府支出扩张效应的一种抵消,一般来说挤出效应不会超过政府支出的扩张效应。因此,只要挤出效应小于 1,政府支出的增加就能刺激国民收入增长。

5. 解析:

正确。货币需求对利率变动越敏感,*LM* 曲线就越平坦,因而财政政策

使 IS 曲线发生移动的政策效果就越明显。

6. 解析：

错误。货币需求对利率变动越不敏感，LM 曲线就越陡峭，在 IS 曲线不变的情况下，货币政策变化使 LM 曲线移动所产生的政策效果就越明显。

7. 解析：

错误。投机需求的利率系数越大，意味着 LM 曲线就越平坦，在 IS 曲线不变的情况下，货币政策变化使 LM 曲线移动所产生的政策效果就越不明显。

8. 解析：

正确。货币创造乘数是指中央银行创造一单位基础货币所增加的货币供给量，公式为 $\frac{M_1}{H}=\frac{C_u+D}{C_u+R_d+R_e}=\frac{r_c+1}{r_d+r_e+r_c}$。式中 r_d+r_e 为法定存款准备金率和超额存款准备金率，其值越高，则分母越大，货币创造乘数就越小。

9. 解析：

正确。在充分就业（潜在的国民收入）水平上，经济增长的长期目标得到了体现，这时的预算盈余可以作为实施财政政策的方向标。

10. 解析：

错误。这里需要区分法定存款准备金和超额存款准备金。法定存款准备金是按中央银行的规定必须缴纳的准备金，只是存款准备金中的一部分，其公式是 $r_d=R_D/D$。R_D 是法定存款准备金。

11. 解析：

错误。银行系统创造存款货币的乘数是准备金率的倒数，在没有超额准备金的情况下，存款创造乘数就是法定准备率的倒数。法定存款准备金率和超额准备金率都是小于 1 的，两者之和也小于 1，因此，存款创造乘数大于 1。

12. 解析：

错误。商业银行的负债业务包括：自有资本（普通股本、优先股股本、资本盈余、未分配利润、资本储备金、其他准备金等）、存在业务、同业拆借、向央行借款、发行债券、占用资金等，投资业务属于商业银行的资产业务。

13. 解析:

正确。货币乘数的公式是$\frac{M_1}{H}=\frac{C_u+D}{C_u+R_d+R_e}=\frac{r_c+1}{r_d+r_e+r_c}$。式中 r_e 为超额准备金率,其值越低,则分母越小,货币创造乘数就越大。所以,超额准备金率降低时货币乘数会变大。

14. 解析:

错误。再贴现率是指货币当局向那些准备金不足而向其借款的商业银行所收取的利息率,是一项被动等待商业银行行为的货币政策,并不会直接减少商业银行在中央银行的准备金。即使改变再贴现率,商业银行向央行申请贴现时,其准备金不会发生变化。

15. 解析:

错误。财政的自动调节是经济系统本身存在的能够减轻周期性因素对国民收入产生冲击的内在机制。政府改变财政支出或收入,通过乘数效应对国民收入发挥调节作用属于财政的主动调节。

16. 解析:

正确。再贴现是指商业银行因准备金不足而向央行申请贴现借款的一种金融行为,其实质就是中央银行向商业银行提供融资支持的行为。

17. 解析:

正确。中央银行的政策工具有很多,如法定存款准备金率、再贴现率、公开市场业务等,与其他货币政策工具相比,公开市场业务最具灵活性和时效性,是中央银行最常用的货币政策工具。

(四) 简答题

1. 解析:

财政政策是政府运用支出和收入来调节总需求以控制失业和通货膨胀并实现经济稳定增长和国际收支平衡的宏观经济政策。

扩张性的财政政策:政府减税,增加支出,使总需求增加,IS 曲线右移。紧缩性的财政政策:政府增加税收、减少支出,使总需求减少,IS 曲线左移。

在经济繁荣时，总支出大于总收入，可能出现通货膨胀，应采用紧缩性财政政策，使 IS 曲线左移，降低产出水平；而在经济萧条时，总支出小于总收入，可能出现失业，应采用扩张性财政政策，使 IS 曲线右移，提高产出水平。

在给定 IS 曲线的情况下，财政政策的效果取决于 LM 曲线的斜率：LM 曲线越陡峭，财政政策对利率的影响越大，对均衡产出的影响越小；LM 曲线越平坦，财政政策对利率的影响越小，对均衡产出的影响越大。如图 9-1 所示。

在给定的 LM 曲线条件下，IS 曲线越平坦，扩张性的财政政策对利率和收入水平的影响越小；IS 曲线越陡峭，财政政策对利率和收入水平的影响越大。如图 9-2 所示。

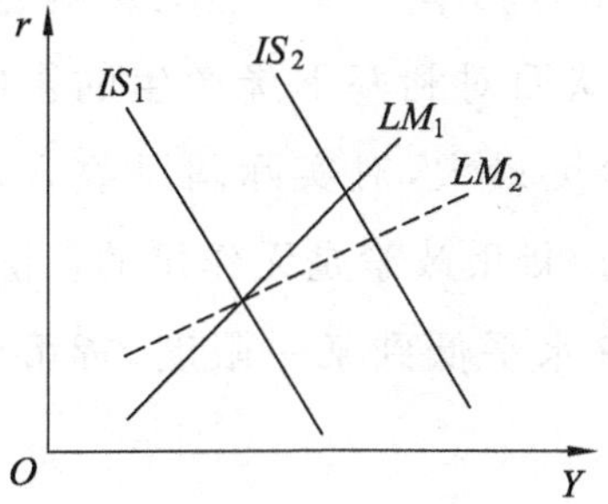

图 9-1

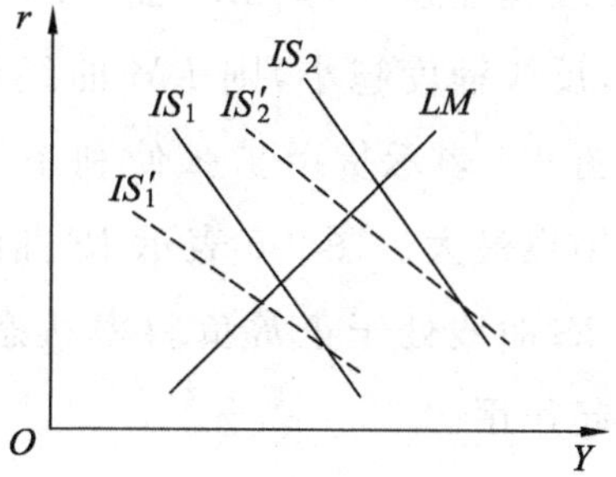

图 9-2

2. 解析：

一般情况下，采取货币政策改变货币供给量，既影响利率，也影响均衡国民收入水平。如图 9-3 所示，E_0 点是原均衡点，当货币增加时，LM_0 曲线右移至 LM_1，新均衡点是 E_1，均衡的利率由 r_0 下降至 r_1，均衡的实际国民收入水平由 Y_0 增加到 Y_1。当货币供给量增加时，人们发现实际持有的货币比他们愿意持有的货币多，于是会把多余的货币部分存入能生息的储蓄账户上，部分用于购买股票、债券，这样股票和债券的价格将会上升，而利率将会下降。利率的下降又会刺激全社会企业的投资增加，从而使实际国民收入水平增加。

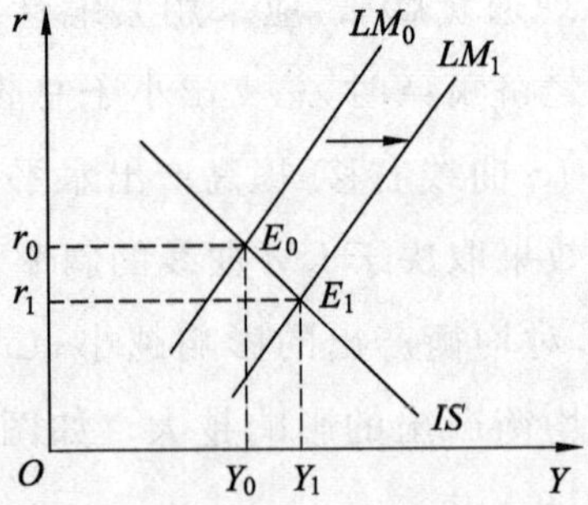

图 9-3

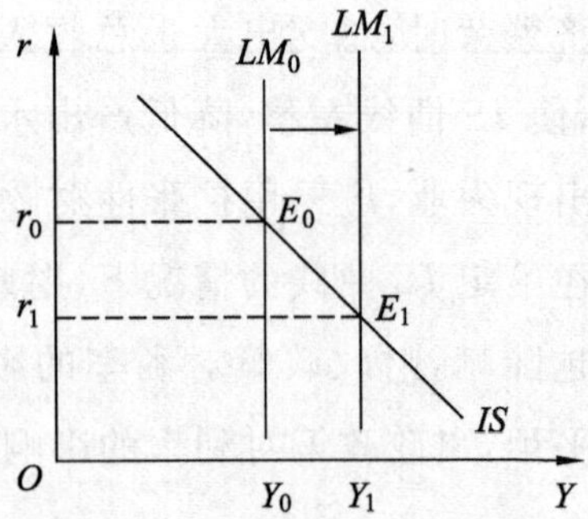

图 9-4

货币扩张使利率下降的幅度越大,实际国民收入水平增加的幅度也越大。货币扩张对利率产生作用的幅度取决于货币需求对利率的反应程度:反应程度越大,则 LM 曲线越平坦,从而对利率下降产生的影响越小;反之,反应程度越小,则 LM 曲线越陡峭,从而对利率下降产生的影响越大。图 9-4 表示货币扩张使利率下降的幅度最大,对实际国民收入产生的作用也最大。图 9-5 表示 IS 曲线垂直时,货币政策是无作用的。图 9-6 表示 IS 曲线处于正常负斜率状态,但利率水平低到某一限度,货币政策也不起作用。

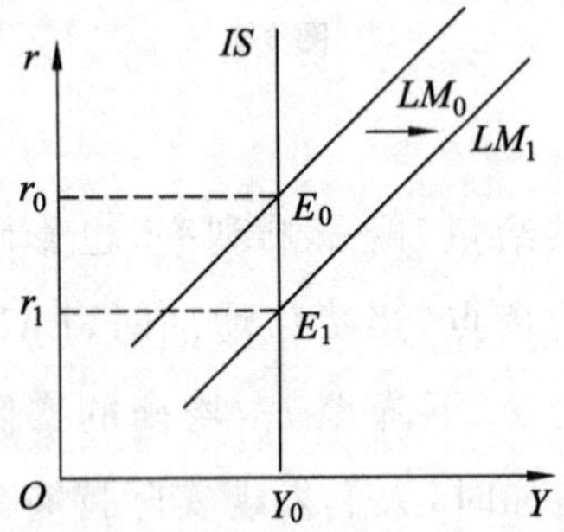

图 9-5

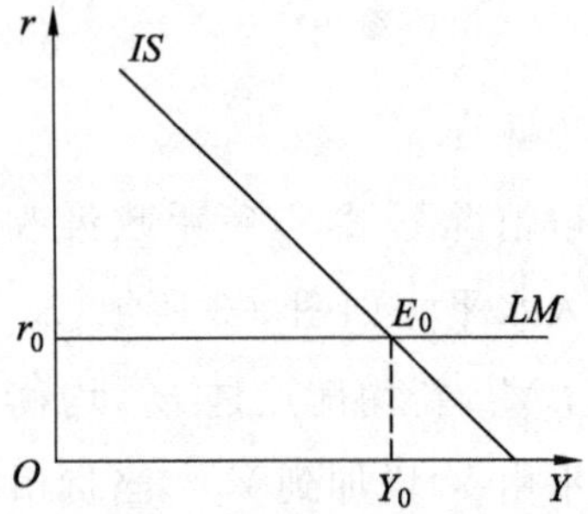

图 9-6

3. 解析:

同时实施扩张性的财政政策和扩张性货币政策的政策效果如图 9-7 所示:

在双扩张之前,IS_0 曲线与 LM_0 曲线相交于点 E_0,决定了均衡的国民

收入为 Y_0，均衡的利率为 r_0。当实施扩张性财政政策时(增加政府支出)，会使 IS_0 向右上方移动到 IS_1，与 LM_0 相交于点 E_1，决定了均衡的国民收入为 Y_1，均衡的利率为 r_1。这表明，实施扩张性财政政策会使国民收入增加，利率上升。然而，利率上升会使扩张性财政政策产生挤出效应，削弱扩张性财政政策的刺激作用，因此需要配合实施扩张性货币政策。

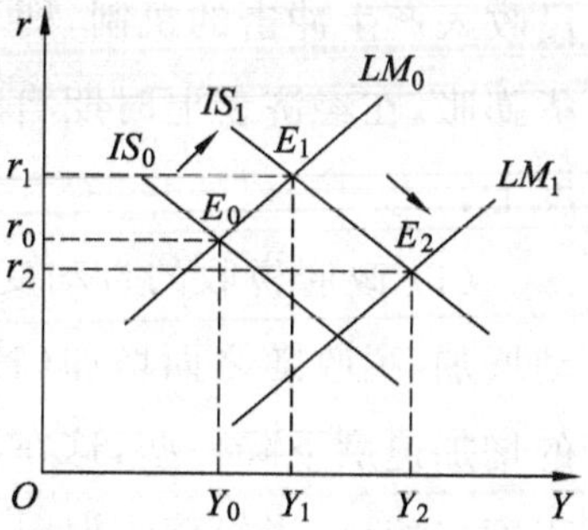

图 9-7

当同时实施扩张性货币政策时，货币供给量的增加会使 LM_0 向右下方移动到 LM_1，与 IS_1 曲线相交于 E_2，这时均衡国民收入为 Y_2，均衡利率为 r_2。这表明，同时实施双扩张性政策，能保持利率不提高甚至会下降，而国民收入却有较大幅度的增加，从而能有效地刺激经济。

这种双扩张性政策会在短期内增加社会需求，见效迅速。但在运用时应慎重，如果配合不妥当，则可能会带来经济过热和通货膨胀。

4．解析：

宏观经济政策是国家(政府)为增进社会福利而制定的解决经济问题的指导原则和措施，其目标主要有四个方面：充分就业、价格稳定、经济持续均衡增长和国际收支平衡。

充分就业广义上是指所有生产要素都能以自己意愿的价格(报酬)参加社会经济活动而不被闲置。价格稳定是指价格总水平(一般用价格指数来衡量)的相对稳定，即不出现通货膨胀。经济持续均衡增长是指在特定时期内，经济社会的人均产量和人均收入的持续增长。国际收支平衡是指基于国际收支平衡表来衡量的国内外经济协调发展。

宏观经济政策包括财政政策和货币政策两类。财政政策工具主要包括政府支出(政府购买支出和转移支付)、政府收入(税收、发行公债)。

5．解析：

自动稳定器是指经济系统本身存在的一种能够自动减少各种干扰对国

民收入产生冲击的机制,即不需要政府的干预,在经济繁荣时期自动抑制通货膨胀,在经济衰退时期自动减轻萧条。其内容和作用主要表现在以下制度上。

(1) 政府税收的自动变化。当经济繁荣时,失业率下降,人们的收入自动增加,税收随之而增加(特别是在累进税制下),从而使可支配收入、消费的增加速度下降一些,这在一定程度上会抑制通货膨胀的出现或者减缓其程度。相反,当经济衰退时,失业率上升,人们的收入自动下降,税收随之而减少,从而使可支配收入、消费的下降的速度要放慢一些,这在一定程度上会减轻经济萧条的程度。

(2) 政府支出的自动变化。这里的政府支出主要是从政府转移支付的角度看的。当经济繁荣时,失业人数减少,失业救济和其他社会福利支出就会相应减少,从而会在一定程度上自动抑制可支配收入和消费的增长。当经济萧条时,失业人数增多,失业救济和其他社会福利支出就会相应增加,从而会在一定程度上自动抑制可支配收入和消费的下降。

(3) 农产品价格维持制度。当经济萧条时,国民收入下降,农产品价格下降,农产品支持价格发挥作用使农产品价格维持在市场价格之上,农民收入得到保证,从而会在一定程度上抑制衰退。当经济繁荣时,国民收入上升,农产品价格上升,农产品限制价格发挥作用使农产品价格稳定下来,从而会在一定程度上抑制了农民收入过快的增长,起到抑制通货膨胀的作用。

6. 解析:

凯恩斯认为,货币政策的作用是通过货币供给量的变化影响利率,进而影响投资和产出。但另外一些经济学家认为,货币供给量对产出的影响并不一定通过上述路径实现,提出了货币政策起作用的其他一些途径。

(1) 货币政策影响产出,是因为利率的变化影响人们的资产组合,进而影响投资。

(2) 扩张性的货币政策会造成较低的利率,因而导致股票价格和长期债券价格上升,对收入的预期使人们感觉变得更加富有,从而使消费水平得以提高,总需求增加。

(3) 政府在实施扩张性的货币政策时,银行的存款准备金会增加,这就扩大了银行的信用基础,从而需要降低利率来吸引企业贷款,进而导致企业投资增加。

7. 解析:

货币政策是一国政府根据既定的目标,通过中央银行运用其政策工具,调节货币供给量和利率,以影响总需求的经济政策。其主要工具和应注意的问题有:

(1) 公开市场业务。中央银行在公开的金融市场上买卖政府债券以影响货币供给量和市场利率。应高度关注其灵活性强的特点:能及时传递央行的政策意图;规模可控,调整方便;调控惯性小,政策及时有效。

(2) 再贴现率政策。央行改变再贴现率及贴现条件以影响货币供给与利率。这一政策的运用应注意:政策面包括再贴现率和贴现条件等;不影响基础货币量,只是改变货币乘数;作为官方利率直接影响市场利率水平;是一种被动性的政策。

(3) 法定存款准备金率。央行改变法定存款准备金率以影响货币供给和利率。应注意不影响货币供给量,只改变货币乘数。法定存款准备金率是一种猛烈而不常用的工具。

(4) 其他。如道义劝告;规定商业银行利率上限;控制分期付款的条件;控制抵押贷款的条件等。

(五) 计算题

1. 解析:

(1) 由 $I=S$,即 $300-100r=-200+0.2Y$,解得 IS 方程为:$Y=2\,500-500r$。

由 $L=M$,即 $0.4Y-50r=250$,解得 LM 方程为:$Y=625+125r$。

(2) 联立 IS,LM 方程组,解得:$Y=1\,000$,$r=3$。

(3) 当政府购买增加 100 时,如果没有挤出效应,均衡国民收入将增加 500,但实际均衡国民收入的增加仅为 $Y'-Y=1\,100-1\,000=100$,因此,挤出效应为400。

2. 解析:

(1) 当法定存款准备金率为7%时,准备金为20×7%=1.4万亿元;当法定准备率为7.5%时,准备金为20×7.5%=1.5万亿元。因此,法定存款准备金率上调使法定准备金增加了1 000亿元。

(2) 由于商业银行的准备金为3万亿元,所以,在法定存款准备金率上调之前商业银行的超额准备金为:3-20×70%=3-1.4=1.6万亿元。而法定存款准备金率上调之后商业银行的超额准备金为:3-20×7.5%=3-1.5=1.5万亿元。显然,法定存款准备金率上调使法定准备金增加,而使超额准备金等额下降,它们的作用相互抵消,不会对货币供给量产生影响。

3. 解析:

(1)

表 9-2

轮次	新增存款	新增贷款	新增准备金	货币增加量	累计
1	1 000	800	200	1 000	1 000
2	800	640	160	800	1 800
3	640	512	128	640	2 440
4	512	409.6	102.4	512	2 952
5	409.6	327.68	81.92	409.6	3 361.6
6	327.68	262.14	65.54	327.68	3 689.28
合计	3 689.28	2 951.42	737.86	3 689.28	

(2) 货币乘数:$k=\frac{1}{r_d}=\frac{1}{0.2}=5$。

(3) 6轮结束时增加的货币量为3 689.28元,整个过程结束时应增加的货币量为1 000×5=5 000元。

4. 解析:

(1) 将可支配收入$Y_D=(1-t)Y-T_0=0.75Y-60$代入消费函数,可得:

$$C=100+0.8(0.75Y-60)=52+0.6Y。$$

由国民收入均衡条件 $Y=C+I+G=302+0.6Y$，解得均衡国民收入：

$$Y^{*}=755。$$

(2) 政府支出乘数 $k_G=\frac{1}{1-\beta(1-t)}=\frac{1}{1-0.8(1-0.25)}=2.5$。

(3) 财政盈余＝财政收入－财政支出＝$(T_0+tY^{*})-G=(60+0.25\times 755)-200=48.75$。

5. 解析：

(1) 充分就业预算盈余＝9 800×27%－2 960＝－314 亿美元，即预算赤字为 314 亿美元。

(2) 当充分就业的收入水平为 9 700 亿美元时的政府预算盈余＝9 700×27%－2 960＝－314 亿美元，仍为预算赤字。

6. 解析：

(1) 消费函数为 $C=0.9(1-0.25)Y=0.675Y$，税收函数为 $T=0.25Y$。由国民收入决定模型 $Y=C+I+G+NX$ 可解得均衡国民收入为：$Y^{*}=$ 10 076.92亿元，财政赤字为 $G-T=2\ 700-10\ 076.92\times 0.25=180.77$ 亿元。

(2) 充分就业的财政赤字为 $G-T=2\ 700-2\ 650=50$ 亿元。

7. 解析：

(1) 货币乘数为 $k=\frac{1}{0.12}$，货币供给为 $M=1\ 000+\frac{400}{0.12}=4\ 333.33$ 亿美元。

(2) 法定存款准备金率提高到 0.2 时，货币乘数为 $k=\frac{1}{0.2}$，货币供给为：$M=1\ 000+\frac{400}{0.2}=3\ 000$ 亿美元，所以货币供给减少了 1 333.33 亿美元。

(3) 法定存款准备金率为 0.12 时央行买进 10 亿美元政府债券，即基础货币增加了 10 亿美元，则货币供给量增加：$\Delta M=10\times\frac{1}{0.12}=83.33$ 亿美元。

(六) 案例分析题

1. 解析：

在三个阶段中,美国赤字财政政策的推行走过了“保守怀疑一卓有成效一陷入泥潭”的过程。这充分说明,作为一种扩张性政策,赤字财政政策并非宏观经济的一剂万能良药,其作用的发挥需要一系列条件共同配合,尤其是资源的充裕和价格的稳定。

20世纪70年代,石油危机的爆发点燃了资源紧缺、能源不足的导火索,其后果是财政体系的内在稳定因素未起到维护经济稳定的作用,相机抉择的财政政策的调整也并非总是有效,而货币供应量又急速增加,财政政策和货币政策都没有缓解失业与通货膨胀同时上升的趋势。高通货膨胀和高失业率使得经济增长停滞。人们开始把这种现象归罪于凯恩斯的赤字财政政策。于是,反对国家干预、主张依靠资本主义内在力量调节经济、实行平衡预算、抑制通货膨胀的新自由主义思潮又重新抬头。其实,这种“滞胀”困境是凯恩斯主义无法解释和解决的,其原因不在于凯恩斯主义理论的逻辑失败,而在于凯恩斯主义理论成立的前提已经不复存在。因此,任何一项政策的实施,都离不开对宏观经济环境适应性的考察。

2. 解析：

这一时期,我国实施的积极财政政策成果显著:基础建设投资和入世后出口的快速增长拉动了我国经济高速增长,经济增长水平不断突破,质量和效率也普遍提高,先后超越德国、日本成为世界第二大经济体。其原因在于：

(1) 积极的财政政策方向控制得当。始终坚持经常性预算不打赤字,建设性预算不突破年初确定的规模,从而保证政府负债的使用方向不在于弥补赤字,而是真正用于基础设施建设。

(2) 积极的财政政策手段选择得当。在银行存款增加较多、物资供给充裕、物价持续负增长、利率水平较低的条件下,发行国债搞建设既可以利用闲置生产能力,拉动经济增长,又可以减轻银行利息负担,也不会引发通货膨胀，可谓一举多得。

当然，积极财政政策也带来了一些负面影响。自从实施积极财政政策以来，我国预算赤字也就一直处于较快上升之中，从1997年底的1 131亿元，到2003年底已增至3 198亿元，增长近2倍。财政赤字占*GDP*的比重即赤字率已由1998年的1.20%上升到2002年的3%，达到了国际普遍认同的债券警戒线水平。

3. 解析：

从2001年开始的美联储连续降息并未有效刺激经济，2001年6—7月份美国经济继续处于低增长甚至停滞状态，尤其使人不安的是，制造业的衰退开始波及其他部门。造成这样疲软的原因，一是企业投资下滑。由于绝大多数企业盈利状况没有改善，不得不裁员，投资继续减少。二是美国经济疲软波及其他国家，日本经济恢复无望，欧洲经济开始放缓，拉美和亚洲一些国家形势仍旧恶化，再加上美元坚挺，美国出口受到严重打击。所有这些都正好说明，扩张的货币政策在反衰退方面作用是有限的。

事实上，美国2001年以后实施的低息政策还为后来爆发的由“次贷危机”引发的金融危机埋下了伏笔。长期的低利率，给金融业制造了巨大的资产泡沫：一方面房地产业的金融环境空前宽松，致使房价节节攀升；另一方面金融系统的过度创新又使次级贷款成为投资银行重要的营利手段。此后，随着利率水平的回升，这些金融泡沫在次级贷款大量违约的情况下开始破裂，最终演变成至今尚未走出其阴影的影响深远的全球性经济危机。

4. 解析：

2003—2004年，我国货币政策的特点可以概括为：多管齐下、分工配合、稳健有序、适度紧缩。“多管齐下”主要表现为综合运用多种货币政策手段，如法定存款准备金率、再贴现率、公开市场操作等手段齐上阵；“分工配合”表现为货币供给量和货币乘数调节手段、主动和被动调控政策协调运用；“稳健有序”表现为先稳定货币乘数再调控货币供给量；“适度紧缩”表现为紧缩力度的掌控适当、有条不紊。

法定存款准备金率政策是主动型的货币乘数调控政策，其特点是作用明显,见效迅速,力度大,缺点是缺乏灵活性,不能顾及商业银行的效率和业绩而差别对待,存在"一刀切"的问题。再贴现率政策是被动型的货币供给量调控政策,其作用需要商业银行的具体行动才能发挥出来,而且起作用的时间较长,力度平缓;公开市场操作政策是主动型的货币供给量调控政策,而且其作用灵活可变,对于外汇占款等经常性项目的调节是非常及时有效的。

第 10 章

宏观经济学流派与发展

一、习　题

（一）名词解释

1. 科斯定理
2. 货币中性
3. 经济学流派
4. 逆向选择
5. 货币主义
6. 新古典综合
7. 价格刚性
8. 萨伊定律
9. 古典失业
10. 公共选择理论
11. 新剑桥学派
12. 理性预期
13. 拉弗曲线
14. 费雪方程
15. 凯恩斯失业
16. 卢卡斯批判

（二）选择题

1. 在最简化的 AS-AD 模型中,凯恩斯学派认为总供给曲线是(　　)。

A. 向右上方倾斜的　　B. 垂直的

C. 水平的　　D. 向右下方倾斜的

2. 凯恩斯学派认为总需求下降将(　　)。

A. 增加物价水平,但降低总产品和就业水平

B. 同时降低物价水平及总产品和就业水平

C. 降低总产品和就业水平,但物价水平不变

D. 降低物价水平,但总产品和就业水平不变

3. 古典学派认为总供给曲线是(　　)。

A. 向右上方倾斜且转平缓的　　B. 水平的

C. 向右下方倾斜的　　D. 垂直的

4. 古典学派认为总需求下降将(　　)。

A. 降低物价水平

B. 降低物价水平,但不降低总产品和就业水平

C. 降低总产品和就业水平,但物价水平不变

D. 同时降低物价水平及总产品和就业水平

5. 古典学派的总供给曲线表明(　　)。

A. 为了提高总产品水平,必须接受更高的价格水平

B. 实际总产品水平与物价水平无关

C. 实际上总产品水平可以在不影响物价水平情况下增加

D. 在经济中存在大量闲置的经济资源

6. 如果经济处于充分就业状态,总需求下降时(　　)。

A. 凯恩斯学派会预言实际总产品和就业水平将下降

B. 凯恩斯学派会预言物价和工资水平将下降

C. 古典学派会预言实际总产品和就业水平将下降

D. 古典学派会预言实际 GNP 和物价水平都将下降

7. 诺贝尔奖获得者米尔顿·弗里德曼属于(　　)。

A. 凯恩斯学派　　B. 理性预期学派

C. 供给学派　　D. 货币学派

8. 在货币主义者看来,(　　)。

A. 在导致经济活动水平变动的因素中货币流通速度的变动比货币供给量的变化更重要

B. 过松的财政政策会降低利率并过度刺激经济发展

C. 货币供给量的变化是实际总产品和物价水平变动的基本原因

D. 实际总产品和物价水平的变动导致货币供给量的变化

9. 如果 M 为 300 亿元,P 是 4 元,Q 是 200 亿元,则(　　)。

A. V 一定为 4　　B. V 一定为 2.67

C. V 一定为 3　　D. V 是不确定的

10. 下列各项哪一个不是交换方程的组成要素?(　　)

A. 物价水平　　B. 货币流通速度

C. 利率水平　　D. 货币供给量

11. 货币流通速度 V 等于(　　)。

A. $1/MPS$　　B. 名义 GNP/M

C. 1/法定存款准备金率　　D. 名义 GNP/P

12. 交换方程表明:如果货币供给量和流通速度都保持不变,则所生产的全部最终产品和劳务的数量的增加将导致(　　)。

A. 失业率上升　　B. 通货膨胀发生

C. 自动发生预算赤字　　D. 一般物价水平下降

13. 在充分就业的经济中,货币供给量 M 的增加将会导致通货膨胀,除非(　　)。

A. 货币流通速度 V 下降

B. 货币流通速度 V 与 M 的增加率同比例上升

C. 所生产的全部最终产品的数量同比例下降

D. 减少税收的同时增加货币供量

14. 货币主义学派的观点认为:市场经济本身天生的是(　　)。

A. 不稳定的,公共部门应尽可能保持在最小规模的水平上

B. 不稳定的,公共部门应尽可能保持在最大规模的水平上

C. 稳定的,公共部门应尽可能保持在最大规模的水平上

D. 稳定的,公共部门应尽可能保持在最小规模的水平上

15. 根据货币主义者的观点,货币供给量的变化会改变(　　)。

A. 货币流通速度,从而改变名义 *GNP*

B. 总需求,从而改变名义 *GNP*

C. 投资支出额,从而改变名义 *GNP*

D. 利率,从而改变名义 *GNP*

16. 其他条件不变,在下述哪种情况下,货币需求量最大?(　　)

A. 名义 *GNP* 为 7 000 亿元且利率为 6%时

B. 名义 *GNP* 为 7 000 亿元且利率为 12%时

C. 名义 *GNP* 为 4 000 亿元且利率为 10%时

D. 名义 *GNP* 为 6 000 亿元且利率为 8%时

17. 货币主义者认为,扩张性的财政政策是没有效率的,因为(　　)。

A. 对货币的投资性需求是与利息率反方向变动的

B. 政府通过发行债券弥补赤字将使利率上升,从而减少私人投资

C. 政府借贷将减少流通中的货币供给量,从而减少 *GNP*

D. 政府通过借债弥补赤字将使利率下降,并降低货币流通速度

18. 根据货币主义者的观点,(　　),财政赤字将导致实际总产品增加。

A. 无论与此同时 M 和 V 如何变化

B. 只有当货币需求同时增加时

C. 只有当货币供给量同时增加时

D. 只有通过向公众发行债券来弥补赤字时

19. 货币主义学派认为,扩张的财政政策(　　)。

A. 将没有效率,因为利率会上涨并挤出私人投资支出

B. 将不会被允许采用，如果公债存在的话

C. 只有当失业率超过 6%时才应该采用

D. 将没有效率，如果货币供给量保持不变

20. 在货币主义学派的 AS-AD 模型中（　　）。

A. AD 的增加与物价水平的变化是负相关的

B. AD 的增加可以在不导致更多失业的情况下实际降低通货膨胀

C. AD 的增加只在引致严重的通货膨胀的情况下才能使实际总产品和就业水平增加

D. AD 的增加可以在不引致通货膨胀的情况下，使实际总产品和就业水平增加

21. "货币规则"的含义是（　　）

A. 货币供给量的年增长率应等于潜在实际 GNP 的年增长率

B. 货币供给量的年增长率应等于物价水平的长期增长率

C. 扩张性财政政策应总是与松的货币政策配合

D. 只有在货币供给量发生变化 6 至 9 个月后，货币政策才会对经济产生影响

22. 交换方程表明：如果 V 保持不变且 Q 维持在充分就业水平上不变，则 M 增加 10%，（　　）。

A. 可能导致 P 增加或下降

B. 将导致 P 降低 10%

C. 将导致 P 增加，但增加幅度可能大于也可能小于 10%

D. 将导致 P 增加 10%

23. 凯恩斯主义者认为货币供给量 M、市场利息率 r 和货币流通速度 V 之间存在下述的哪一种联系？（　　）

A. M 的减少将降低 r，并因此导致 V 上升

B. M 的减少将提高 r，并因此导致 V 上升

C. M 的增加将提高 r，并因此导致 V 上升

D. M 的增加将降低 r，并因此导致 V 上升

24. 凯恩斯学派认为,当利息率上升时,公众会持有(　　)。

A. 更多的货币,因而货币流通速度会下降

B. 更多的货币,因而货币流通速度会上升

C. 更少的货币,因而货币流通速度会上升

D. 更少的货币,因而货币流通速度会下降

25. 凯恩斯学派认为,货币需求曲线(　　)。

A. 相对陡峭,而投资需求曲线相对平缓

B. 和投资需求曲线相对平缓

C. 和投资需求曲线相对陡峭

D. 相对平缓,而投资需求曲线相对陡峭

26. 凯恩斯学派认为"挤出效应"会(　　)。

A. 比较小,因为货币需求曲线较平缓,而投资需求曲线较陡峭

B. 比较小,因为货币需求曲线较平缓,且投资需求曲线较平缓

C. 比较大,因为货币需求曲线较平缓,而投资需求曲线较陡峭

D. 比较大,因为货币需求曲线较陡直,而投资需求曲线较陡峭

27. 下述说法中哪一个不正确? 凯恩斯学派认为(　　)。

A. 最佳的货币政策是使货币供给每年增加固定的数量

B. 总供给曲线是相对平缓的

C. 财政政策是比货币政策更强有力的稳定经济手段

D. 私有制经济生来是不稳定的,因而需要政府的积极干预

28. 理性预期学派的理论认为(　　)。

A. 公众的预期能影响货币政策的结果,但不能影响财政政策的结果

B. 公众的预期能影响财政政策的结果,但不能影响货币政策的结果

C. 公众对经济政策后果的预期会强化这些政策的作用效果

D. 站在追求自我利益的立场上,通过对经济稳定政策做出的反应,公众会抵消掉这些政策的影响

29. 比较货币主义学派和理性预期学派的观点,可以发现(　　)。

A. 两者都基于相同理由而主张货币当局应遵循"货币规律"

B. 两者都主张货币当局应遵循“货币规律”,但基于的理由不同

C. 两者都有主张政府应使用自主决定的财政政策

D. 两者都有不赞同“货币规律”的说法

30. 理性预期理论暗示( )。

A. 总需求曲线是垂直的

B. 总供给曲线是垂直的

C. 总供给曲线是水平的

D. 总供给曲线是相当平缓的

31. 对理性预期理论的批评认为( )。

A. 人们不可能理解并运用与政策相关的深奥的经济理论

B. 物价和工资不可能(尤其是向下)具有高度灵活可变性

C. 实践证明,稳定经济的政策有力地影响着实际 *GNP* 和就业水平

D. 以上都不是

32. 货币主义者和理性预期学派观点一致之处在于( )。

A. 货币政策的采用应遵循“货币规则”

B. 利率和债券的价格同方向变动

C. 货币供给量是无法测量的,因而也无法由货币当局控制

D. 财政政策比货币政策更有效率

33. 下列思想中被吸收成为主流经济学的经济思想的是( )。

A. 货币规律

B. 需求拉上型通货膨胀的重要成因之一是货币供给过多

C. 货币并不重要

D. 财政政策不会起到任何效果

34. 主流经济学吸收了( )。

A. 理性预期学派的观点:稳定经济政策完全无效

B. 货币主义者的观点:货币当局应当以固定的年增长率增加货币供给量

C. 理性预期学派的观点:预期能使总需求和总供给曲线移动

D. 货币主义的观点:政府支出的增加会挤出等量的私人投资支出

35. 供给学派主张,为了遏制经济增长速度的不断下降(　　)。

A. 必须实行减税刺激人们更积极地工作

B. 必须增加税收,以压缩预算赤字

C. 必须增加政府支出以刺激生产

D. 必须减少政府支出,以压缩预算赤字

36. 现代主流经济学者赞同货币主义者的观点(　　)。

A. 货币当局应以固定的年增长率增加货币供给

B. 货币流通速度是高度稳定的

C. 财政政策是完全无效率的

D. 在宏观经济中货币是重要的

37. 以下思想与凯恩斯有关是(　　)。

A. 总需求不足

B. 刚性工资

C. 积极的政府

D. 以上均是

38. 不属于新古典主义的基本假设的是(　　)。

A. 市场出清

B. 价格刚性

C. 理性预期

D. 自然律假说

39. 按照供给学派,造成通货膨胀的原因是(　　)。

A. 供给不足

B. 需求过剩

C. 货币供应过多

D. 结构性失衡

40. 新凯恩斯主义最重要的前提假设是(　　)。

A. 非市场出清

B. 经济当事人的最大化原则

C. 价格弹性

D. 信息不完全

（三）辨析题

1. 古典的自然率假说认为，资本主义在长期中不会存在非自愿失业的现象。（　　）

2. 新古典主义的理性预期理论认为，不可预期的货币政策具有中性。（　　）

3. 理性预期主义假设人们不会犯错误。（　　）

4. 真实经济周期理论模型认为货币具有中性。（　　）

5. 卢卡斯批判反对人的理性预期假设。（　　）

6. 与新古典主义的经济学家不同，新凯恩斯主义不承认理性预期，认为经济人是非理性的。（　　）

7. 新古典模型和凯恩斯主义模型都在理论上承认财政政策对经济的实际影响，因此关于制定并实施经济的财政政策，两者并无分歧。（　　）

8. 新古典主义一般认为工资、价格、利率等变量的充分波动可使宏观经济始终处于一般均衡状态。（　　）

9. 新古典综合派认为财政政策和货币政策的配合必须是同方向的。（　　）

10. "货币面纱论"是货币学派的理论基础。（　　）

11. 新古典宏观经济在政策上基本是经济自由主义的倾向，主张尽可能地实行自由放任的经济政策，让市场机制充分发挥自行调节的作用，反对政府对经济过多干预。（　　）

12. 新凯恩斯主义认为非理性预期是导致工资具有刚性的重要原因。（　　）

13. 新凯恩斯主义认为，由于市场的不完全性，工资的刚性、菜单成本、交错价格合同等原因，使得价格具有刚性。（　　）

14. 对新凯恩斯主义和新古典主义两种情形下的劳动市场加以比较，可以看到，前者的劳动市场处于不出清状态，后者的劳动市场处于出清状态。(　　)

15. 供给学派主张政府应从供给角度干预经济。(　　)

16. 新古典主义的真实经济周期理论认为，劳动者对工资的永久变动反应敏感，永久的技术冲击造成实际工资上升，劳动者会多工作，从而引起产出和就业波动。(　　)

17. 新古典主义的货币经济周期认为，无论在任何情况下，货币政策都是无效的。(　　)

18. 公共选择学派的一致同意投票规则，保证了没有人在投票的议案中受损。(　　)

19. 新凯恩斯主义经济学主张政府对经济的干预，新古典宏观经济学反对政府对经济的积极干预。(　　)

20. 供给学派认为，边际税率的高低和税收量的大小按同一方向变化。(　　)

(四) 简答题

1. 简述西方经济学理论发展史上的六次革命。
2. 凯恩斯在哪些方面对传统的古典经济学进行了革新？
3. 现代货币主义者的经济政策主张有哪些？
4. 新古典综合派经济学家是如何解释失业和通货膨胀并存的现象的？
5. 简述新古典综合派的基本经济政策主张。
6. 简述新凯恩斯主义的假设条件。
7. 简述新古典综合派的观点和代表人物。
8. 简述新古典宏观经济学派的政策主张和代表人物。
9. 供给学派是如何说明边际税率调整原则的？
10. 比较凯恩斯主义、货币主义、理性预期主义在理论和政策上的争论。

（五）案例分析题

1. 里根与供给学派

里根总统有一批经济学家顾问，这些经济学家由于强调经济中的供给方面而被称为“供给学派”，与强调总需求的凯恩斯经济学形成对照。供给学派认为，有效抵御通货膨胀的方法是移动总供给曲线，因此他们促成了1981年的减税，他们相信这样做能刺激经济中的供给，从而降低通货膨胀水平。他们认为，当时的税务制度削弱了经济发展动力。工人们之所以越来越不努力工作，是因为他们劳动的边际所得中被政府拿走的部分越来越大。与此相似，因为税收的消极作用，企业投资越来越少，居民存的钱也越来越少。在减税的同时，里根政府大幅度削减民用支出特别是社会福利支出。里根政府的另外一项政策措施就是精简规章制度。

在里根执政的前几年里，通货膨胀得到了控制，但是总体来说，通货膨胀的抑制应归功于需求的变动，而不能将其归功于产出的增加，实际上产出的增加很少，并且这种抑制是以巨大的经济衰退为代价的。即使企业由于税收的减少而增加投资，但在此之前，为投资增加的支出首先对需求方造成了正面的影响，这就更加剧了通货膨胀。增加产出可能需要好几年才能实现，但是到了那个时候，通货膨胀恐怕已经不可收拾了。

请说明供给学派关于税率和税收量之间关系的理论，结合案例列举供给学派的主要政策建议，分析供给学派的政策会使经济出现哪些问题。

2. 经济学家真有那么多的分歧吗？

最近50年中，我们看到了西方经济学中的若干争论。仅就造成经济波动的原因而言，凯恩斯主义和货币主义从理论分析到实证分析都进行了广泛的论证。争论似乎远没有结束，因为争论既没有证明谁是谁非，也没有使得那些坚定的人士改变自己的立场。倒是有一个方面值得注意，那就是争论之后更倾向于综合。

事实上，两大对立的阵营对试图在维护自己“核心”的同时，争取到更多的理论观点。凯恩斯主义与货币主义的大论战再次表明，当面临经济问题与理论的矛盾时,经济学家会通过首先调整围绕基本信念核心的辅助性假设,本能地护卫他们的基本信念的核心;只要有可能,他们将一直这样做。只有没有任何理由再维护这一核心时,他们才会反思自己的信念。

请论述货币主义与凯恩斯主义的理论分歧,解释货币主义与凯恩斯主义分歧日益缩小的表现。

3. 滞胀风险呼唤以改革为核心的新供给学派

中国30多年改革开放的经济史,可以说是一部反复抑制总需求过快膨胀的历史,但今天中国经济第一次遇到了总供给冲击的新问题。由于劳动用工、原材料、环保、税负等成本的上升,导致总供给曲线收缩,大部分生产者生产意愿下降。这种总成本的上升是中国经济升级换代、结构转型的过程中不能回避的战略课题。针对这一问题,当前的宏观调控应攻守兼备:一方面坚持总量从紧的货币政策,守住总需求管理,避免恶性通货膨胀;但另一方面更重要的是攻,其根本出路在于通过一系列的改革,包括财税改革、户籍制度改革、资源型产品价格形成机制改革、中小企业融资渠道改革以及打破垄断的改革,帮助企业对冲成本上升的压力,增加总供给,从而提高经济活力,既控制住物价,又保住增长,更为实现大国发展的宏图奠定坚实的基础。

近年来,中国经济进入了一个新的发展阶段。从2008年上半年的统计数据看,中国经济运行的基本态势还相当好,多年来困扰中国经济的一些结构性问题正在不断解决:比如,固定资产投资增长率远远超过消费增长率这一问题有所缓解;再比如,外贸出口增速远低于进口增速,上半年贸易顺差与去年同期相比明显下降。可以说,这几年来,政府希望通过宏观调控达到的目标已经在相当程度上得到了实现。但同时不容忽视的是,当前的中国经济蕴含着非常显著的潜在问题乃至于风险,必须予以高度重视。这些宏观经济的问题无外乎来自于两个方面:第一是总需求方面的波动,第二是总供给方面受到的冲击。

总需求波动的原因可以是多方面的。改革开放30多年来,中国经济在总需求方面受到的冲击主要体现为信贷膨胀、固定资产投资增长过快等。

这些问题有深刻的体制原因，包括各级政府都有大干快上、以固定资产投资和物质投资为龙头来促进经济发展的动机。

对于中国经济而言，总需求膨胀仅仅是问题的一个方面，另一个新的问题可以概括为总供给冲击，即经济中的大部分生产者都遇到了由于各种因素引发的成本上升的压力，而这些成本上升的压力又导致了社会上大部分生产者生产意愿下降的现实。用经济学术语来讲，就是宏观经济中总供给曲线的回缩，即在同样的出厂价格下，生产者愿意提供的产品数量下降了。这种总供给曲线回缩所带来的后果，既可以是供给下降带来的价格上涨（通货膨胀）或者整体经济活动的萎缩，当然也可能是两者的结合，也就是公众话语体系下的"滞胀"。

请解释为什么中国经济的总供给正在遭受冲击。如何解决总需求膨胀和总供给收缩这两个问题？如何借鉴供给学派的经验？

4. 货币主义与中国经济

中国从 2008 年全球金融危机以来，为了启动经济，增发了大量的货币，2009 年货币发行量比 2008 年多 9.8 万亿元。这个货币发行速度意味着什么呢？已经远远超过了经济增长率和通货膨胀率之和，产生了过多的流动性，流动性过剩是现在才提出来的一个说法，过多的流动性，按照货币主义的公式就会直接转换为通货膨胀率。但是我们并没有出现这样的情况，普通商品价格上涨的幅度并不大，消费品价格上涨幅度不大，但是资产价格大幅度上涨。以北京为例，根据不完全统计，2009 年北京住房价格平均上涨幅度大致是 100%，2010 年以来大致上涨了 50%。也就是说，在人们普遍的抗通胀压力的情况下，将资金转移到房地产市场去了。换一句话来说，央行增发了货币，人们并没有发生货币幻觉，敏锐的市场立刻就感觉到流动性过剩，可能会发生通货膨胀，于是大多数人们采用了财产保值的手段。总之一句话，大量增发货币的做法是不妥当的。

真正意义上的资本市场泡沫是从 2005 年汇改开始的，2005－2007 年的股市大涨，与热钱流入有很大关系。因此，2005－2007 年是一个阶段，这个阶段热钱流入导致股市大涨，而我们自己制造的流动性还只是刚刚起步，房价并没有出现大涨。而2008—2010年由于我们自己制造的流动性过大已经严重推高了资本市场的泡沫。虽然股市大跌,但是房地产已经被推高了。

2009年以来,美国经济大萧条以后,美国出现了所谓的通货紧缩,那是因为流动性偏好突然加强,人们都愿意储存货币,不敢消费,中国从全球金融危机发生以后,市场很困难,也出现了流通性紧缩的局面,人们都不愿意消费,在这种情况下,人们为什么不愿意消费?是因为人们缺乏安全感,失业以后没有保障。美国采用的是健全社会保障制度的做法,罗斯福新政的一个重要内容就是建立社会保障体系,通过增强人们对未来的信心来促进人们消费,并进而启动经济。

反观中国,向经济注入了过度的流动性,而流动性又主要注入了不受预算约束的央企,他们有钱没处花,就制造地王,地王的出现意味着什么?意味着击穿了人们对于房价的心理底线,造成恐慌性购买和投机盛行,恐慌性购买意味着什么?恐慌性购买意味着给人们造成了心理恐惧,而不是给人们增加了社会福利,这种做法是反社会的,大家认为对不对?所以,应付内需不振的措施,归结起来就是,在人们对未来充满恐惧的时候,央行通过制造更大的恐惧启动了经济,而不是通过稳定社会信心启动了经济,这种消费对于普通消费者来说,显然是透支了更多的未来,将会为未来经济增长造成隐患。

请阐述货币主义的理论渊源与主要理论。

二、参考答案

(一)名词解释

1. 解析:

科斯定理是指在交易费用为零的情况下,由于外部性具有相互性,产权初始的界定状态不会影响资源配置的帕累托最优化。市场这只看不见的手将引导外部性所涉及的双方进行产权的相互交易,使资源配置流向高效率的领域，从而导致社会产出的最大化。

2. 解析：

货币中性是指货币供给的增长将导致价格水平的相同比例增长，对于实际产出水平不产生影响。

3. 解析：

经济学流派是指对人类社会基本经济问题或某个时期重要的经济问题持有相对一致的立场、观点和政策主张的经济学家形成的松散团体。

4. 解析：

逆向选择是指由交易双方信息不对称和市场价格下降产生的劣质品驱逐优质品，进而出现市场交易产品平均质量下降的现象。

5. 解析：

货币主义即货币学派，是在传统货币数量理论基础上发展起来的一个重要的经济学流派，货币学派的领袖人物是美国经济学家弗里德曼。货币学派继承了货币数量理论的传统，重视货币需求理论的研究，建立了货币分析的经济模型，强调货币在宏观经济运行中的重要作用，形成了货币理论为基础的宏观经济理论体系。货币学派的经济政策主张的基调是经济自由主义，强调市场机制对经济运行的调节作用，反对政府过多干预经济。

6. 解析：

"新古典综合"一词由萨缪尔森首创，最初用来表示凯恩斯经济学与新古典经济学的融合，即主要研究经济波动的凯恩斯宏观经济理论与主要研究均衡价格的马歇尔微观经济理论的结合。因此，新古典综合派的理论是一个既有宏观理论又有微观理论，既主张政府对总需求进行管理又强调发挥市场机制的自动调节作用的折中的理论体系。

7. 解析：

价格刚性是指价格不能随着总需求的变动而迅速变化。名义价格刚性指名义价格不能按照名义需求的变动而相应地变化。实际价格刚性是指各类产品之间的相对价格比存在刚性。

8. 解析:

萨伊定律是指供给创造了它自身的需求,更多的供给表示有更多的需求,需求量始终与供给量同比例增加,总供给和总需求必然是恒等的。因而不存在需求不足,不会出现普遍的生产过剩和大量的失业。

9. 解析:

古典失业是指由于工人的边际产出是递减的,当工人的边际产出小于工人的工资时,资本家就会停止雇用工人,其余未被雇用的工人就处于失业状态。

10. 解析:

公共选择理论是当代经济学领域中一个相对较新的理论分支与学说。它帮助人们理解和加深对公共产品、公共权力、公共选择等核心概念的认识,主要从新政治经济学理论的视角介绍国家的起源、政府的权利和义务、公共所有权、公共资源、公共政策、宪法、宪政、共和、民主和自由、市场与国家等方面的基础理论与基本知识。简单地说,公共选择理论是将经济学应用于政治科学、法学、行政管理、公共政策等其他社会科学与政策研究领域。

11. 解析:

新剑桥学派是凯恩斯主义经济学发展到20世纪五六十年代时在英国剑桥大学形成的一个凯恩斯主义的重要支派。新剑桥学派以将"凯恩斯革命"进行到底作为自己经济理论研究的历史使命,强调历史分析,反对均衡分析;主张经济理论的统一性、反对折中主义。

12. 解析:

理性预期是指在决策过程中,经济当事人会充分利用他所获得的信息来进行对未来结果的预期。

13. 解析:

拉弗曲线是描述税率与政府税收收入之间关系的一条曲线。当政府的税率较低时,政府税收收入和税率成同方向变化,即税收随着税率提高而增加。当政府的税率较高时,政府税收收入和税率成反方向变化,即税率提高,政府的税收反而减少。

14. 解析：

费雪方程是 $MV=PT$，也可表示成 $P=MV/T$。式中，M 表示一定时期流通中货币的平均数量；V 表示一定时期单位货币的平均周转次数即货币流通速度；P 表示商品和劳务价格的加权平均数；T 表示商品和劳务的交易数量。该方程式表示货币数量乘以货币使用次数必定等于名义收入。

15. 解析：

凯恩斯失业是指由于社会对商品的需求不足，以致不足以使生产吸收愿意工作的人去工作而造成的失业，又称为需求不足的失业。在凯恩斯看来，社会有效需求不足是导致当时失业的重要原因。

16. 解析：

卢卡斯批判是卢卡斯提出的一种认为传统政策分析没有充分考虑到政策变动对人们预期影响的观点。卢卡斯指出，由于人们在对将来的事态做出预期时，不但要考虑过去，还要估计现在的事件对将来的影响，并且根据他们所得到的结果而改变他们的行为。

（二）选择题（略）

（三）辨析题

1. 解析：

正确。古典的自然率假说认为，资本主义在长期中不会存在非自愿失业的现象。

2. 解析：

错误。新古典主义的理性预期理论认为，可预期的货币政策具有中性。

3. 解析：

错误。理性预期主义假设经济行为的主体对未来事件的“预期”是合乎理性的，在对某个经济现象进行预期的时候，会最大限度地充分利用所得到的信息来做出决策，而不会犯系统性的错误。

4. 解析:

正确。真实经济周期理论模型主张货币具有中性。

5. 解析:

错误。卢卡斯批判赞同理性预期假设。

6. 解析:

错误。新凯恩斯主义一般并不反对理性预期假说,但是新凯恩斯主义理性预期的概念又不同于新古典宏观经济学派的“理性预期”。新凯恩斯主义使用了理性限制性预期的概念,认为由于市场不完全和信息不对称使公众的理性预期受到限制,致使政府政策效力大于与传统静态预期相联系的政策效力。

7. 解析:

错误。新古典宏观经济学认为,宏观经济政策是无效甚至是有害的。凯恩斯主义则认为政府要以财政政策和货币政策来调整经济。

8. 解析:

正确。新古典主义一般认为工资、价格、利率等变量的充分波动可使宏观经济始终处于一般均衡状态。

9. 解析:

错误。新古典综合派认为财政政策和货币政策的配合不一定是同方向的。

10. 解析:

错误。数量说是货币学派的理论基础。

11. 解析:

正确。新古典宏观经济在政策上基本是经济自由主义的倾向,主张尽可能地实行自由放任的经济政策,让市场机制充分发挥自行调节的作用,反对政府对经济过多干预。

12. 解析:

错误。新凯恩斯主义认为,由于市场不完全和信息不对称使公众的理性预期受到限制。

13. 解析：

正确。新凯恩斯主义认为，由于市场的不完全性，工资的刚性、菜单成本、交错价格合同等原因，使得价格具有刚性。

14. 解析：

正确。新凯恩斯主义认为劳动市场处于不出清状态，新古典主义认为劳动市场处于出清状态。

15. 解析：

正确。供给学派主张政府应从供给角度干预经济。

16. 解析：

正确。新古典主义的真实经济周期理论认为，劳动者对工资的永久变动反应敏感，永久的技术冲击造成实际工资上升，劳动者会多工作，从而产出和就业波动。

17. 解析：

错误：新古典主义的货币经济周期认为，货币供给的变化会引起总需求的变化，进而引起产量和就业的变化。

18. 解析：

错误。公共选择学派的一致同意投票规则，不能保证没有人在投票的议案中受损。

19. 解析：

正确。新凯恩斯主义经济学和新古典宏观经济学在政策主张上的分歧主要集中在是否赞成政府对经济进行积极的干预。前者主张政府对经济的干预，后者则认为政府的经济干预政策往往是无效的，反对政府对经济的积极干预。

20. 解析：

错误。供给学派认为，边际税率的高低和税收量的大小不一定按同一方向变化，甚至还有可能按相反方向变化。

(四) 简答题

1. 解析:

(1) 第一次革命:亚当·斯密的《国富论》的出版。批判传统的重商主义,主张实行经济自由主义,反对国家干预,第一次创立了比较完整的古典政治经济学理论体系。

(2) 第二次革命:19 世纪 70 年代的边际革命。对古典经济学的劳动价值论和生产费用价值论提出质疑,主张效用价值论和边际分析方法。

(3) 第三次革命:20 世纪 30 年代的凯恩斯革命。强调国家干预的政策主张。

(4) 第四次革命:20 世纪 50 年代,现代货币主义的产生。

(5) 第五次革命:20 世纪 60 年代的"斯拉法革命"。提出生产价格理论,对新古典经济理论体系提出批判。

(6) 第六次革命:20 世纪 70 年代的理性预期革命。

2. 解析:

(1) 就业领域:反对萨伊定律。

(2) 利息理论:认为利息取决于流动偏好和货币供应量。

(3) 工资理论:认为只要存在有效需求不足,就会存在"非自愿失业",而不是由单个的劳动市场供求决定。

(4) 货币理论:有效需求对物价变动起根本作用。

(5) 分析方法:侧重总量间相互关系的分析,侧重于总量分析。

3. 解析:

(1)"单一规则"的货币政策。弗里德曼认为只要控制货币供应量这一唯一的政策工具,由政府公开宣布把货币供应量的年增长率固定在同预计的经济增长率基本一致的水平,这样就能避免经济波动和通货膨胀。

(2)"收入指数化"方案。现代货币主义将收入和物价水平相联系,使其根据物价水平的变动而调整。这样就可以消除通货膨胀过程中带来的不公平,减少非法收益,减轻通货膨胀。

(3) 实行浮动汇率制。现代货币主义者认为浮动汇率制是一种自动调节机制。有助于国际贸易和国际收支均衡的自动维持,能减轻国际收支对国内经济的不利影响。这对实现经济稳定增长,发展不受限制的多边贸易极为有利。

4. 解析:

(1) 认为是微观经济部门供给的异常变动造成的。

(2) 认为是微观的财政支出结构变化造成的。

(3) 认为是由微观的市场结构特征决定的。

5. 解析:

核心是"需求管理"思想。通过政府采取积极的财政政策、货币政策、收入政策,对社会的总需求进行适时和适当的调整,以保证经济的稳定增长。主要目的是实现:充分就业,稳定物价,经济增长和国际收支平衡。具体包括:

(1) 20 世纪 50 年代的补偿性财政政策和货币政策。

(2) 20 世纪 60 年代提出充分就业政策。奥肯定律认为失业率每超过 4%(自然失业率,并且每个国家具体比率不同)以上 1%,就会带来 2.5%左右的产出损失率。

(3) 在 20 世纪 70 年代,为了解决失业与通货膨胀同时并存的现象,政策主张得到进一步完善。其主要内容有:采取财政政策和货币政策松紧配合的方式;采取财政政策和货币政策的微观化;采取收入政策和分配政策。

6. 解析:

(1) 市场的不完全性和非市场出清。市场不完全性是指市场由于受到各种因素的影响,市场无法达到理想的完全竞争状态。非市场出清是指发生供给或需求冲突时,工资和价格难以迅速调整到使市场出清的状态,而需要很长一段时间来调整。

(2) 经济当事人追求利益最大化原则,即厂商追求利润最大化和家庭追求效用最大化。

(3) 理性预期假设。

7. 解析:

(1) 新古典综合派的观点是:只要适当地增强财政货币政策就可以使我们的混合经济不会过分繁荣和萧条,能够达到健全的前进的成长。如能理解这个基本点,那么小规模微观经济学的老古典原理,即它缺乏现实妥当性的论点,也就会自然消失。总之,如果坚持收入决定的近代分析,那么也就确认作为古典派基础的价格原理。所以现在的经济学家被认为是能够填平微观经济学和宏观经济学之间的鸿沟的。

(2) 代表人物有阿尔文·汉森、保罗·萨缪尔森、詹姆斯·托宾、罗伯特·索洛、弗兰克·莫迪利安尼、劳伦斯·克莱因、阿瑟·奥肯等。

8. 解析:

(1) 新古典宏观经济学派的政策主张有:过多的政府干预只能引起经济的混乱,为保持经济稳定,唯一有效的办法就是尽量减少政府对经济生活的干预,充分发挥市场的调节作用。政府的任务只是在于为私人经济活动提供一个可以使人充分了解的稳定的环境,因此,需要的是稳定的经济政策,而不是积极行动主义政策。

(2) 代表人物有:罗伯特·卢卡斯、托马斯·萨金特、罗伯特·巴罗、尼尔·华莱士等。

9. 解析:

(1) 供给学派归纳了关于边际税率的三个命题:一是高边际税率会降低人们工作的积极性,而低边际税率会提高人们工作的积极性。二是高边际税率会阻碍投资,降低资本存量,而低边际税率鼓励投资,提高资本存量。三是边际税率的高低和税收量的大小不一定按统一方向变化,甚至还有可能发生相反方向的变化。

(2) 供给学派认为,降低边际效率不但可以从根本上提高劳动生产率,增加供给能力,还可能最终解决财政赤字和通货膨胀问题,因而减税成为他们政策主张的核心内容。

(3) 供给学派除了分析减税效应,还分析了减税的原则、时机、规模与方式等。在减税方面，他们主张：减税并不是削减平均税率，而是削减边际税率，在此前提下，对所有税收等级的减税百分比都相同，税收的累进性质并未改变。供给学派认为，减税带来的经济增长会扩大税基，从而会使赤字容易弥补，因而减税宜早不宜迟。同时，为了避免减税有较长的时间滞后效应而给经济带来问题，可采取相应的配套措施。例如，在减税的同时，应尽量有步骤地减少预算支出，达到预算平衡，为此，减税还需要相应的支出政策和货币政策的配合。

10. 解析：

(1) 在理论上：① 凯恩斯主义者认为，无论在长期或短期中，失业率与通货膨胀率之间存在交替关系，从而认为宏观经济政策在短期与长期中都是有用的。② 货币主义认为，短期中，失业率与通货膨胀率之间存在交替关系，宏观经济政策在短期中是有效的。长期中失业与通货膨胀之间均不存在交替关系，因此宏观经济政策在长期是无效的。③ 理性预期学派认为，无论在短期或长期中，失业率与通货膨胀率之间不存在交替关系。因此得出的推论是：无论在短期还是长期中，宏观经济政策都是无效的。

(2) 在政策上：① 凯恩斯主义认为失业率和通货膨胀率成反向变动，所以他们主张以一定范围的通货膨胀率去换取失业率的下降。② 货币主义认为长期，持续的通货膨胀随时随地都是一种货币现象，是由于货币数量的增长超过总产量的增长所引起的。所以有可能通货膨胀与失业并存。③ 理性预期学派认为若人们的关于实际通货膨胀率高于或低于预期通货膨胀率的经验使得他们倾向于提高或降低通货膨胀预期，那么，产量和就业的自然水平便只是同一种稳定的通货膨胀率相一致的水平。产量和就业水平高于其自然水平，包含着预期的和实际的通货膨胀率的稳定增长。相反，预期的和实际的通货膨胀率下降，则进入萧条时期，这时的产量和就业水平低于其自然水平。这样，自然率假说便意味着货币政策和财政政策不会使产量永久地高于其自然水平，或失业率永久地低于其自然水平。

（五）案例分析题

1. 解析：

(1) 供给学派认为,高额的边际税率会对经济产生三个方面的负面影响:降低人们的工作积极性;阻碍投资,降低资本存量;使得税收收入下降。当边际税率上升到一定程度之后,减税反而会增加税收收入。这种关系可以用拉弗曲线来说明。

(2) 供给学派最主要的政策建议就是基于对税率和税收量关系的分析,认为政府应该减低税率,以刺激供给,提高劳动积极性、鼓励投资。供给学派的其他政策建议还包括:① 放松政府干预,加强市场调节。② 降低政府开支,主要是削减政府支出中的福利支出。③ 执行限制性货币政策。

(3) 实行供给学派的政策会产生以下问题:

① 供给学派通过减税刺激产出、增加总供给以抑制通货膨胀的方法,由于减税,首先会刺激投资的增加,这将进一步加剧通货膨胀。而产出的增加还要有很长时间的调整期。

② 供给学派预言,税率的大幅度降低会加大税收收入,但实际上,相对于长期趋势,税收收入在利率下降后却显著下降,导致政府赤字猛增。

2. 解析：

(1) 货币主义与凯恩斯主义之间的分歧可以用总需求和总供给分析简单地概括为:在影响总需求的因素方面,货币主义认为货币是最关键的因素,而凯恩斯主义则强调自主支出尤其重要;在总供给方面,凯恩斯主义认为由于经济中名义变量存在着刚性,因而总供给曲线 AS 较为平缓,而货币主义则认为,价格和工资变动具有相对灵活性,总供给曲线较为陡峭;在政策方面,凯恩斯主义认为由于在经济低于潜在产出水平时,总供给曲线相对平缓,因而增加总需求的政策是有效的,其中尤其是以财政政策为主。货币主义则认为主要是货币政策才对总需求产生影响,同时由于总供给曲线相对陡峭,因而货币政策对产出的影响也是有限的,他们建议采取单一货币规则。

(2) 从上述分析中可以看出，货币主义和凯恩斯主义都认为总需求中投资起到重要的作用，只是前者注重利息率的稳定性，而后者更注重自主投资；在总供给方面，关键的差异无非是总供给曲线陡峭程度不同；在政策方面更可以认为是货币政策和财政政策的搭配使用而已。

3. 解析：

(1) 总供给遭受冲击的原因：

第一，劳动用工成本的显著上升。中国劳动力的谈判能力整体来说还比较低，工资上升的趋势以及与此相关的“农民工荒”“用工难”的本质，就是过去十几年来中国高达两亿的农村富余劳动力进城打工、由农业就业转变为非农业就业的进程开始出现了质的变化。中国社科院劳动与人口研究所的研究组经过反复调查发现，目前农村剩余劳动力的存在状况已经和十多年前完全不同。这些剩余的劳动力已经基本上转移出去了。在这样的情况下，我们不难理解劳动用工工资上升的必然性，其根本原因是结构性的，不是流动性过剩，也不是经济过热，而是我们在经济发展中所必须面对的过程。

总供给遭受的第二个冲击就是国际市场上以原油、铁矿石、氧化铝、原木和铜等为代表的原材料和大宗商品价格的不断上升。国际原油需求的价格弹性很低，也就是说，非常高的价格上涨才能带来需求量的一个很小的降低。同时，最近的各种报道表明，在原油价格高涨的情况下，各主要产油国纷纷加强了对其油田的控制，从而大幅增加了石油公司的生产成本。所以，石油价格的高企很可能还将持续较长的时间。

第三，成本冲击是环境保护和节能减排的压力。环境保护和节能减排是我国经济和社会发展的必然要求，也是落实科学发展观的根本举措，但这种要求也必然在短期内带来企业运营成本的上升。

除了以上几点以外，还有一点必须说明的就是中国企业税负成本的上升。过去几年，财政收入的增长速度一直远远高于经济的整体增长速度。如今年上半年，*GDP* 的同比增长速度为 10.4%，而财政收入的增长速度则是 33%，这明确表明了企业税负成本的上升。

在以上一系列成本上升的情况下,总供给曲线无疑是在回缩,企业减产、停产、破产的例子越来越多。

(2) 宏观调控应攻守兼备

在总需求膨胀和总供给收缩两者中,后者更值得人们注意。因为总供给的冲击在中国改革开放30多年来可以说是第一次出现,所以它更值得我们去跟踪研究。

更重要的是,这种总成本结构的冲击,将会持续相当长的一段时间。从根本上讲,这种总成本上升的过程就是中国经济升级换代的过程,也是中国从中下等收入国家上升为中等收入国家这一发展过程中所不能回避的重大难题。许多国家之所以在经济起飞一段时间以后就难以持续升级,如亚洲金融危机发生前的东南亚国家,就是没有妥善处理好这一问题,由此陷入了"中等收入水平陷阱"而不能自拔。所以,如何合理地解决总供给的冲击,是中国经济发展所面临的战略课题。

中国如果能把总供给的问题解决好,一方面可以避免经济的大幅下滑,因为企业的生产意愿会提高;另一方面也可以避免价格的上涨,因为可以帮助企业降低生产成本。

基于以上分析,如果说宏观调控是一场战役,那么要取得全面的胜利,不仅要守,而且要攻,要攻守兼备。守,指的是坚持总量从紧的货币政策,货币总量控制好了,就可以避免目前的通货膨胀演变成恶性通货膨胀。但是,光靠从紧的货币政策和相关的总需求管理,难以达到经济又好又快发展的目标,因此,更重要的是攻,攻的策略体现为总供给方的管理。政府要想方设法帮助企业对冲和缓解主要生产要素成本上升的压力,帮助企业提高生产水平,也就是把回缩的总供给曲线向右推。如果能做到这一点,不仅能保证企业的总产出不下降,而且总体价格水平也能得到有效控制。

对财税、户籍、价格、融资等的改革是增加总供给的根本出路。首先,财税改革应该提到议事日程上来。通过适当给企业减税的方式来帮助企业缓解目前的危机,尤其是推动增值税从生产型向消费型转变,允许企业把更新改造投资和研发的投入从增值税的税基中脱离出来。一些行业要打破垄断。允许更多企业的进入,这也是有效增加供给的方法。其次是改革户籍管理制度。可以在充分调研的基础上,给地方政府松绑,发挥地方政府的积极性,让地方政府探索适合本地区的、以打破城乡界限为目标的新的户籍管理制度,允许农民更加自由地进城工作,降低进城以后的生活成本,由此进一步提高农民务工的积极性,化解劳动用工成本上升的压力。再次,价格改革也是一个重要的方向。原材料、能源和粮食等大宗物资的价格改革如果能够在总体价格水平略有下降的有利时机逐步推出,将不仅能提高农民和企业的生产积极性,还可以同时增加农民收入、降低能耗,这是能提高效率和改善公平的改革。最后,在中小企业融资方面也可以进行大量改革。如将一些贷款担保机构转为中小企业银行,以创业型中小企业为主要服务对象,会在很大程度上降低中国经济中最具活力的中小企业的融资成本,增加总供给。总之,改革是增加总供给、降低成本、提高经济活力的根本出路。

(3) 里根时代的供给学派经验

如果说今天的中国经济同时面临着总需求膨胀和总供给萎缩的压力,那我们不妨参考一下其他经济体在不同历史阶段化解这种压力的成功经验。特别值得一提的就是 20 世纪 80 年代初里根政府时代的美国。

里根政府刚上台时,美国经济也面临着滞胀的难题,当时的里根政府采取了三项大刀阔斧的措施。第一是紧缩的货币政策,由沃尔克任主席的美联储大力收紧银根,以此抑制通货膨胀。第二是推动放松经济管制的改革,包括减税,从而在很大程度上提高了美国经济的活力。第三是推进了积极的财政政策,以军备竞赛为主要形式,极大地提高了美国的政府开支,刺激了美国的国内经济。这三项措施的推出,让美国经济比较快地走出了滞胀的困境,并为其后 20 多年的持久繁荣奠定了基础。里根也被誉为美国历史上三个最值得百姓怀念的总统之一。

今天中国的经济当然比 20 世纪 80 年代初的美国经济更有活力,我们目前面临的经济问题远没有当年的美国严重。但是,我们的政策制定者们同样面临着重大的历史机遇。推进改革,以改革为核心,带动中国经济总供给的上升,这将为中国经济持续、长期的繁荣和发展,为中国经济再上一个台阶奠定基础。

4. 解析：

(1) 货币主义的理论渊源。货币主义是在反对凯恩斯主义的过程中成长起来的。众所周知,美国执行凯恩斯主义政策的结果,造成了20个世纪70年代的滞胀,即经济衰退和通货膨胀共存。货币主义认为,凯恩斯的需求管理政策主张的理论基础是错误的,正是需求管理造成了通货膨胀。货币主义要解决的主要是治理通货膨胀的问题,为什么货币主义说凯恩斯的需求管理造成了通货膨胀呢?因为凯恩斯实行所谓的相机抉择的需求管理政策,主张在经济处于萧条的时刻实行扩张性货币政策,向经济体系注入过多的流动性。但是经济的周期性实际上是无法避免的,这是经济的短期现象。从长期来看,货币主义学派认为经济增长率取决于自然增长率,用马克思主义的术语来讲就是实际的生产力水平,所以货币主义学派认为,凯恩斯的需求管理政策,在短期内和长期内都无法解决经济增长的问题,同时由于增发货币,必然造成物价上涨。在和凯恩斯主义做斗争的过程中,产生了货币主义和供给学派。供给学派主要是强调供给管理,即减税,而货币主义主要是强调执行单一货币规则,是针对需求管理而言的。

(2) 货币主义的主要理论。货币主义的代表人物是弗里德曼,其代表作是《美国货币史》。他通过对美国接近200年货币现象的研究得出结论,货币流通速度虽然在短期内存在一定的波动,但是从长期的角度来看是相对稳定的。根据货币需求函数 $PY=MV$,P 代表价格,Y 代表经济总量,M 代表货币发行量,V 代表货币流通速度。根据这个恒等式,由于货币流通速度是稳定的,那么增发货币必然导致物价水平上升。这就是货币学派的一个核心理论。古典学派也使用这个恒等式,马克思的商品流通等式和马歇尔的理论都是采用了这个恒等式,但是这里面代表的意义却是有所差异的。古典学派没有研究货币流通速度,认为它在短期和长期内都是速度恒定的、固定的、不变的,但是货币学派认为,虽然短期内货币流通速度可变,但是长期内货币流通速度是不变的。这个经济思想放到经济政策上来说,就是中央银行执行相机抉择的货币政策的结果,就是短期内造成经济波动,干扰市场信号正常发挥作用，长期内也不能提高经济的自然增长率。这就是货币学派的货币需求理论。

货币主义的第二个理论是自然增长率，即潜在增长率，一般用这个公式来表明自然增长率 $y=y(k,l,\cdots)$ 。这个公式的含义是指在一段时期内，一国经济增长的极限等于该国自然资源、人力资源、资本等因素的极限，换句话来说，就是经济增长和货币是没有任何关系的，增发货币或者减少货币都不会改变社会资源或者自然禀赋。所以说，从这个角度又可以看出来，货币主义学派坚持货币与经济的二分法。

货币主义的主要政策主张是单一货币规则，即"货币发行量增长率＝经济增长率＋通货膨胀率"。如果政府超发货币，那么只会增加通货膨胀率，而不会改变经济增长率，因为经济增长率是由自然增长率决定的。这一主张是与凯恩斯的相机抉择的货币政策完全对立的，凯恩斯否定所谓的逆周期调节的货币政策。凯恩斯认为，在短期内，人们具有货币幻觉。增发货币以后，人们会认为比以前富有了，于是会增加消费，导致社会需求增加，同时在增发货币的同时，吸收更多的劳动力就业，造成生产率提高，造成经济增长速度提高。货币主义则用理性预期否定了凯恩斯的理论，也就是说，消费者虽然在短期内意识不到通货膨胀，但是在长期内肯定是能够意识到通货膨胀的，于是消费数量又会回到货币增发以前的水平，同时就业量也会减少。这就是货币主义的政策主张，即单一的货币规则。